谢怀栻文集

第二卷

法学思想论要

谢怀栻 著

中国法制出版社
CHINA LEGAL PUBLISHING HOUSE

谢怀栻

（1919–2003）

谢怀栻先生生平

谢怀栻，1919 年 8 月 15 日生于湖北省枣阳县。1942 年毕业于中央政治大学法律系，1943 年 5 月任重庆地方法院学习推事（见习法官），1944 年参加高等文官考试以及复试均取得第一名的成绩，被任命为重庆地方法院推事（法官）。1945 年日本投降，任台湾高等法院推事，奉命参与接收台湾省高等法院以及台中、台南、高雄等地方法院。为平反日本侵略者非法关押的大批抗日爱国志士，签发了第一个宣告爱国志士无罪的判决，该判决书也是中国收复台湾后，司法机关在台湾的第一份判决书。后 1947 年出任上海地方法院推事，1948 年任国立同济大学法学院教授。1951 年至 1958 年任中央政法干部学校教员。

1957 年在整风运动中发言，提出：（1）我国应尽速制定民刑法律，以免法院无法可依，出现错案。（2）在政法干部教育中应加强法律业务教育，不能以政治运动代替业务教育。（3）不能以政策代替法律。（4）肃反中有不符合法治的事，应予纠正。1957 年被划为极右分子。1958 年被错误地开除公职以及受到劳动教养处分，1966 年至 1979 年被送到新疆劳动改造。1979 年 2 月右派改正，到中国社会科学院法学研究所任副研究员、研究员，担任过硕士生导师，兼任中国社科院研究生院教授，1989 年退休，2002 年被评为法学所终身研究员、终身教授。

先生是我国著名的民法学家，被誉为“中国民法三杰”之一。由于历史原因，先生失去了人生中宝贵的20年，直到1979年才重新回到专业岗位上，但先生仍然没有放弃对法律、对真理的渴求。在那个年代里，在我国法律和法学体系百废待兴的时刻，先生以其高尚的人格、渊博的学识和对社会正义的追求，无论是在民法基本理论以及立法方面，还是在民法的特别法商法方面，都做出了巨大的贡献，赢得了立法机关和学术界的尊敬。凡重要的民商事立法活动，如《民法通则》《合同法》《婚姻法》《公司法》《票据法》《破产法》等，无不听取和采纳了先生的许多重要意见。特别是在民法与经济法的论争中，先生为捍卫私权自治，为捍卫民法的独立地位，奔走呼号，做出了巨大的贡献。

先生著述不多，但他的《合同法》(1983)、《票据法》(1988)、《社会主义市场经济法律制度研究》(1990)等著作均是我国民商法研究的奠基之作。其中《票据法》更是荣获中国社会科学院1977—1991年度优秀科研成果奖，直到今天仍然不断重版中，乃是该学科最经典的教科书。先生退休后，仍然笔耕不辍，多有文著发表。所著《当代国家民法典立法研究》(系列论文)对于我国民法的制定意义显著。他自己选编的《谢怀栻法学文选》(2002)一书，更是浓缩了先生思想的精华，高屋建瓴地阐述与讲解了大陆法系民法与商法的基本理念、精神、原则、规则、制度及其发展趋势，让人不禁拍案。

先生醇雅温和、平易近人，提携后进，诲人不倦，心系青年学子，寄予殷切希望。在先生的《合同法的统一是我国民事立法工作的一个重大进步》(《中国法学》1999年第3期)一文中，就号召青年学者向更高的目标奋进，并相信“他们必将比当年德国制定民法典时的一大批学识高深却思想保守的教授们创造出更大的业绩来”。在《环球法律评论》的一篇采访中，先生也表示乐见年青学者“站在老一辈人肩膀上前进”。先生的课程是学生们的最爱，他的课堂里不仅有法学所的学生，北大、人大、政法大学的莘莘学子都慕名而来。先生当时的课堂讲义也被汇编整理，形成《外国民商法精要》(2002)一书，也成了一本经典的民商法学教科书，今天仍然引领无数学子进入民法的殿堂。

先生的一生历经磨难，也从容恬静。他对自己从不宣扬，不为人喜不为己悲。在《毕业60年》中，先生回顾自己的一生，结尾时写道：“毕业60年，回顾这一生，我给了国家一点点贡献，国家给了我很大的回报，我感谢养我育我的祖国。”唯一挂念的，就是中国民法典的制定，先生曾说：“我希望中国民法典能成为21世纪初世界有影响的法典。”先生的高尚情操和爱国情怀时刻激励着吾等后辈在中国民法的道路上砥砺前行！

羊公碑尚在，读罢泪沾襟

——谢怀栻先生的法学思想及其对我国民法事业的贡献

2019年是我国著名民法学家谢怀栻先生诞辰100周年，先生已经离开我们近20年了。还记得那正是非典肆虐的时候，传来了先生不幸辞世的噩耗，震惊之后，我不胜悲痛。直到十多年后的今天，我仍然常常回想起那20多年里与先生的交往，他高尚的人格精神、严谨的治学风范与渊博的学识为我的做人与治学树立了光辉的典范。每当我再次捧读先生赠送给我的数本大作时，他的音容笑貌仍历历在目，先生光辉的学术思想使我如沐春风，再次受到精神洗礼。

数十年来，谢老对中国民事立法与民法学的巨大贡献是有目共睹的，也是任何一个法律学人不应忘怀的。如今，中国法制出版社决定将先生一生的成果重新加以整理出版，作为受教于先生20多年的弟子，我深感自己有责任对先生的学术思想做一个回顾，这不仅使我重新获得从先生的思想中接受教育的一个机会，也是对我未来治学的一个激励，更希望有越来越多的学界同仁能以先生的治学精神为榜样，不断鞭策自己。

一、谢怀栻先生的法治思想

早在20世纪50年代初期，新中国成立不久，先生就极力倡导法治，坚决反对以政策代替法律的不正常现象。

谢老极力强调公法与私法的划分，早在1982年，先生就明确提出了要严格划分公法与私法的观点。记得有一次，我在帮助先师佟柔教授整理一篇文章的时候，曾经引用了列宁否定民法是私法的一句话，谢老知道后对我说，他对列宁的这句话是否就意味着列宁否定了私法表示怀疑，并让我转告佟柔老师将文中的这句话删除。在各种学术研讨会以及立法工作会议上，谢老多次提出要弘扬民法精神，提倡私法自治、人格独立与合同自由等民法的基本理念。在2000年，谢老关于纪念《德国民法典》100周年的一篇文章中指出："什么是民法精神或私法精神？承认个人有独立的人格，承认个人为法的主体，承认个人生活中有一部分是不可干预的，即使国家在未经个人许可时也不得干预个人生活的这一部分。国家通过法律去承认这一点，维护这一点，这就是私法的作用。从这一点出发，才有个人的人格权，特别是隐私权、自由权；才有个人的意思自治，才有个人在法律行为中的责任；才有个人在民事诉讼中的处分制度。"[①] 这是何等精辟的见解！

谢老尤其将保护公民权利放在非常重要的地位，他认为这不仅是民法的使命，也是建立法治社会的根基。在20世纪80年代初期，当时法学界中许多人主张将民法视为保护公民权利的法，民法不应涉及

---

① 参见谢怀栻：《从德国民法百周年说到中国的民法典问题》，载《环球法律评论》2001年秋季号。

法人参与的关系，对于这种观点我个人曾提出不同的看法。但谢老对我多次讲到，某些学者的这种观点本身并没有什么错误，因为民法就是以保护公民权利为其重要任务，说民法是保护公民权利的法，这是一个正确的提法。当然，不能根据这一点来认为民法不能调整法人参与的财产关系。我记得在几次会议上，当谢老提出这一观点时，在民法学界引起了许多学者的思考，产生了比较大的影响。1985 年，谢老为了将这一观点表述得更为清晰完整，专门发表了一篇题为《应当认真地重视民法》的文章，在这篇文章中，谢老写道："社会主义民法也应该有它固有的独立的作用。这就是维护人民和企业的民事权利，使人民和企业在生活方面和经济方面的权益得到明确和保护。民法的这种作用不是附属于其他法律，譬如刑法而存在的。"

笔者认为，谢老法治思想的核心就在于强调法律对权利的保护，终其一生，谢老都非常重视对权利尤其是民事权利的研究。1982 年初先师佟柔教授在给我讲授民事权利概念的时候，专门拿出了他与谢老就主观权利与客观权利进行讨论的几封信件给我看。我现在依然记得在其中的一封信中，谢老专门讲了主观权利和客观权利的俄文、德文的含义及一些学者的相关论述，谢老认为客观权利就是指法，而主观权利就是指权利，其中有一段话专门论述了法和权利的关系。佟老师告诉我，他看了这几封信后对谢老关于权利与法的关系的独到观点、渊博的学识以及严谨的治学风范极为钦佩，他要求我今后遇到疑难问题特别是涉及外国民法制度时应当向谢老多请教。为了全面深入地阐述其有关民事权利的思想，谢老专门研究了著作权及其他民事权利，尤其是系统地阐述了我国民事权利体系。他将私权划分为五种类型，即人格权、亲属权、财产权、知识产权与社员权。这一民事权利的分类是对民法权利体系的重新构建，它不仅对民法的体系产生了重大影响，而且也是对基本的私权的精辟概括。

谢老的法治思想的第二个重要方面就是强调人格平等与尊重人格。谢老在谈到从近代民法到现代民法的发展历程时，就提出了个人本位、人格平等是近代民法的一个重要特点。他认为近代民法就是个人本位与权利本位的法，谢老对个人本位与权利本位作出了非常精辟和全面的阐述。在讨论现代民法的发展趋势时，谢老特别提出了人格权在现代民法中的发展。1985 年，谢老在中国人民大学为研究生讲授外国民商法课程时就阐述了人格权制度在当代民法的发展。当时民法学是一片荒芜的园地，许多人确不知民法为何物，谢老却能提出人格权的概念，真是振聋发聩，这除了表明先生知识的渊博之外，更表明先生与时俱进，深刻地把握了民法发展的时代脉搏。

谢老自身非常重视对德国民法等外国法的研究，强调对德国民法的继受。他曾多次向我提到目前我国在该方面研究的不足，他认为这是影响我国民法发展的一大障碍。谢老自己积极从事外国法律文献的翻译工作，例如，他曾先后翻译了《苏联民法》《德国民事诉讼法》《德国民法通论》。同时他也非常支持青年学者的翻译工作，例如谢老先后为《德国民商法导论》《债权在近代法中的优越地位》等国外法学名著做过校对工作。甚至，在病痛缠身之时，他仍然在为我国法学翻译工作倾注心血。他在针对中国民法典的制定时提出：我国近百年来一直在“移植外国法律，特别是移植德国的民法”[①]。在另外一篇文章中，谢老指出：“凡是继受外国法的国家都必须妥善地处理继受来的法律与本国国情的关系，在继受前必须要很好地研究将要继受的法律，在继受后更要很好地消化继受来的法律。”这实际上就是在科学地阐述继受

① 参见谢怀栻：《谢怀栻法学文选》，中国法制出版社 2002 年版，第 373 页。

外国法律与中国实际相结合的关系问题。

二、谢怀栻先生关于民法的调整对象及民法与经济法的关系的观点

谢老一直坚持认为，民法应当调整平等主体的人身关系与财产关系。在20世纪80年代初期，否定民法的功能与作用的各种观点甚嚣尘上的时候，佟柔教授第一次系统地论述了民法与商品经济的关系，并提出了民法调整的社会关系的核心部分是商品关系，在此基础上构建了民法的体系。佟柔教授的这一观点可以说奠定了我国民法学的基础，但是佟柔教授对于民法对调整平等主体之间的人身关系却没有过多的阐述。而谢老在此时大胆地阐述了民法在调整人身关系中的作用，他在多次会议上反复强调，不能仅注重民法中的财产法部分而忽视人身法部分，人身关系与财产关系都是民法的调整对象，不能有所偏颇。在《民法通则》的制定过程中，谢老也一直坚持这一观点，可以说，我国《民法通则》第2条的制定凝聚了谢老等老一辈学者的心血。

谢老历来主张民商合一的思想，他坚决反对有的人提出的商法与民法地位等同的观点，在谢老看来，商法根本不能与民法相分离而成为独立的法律部门。我记得，在20世纪80年代初期，我正在撰写一篇讨论民法与商法的关系的文章，为此我前往中国社会科学院法学所请教谢老，他老人家专门与我谈了一个下午，系统地阐述了他对民商法合一的看法，令我深受启发。后来我撰写的那篇关于民法与商法关系的文章可以说完全是受到谢老的启发。可惜的是，谢老关于民商合一的思想一直没有系统整理成文发表。

谢老对民法与经济法的关系也具有十分独到的见解。我第一次见

到谢老是在 1982 年的一次学术讨论会上，当时我听到了谢老关于经济法的一些看法。1983 年中国社会科学院法学所王家福教授等人主持召开了全国经济法讨论会，邀请了全国各地多位学者参与，我当时有幸被安排在大会的第一天发言，谈了自己关于经济行政法的看法。谢老被安排在大会的最后一天发言，在这次发言中，他系统地阐述了自己对经济法的独到见解。在谢老看来，社会主义公有制条件下，随着国家管理经济的需要而在民法之外产生了一个独立的法律领域，这就是因国家干预经济而形成的经济法，它主要包括计划法、企业法、基本建设法、物质供应法、价格法等。经济法是调整计划经济法律关系的一个部门，谢老在会上详细阐述了民法与经济法的关系，他针对许多人提出的经济合同应当归入经济法的观点提出了反驳意见，谢老认为合同关系本身仍然是在计划关系之外独立存在的商品货币关系，计划只是签订合同的原因和依据，依计划订立合同不能改变合同的本质属性，所以经济合同关系仍然应当受到民法的调整。会后，谢老感到意犹未尽，专门撰写了一篇文章——《从经济法的形成看我国的经济法》，发表在《法学研究》1984 年第 2 期上。谢老关于经济法的系统观点，可以说在学界独树一帜。

在当年民法与经济法展开激烈的论战，民法的地位岌岌可危的时候，佟柔老师、谢老等前辈民法学者勇于捍卫民法的地位，大力弘扬民法的精神，正是这些前辈学者的努力才为《民法通则》的出台奠定了坚实的理论基础，并发挥了巨大的推动作用。《民法通则》制定之后，谢老在各种学术研讨会上积极地宣传《民法通则》，并希望广大学者加强对《民法通则》的研究，发展与繁荣我国民法学。谢老对于《民法通则》研究中的一些不足之处也提出了自己的一些看法，为学者们正确地研究《民法通则》作出了表率。

三、谢怀栻先生关于合同法、物权法、知识产权法的思想

谢老对合同的研究是系统而全面的，他深入研究了新中国合同立法历史，并且应德国马克斯·普朗克外国法与国际私法研究所的邀请，以英文撰写了《现代中国的合同法》，发表在国际顶尖级的学术著作——《国际法比较百科全书》上，这是迄今为止，我国唯一一位参与这样一项世界法学史上伟大工程的学者，也为我国民法学者争得了荣誉。[①] 每当我看到谢老赠送给我的这一册《国际法比较百科全书》的时候，对谢老的崇敬之情就油然而生。早在 20 世纪 80 年代，谢老就在其参与撰写的《合同法》一书中，全面系统地阐述了近代合同法到现代合同法的发展趋势，到目前为止，谢老的这些观点仍然是十分系统全面的，谢老当时提出的一些现代合同法中的新问题，仍然有待于民法学者深入地研究。在统一合同法的制定过程中，谢老提出了有关的建议方案，并且对合同法的重要制度提出了自己的独到见解。

在物权法领域，谢老认为，物权法定、一物一权、公示公信原则应当得到坚持。在我国民法学界对物权行为展开激烈争论的时候，谢老认为，物权行为是客观存在的，但是物权行为的无因性等问题适用范围仅限于买卖等少数情形。谢老认为农村承包经营权应当改为农地使用权。谢老对典权也有专门的研究，他认为，物权法中应当规定典权，而不应当简单地加以否定。

谢老对知识产权的研究是十分独到的，我几次和他讨论民法问题，他都和我谈到有关知识产权性质、内容，并对知识产权研究领域的一

① 英文的全名是 *International Encyclopedia of Comparative Law*。

些提法提出自己的不同看法。从谢老的谈话中，我深感自己在知识产权研究方面功底的欠缺。谢老参与了著作权法等知识产权法的制定工作，并对知识产权尤其是著作权有十分深入的研究与独到的见解。谢老极力主张著作权是一种民事权利，认为著作权应当包括著作人身权与著作财产权两个方面，他对这两个方面的内容都展开了全面的分析。

四、关于公司法、票据法

谢老尽管不主张商法是一个独立的法律部门，但是他对于公司法、票据法等有非常深入的研究。谢老对公司法的研究是系统全面的，他在参与公司法的制定过程中，提出了许多精辟的见解。他对公司的性质和特点、公司法的本质、公司法定主义和公司类型、有限责任的含义、登记制度等，都有自己独到的见解。谢老还参与了我国票据法的制定，在票据法制定之前，谢老专门对票据法进行了深入的研究，撰写了《票据法概论》一书，该书对我国票据法的研究与立法工作产生了极为深远的影响，重印了 10 多次，发行数十万册，迄今为止，该书也是我国票据法领域的权威著作。在票据法颁布之后，谢老专门撰写了《评新公布的我国票据法》一文，既肯定了票据法中的优点，又指出了其中的不足。

除上述领域之外，谢老在税法领域也颇有建树。他较早地系统分析了西方国家税法中的基本原则，指出税法应当坚持税收法定主义、税收公平主义、实质征税原则以及促进国家政策实施的原则。我在全国人大财经委工作时，有几次讨论税法，都专门引述了谢老关于税收法定的观点。谢老在民事诉讼法领域也有很深的造诣。谢老曾经翻译过《德国民事诉讼法》，为我国民事诉讼法研究作出了极大的贡献。记得我在读研究生时曾经组织翻译过《国际比较法百科全书》中的一册《当事人》，我将打印稿交给谢老审阅，谢老也提出了许多意见。

谢老在法学研究领域涉及面如此之广，其知识如此渊博，令我叹为观止。在个别持“饭碗法学”观点的人看来，谢老涉及的领域是否太宽了？但笔者认为，这恰好反映了谢老对整个国家法治建设高度的责任感以及系统全面研究学问的治学方法。我正是从谢老的全面研究各个法学领域中受到启发，也希望在民法学研究领域之外有所拓宽，以期望开拓自己的研究视野，深化自己对民法学的研究。

五、对晚辈的教育、支持和帮助

谢老留给了我们许多宝贵的财富，它是我们未来研究民法的宝贵资源。20 多年来，我虽然没有正式直接在谢老名下学习，但是一直受教于谢老，并在多年的交往中与谢老结下了深厚的感情。

我记得 1983 年自己的第一篇译文《关于经济法的理论》就是谢老一字一句做的校对，后来发表在《法学译丛》上。我于 1984 年留校任教以后，先师佟柔教授专门让我前去请谢老到人民大学为研究生讲授外国民商法课程。当时我作为助教，认真地听了谢老的每一堂课，深受教益。我在撰写《民法新论》《经济法的理论问题》等书的时候，就其中许多问题曾反复向谢老请教。1989 年，我从美国学习归来后，谢老专门邀请我上他家里共进晚餐，我们两人进行了数小时的长谈。1990 年先师佟柔教授病重，其时恰值我的博士论文答辩，先师专门委托谢老主持我的博士论文答辩会。在撰写论文的过程中，谢老就对我的论文提出了许多极富价值的意见，在答辩的过程中又提出了许多新的意见。尤其令我感动的是，在 1992 年我因身体不适而住院的时候，谢老专门叮嘱他的女儿安排我住进安贞医院，并且几次提出要亲自来看望我，被我婉言谢绝后，他又几次打电话叮嘱我安心养病，搞科研更应注意身体。每当想起此事，我都不禁热泪盈眶。

多年来，谢老对我们人大法学院尤其是民商法教研室都十分关心和支持，他对我多次讲过，他对人大法学院民法专业有着特殊的感情。我们许多青年教师和博士生都从谢老那里得到了许多教益。对于我们这里的论文答辩、评阅、学术讲座方面的邀请，只要身体许可，谢老从不拒绝。尤其是我指导的几名博士生，谢老从民法学习方法到具体课题的研究，都给予了详尽的指点，其中不少内容经整理后在《人大法律评论》和《民商法前沿》以及中国民商法律网上刊登，并被广泛转载。在我们申报和建设国家人文社科基地——中国人民大学民商事法律科学研究中心的过程中，谢老不仅向中心图书馆捐赠了大批图书，而且欣然应邀担任中心学术委员会主任，对中心建设提出了许多宝贵意见。

谢老性格耿直，从不唯书、不唯上，敢于表达自己的学术观点。谢老治学严谨、淡泊名利，他的一生聚集了中国传统知识分子许多良好的品格。

谢老的一生，都矢志不渝地追求法治，为我国法治建设和法学研究作出了不朽的贡献。我们怀念谢老，就是要学习他高尚的人格和严谨的学风，发扬光大他的学术思想，秉承他的学术信念，为繁荣我国民法学事业、建设社会主义法治国家而不懈努力！

王利明

序　言

距离那个阴霾的下午已近20年，但我现在还清晰地记得，获悉祖父去世的噩耗时，雨水从屋檐上滴落得淅淅沥沥，和父亲手握电话听筒的沉默不语。那时候我明白了，我将再也见不到那个总是坐在书桌前，埋头案牍、略微佝偻的背影；再也听不到那带有浓厚湖北口音的叮嘱；再也不能坐在祖父书桌边的小凳上，听他给我讲书橱里那一排排、有些我连名字都读不懂的书里的故事。

但不久之后，从那个秋高气爽的中午我踏入法学院的大门开始，就从很多前辈和老师那里不断听到祖父的名字，也越发了解祖父在家庭之外的另一面，我开始关注他在学术上的观点和思想。他是20世纪80年代最早呼吁“私法自治”这一民法基本精神的学者之一；他对当时的立法工作中倾注了很多心血，在当时的历史条件下，提出了很多宝贵的建议。在经历了磨难重新回到工作岗位之后，祖父不忘初心、夙夜匪懈、朝乾夕惕，仿佛要把那失去的20多年重新补回来似的，为中国的法治事业和法学教育发光发热。

然而更触动我的，不仅仅是祖父在学术上的贡献和成就，更是他高节迈俗的人格，淡泊明志的心境，是对待大风大浪的泰然自若，是对待工作和学术的求真求实，是对待学界同仁与后进的虚怀若谷与平易近人。从我上学起，虽然每年来到北京和祖父共同生活的时间只有春节前后的短短两三周，但是我能看到，每次有人来拜访他，无论是同侪还是后辈，他都会到门口迎接，走时一直送到电梯口；即便是在春节假期，他也每天伏案写作，笔耕不辍。他虽然并没有太多个人专著，但是参与了很多外国著作的翻译和校订，也参与了很多教材的编写；有很多前辈老师，在他们的文章或者专著中，都特别感谢祖父对他们在学术研究工作中的巨大帮助；即便是在祖父故去十几年后，许多前辈老师，仍然会回忆起在和祖父交往过程中的点点滴滴，讲述在他们之前的学习和研究中祖父所给予的帮助和提携。

2019年正值祖父诞辰100周年，承蒙时任法学所所长陈甦教授、中国法制出版社刘时山总编辑牵头、组织祖父生前文集的编撰，并历经3年，在祖父逝世20周年之际，终得付梓。在此我代表我的家人，对帮助和支持本书出版和发行的各位领导和各位编辑老师们表示诚挚的谢意，没有各位老师的辛勤的工作，就没有这套文集的问世。

谢远扬

目录

民商法

经济法·知识产权法

民法典·法律适用

民商法

应当认真地重视民法

（一）

1985年1月10日，全国人大常委会秘书长、法制工作委员会主任王汉斌向全国人大常委会作关于中华人民共和国继承法草案的说明时表示，我国将陆续分编公布民法（典）。[1]这是新中国成立以来我国立法机关负责人第一次正式对民法（典）的表态。这一说明立即受到我国关心民事立法工作的人的注意。一些研究民法、长期以来就主张并希望我国早日有一部民法典的人无不感到欣慰。

新中国成立36年了，而我国未能制定出民法（典）来，究竟为什么？十年动乱期间及其以前就不说了。从1979年我国成立民法起草小组、接连起草了四次草案到现在，几年又过去了，一部民法还是制定不出来。如果把婚姻法和经济合同法不算入民法的范围（如同一部分学者所主张的那样），就可以说，民事立法在我国到今天还是一个大缺口（如果不算一些单行的行政法规）。这种情况应该如何说明呢？

---

① 见《人民日报》1985年1月11日。

过去我们一向把我国法制的不完备归咎于法律虚无主义思想。但这是不够的，甚至是不确切的。新中国成立初年我国制定的法律并不少，例如《惩治反革命条例》《惩治贪污条例》《婚姻法》《工会法》等都制定得很快。至于税务方面的法律，可以说是相当完备。[①]1979年以来，我国制定的法律更是不少，如《刑法》《刑事诉讼法》《民事诉讼法》等都次第公布，《婚姻法》又修正公布，《经济合同法》也已公布（后二者一向不算是民法的一部分，前者是独立的部门法，后者属于经济法）。可见不论在过去还是现在，把民法之未制定归咎于一般的法律虚无主义思想是不合适的。除非我们说，在民法方面，我们存在较之其他法律方面要严重得多的法律虚无主义思想。但是，那又是为什么呢？

民法不能制定出来，是不是因为它牵涉面很广、很复杂，加之我国经济体制改革正在进行，有些问题尚定不下来所致呢？深入地探究一下，也不尽然。从中共中央关于经济体制改革的决定中可以看出，正因为我国要进行经济体制改革，我们才应该更快地制定民法。经济体制改革正在等待着民法，而不是民法的制定要等待经济体制改革的结果。更何况民法中有许多问题（如人的能力问题、代理问题、时效问题等）并不是在经济体制改革的过程中无法确定的，有一些

① 在我国各种部门法中，税务法可以算是制定得又快又比较好的。新中国成立初期就有这样一个例子。1950年3月7日公布的《政务院关于关税政策和海关工作的决定》，准许海关总署在新的海关税则未公布前暂行适用1948年和1934年的进出口税则。到1951年5月10日就公布了《海关进出口税则》（于5月16日施行，参看《中央人民政府法令汇编（1949—1950）》，第348页）。可见对立法工作抓得多么紧。就以最近而论，国务院宣布对国营企业实行利改税之后，立即公布了有关利改税的法规。在税务法规方面，就没有过什么“空白”。

问题（如法人问题、所有权问题等）正可以促进经济体制的改革呢？

过去还有一种广为流行的说法就是，我们要积累经验、要在实践中摸索，等等。看来，这也不能够算是民法未制定出来的理由。35年的经验比起列宁在1921年制定民法时的经验要丰富得多了。再说，我国决定在国营企业中全面实行利改税后，经过很短时间的试点，就公布了实施利改税的法规。在这个法规的后面，有多少经验呢？35年来我国没有专利工作并不妨碍我国制定专利法。我国法院办了35年的民事案件，还总结不出一部民法来，这又怎么说呢？

这里我引用两位党和国家领导人的话。董必武同志在1956年说：“现在无论就国家法制建设的需要来说，或者是就客观的可能性来说，法制都应该逐渐完备起来。法制不完备的现象如果再让它继续存在，甚至拖得过久，无论如何不能不说是一个严重的问题。”[①] 彭真同志不久前说：“实践证明，必须使社会主义民主制度化、法律化，不因领导人的改变而改变，不因领导人的看法和注意力的改变而改变。”[②] 彭真同志讲的是社会主义民主，完全可以适用于社会主义法制。现在我们必须深入地探究，关于民法，问题究竟出在哪里呢？

有的同志也许认为，现在我国最高立法机关已经把制定民法的工作提到了日程上，民法已经受到领导的重视，民法的研究工作在我国也已欣欣向荣，因此今天再讨论民法制定问题大可不必。但是我认为，在新中国成立以来的几十年中，甚至直到现在，我们对于民法是否有足够的正确的认识，是值得研究的。就是在今天，是否仍然有人认为，

---

① 董必武同志在党的八大上的发言，引自董必武：《论社会主义民主和法制》，人民出版社1979年版，第132页。

② 见《人民日报》1985年1月24日。

没有刑法、没有税法，就不好办事，而没有民法却无所谓呢？就是在我们民法研究者的队伍中，是否还有人在不久以前还对于研究民法不那么“理直气壮”，甚至还心有余悸呢？在广大的学习民法的青年学生中是否有人认为，民法已经不那么重要了，民法是属于所谓私法，而私法是社会主义国家应该否定的呢？诸如此类的情况都有待我们去研究去解决。只有把我们的民法研究工作和立法工作牢固地建立在对民法的正确认识的基础之上，我们才能真正把民法研究工作和立法工作推向前进。而要树立对民法的正确认识，我们又必须从历史方面，从对于民法的本质和作用的看法上，从当前民法在我国现实生活中的作用上来进行研究。

（二）

近代民法是资本主义社会才有的，封建社会里没有民法，这种情形在西方固然也有，而在我国悠久的封建社会历史中尤为突出。这一点对于探究我国民法的现状是十分重要的。

研究我国法制史的人都说过，我国 2000 年来的法制是“民刑不分、诸法合体”的。一般都把这一点当作中华法系的特点。实际上，从问题的实质上深入研究后，我们可以说，我国封建时期的法制，并不是“民刑不分”，而是“入民于刑”，或者说是“以刑统民”，或者就是“有刑无民”。封建法制的这一特点当然也不只我国如此，但在我国历史上表现得最为明显，而其影响至今还存在。

这里说的“民刑”，既指民事关系（民事案件）和刑事关系（刑事案件），也指民法和刑法。在封建法典里，从我国的秦律到清律，没有什么民法与刑法之分。在封建时代的法官看来，案件也没有民事和刑事之分。封建法典里的“户婚田土”，在封建统治者眼里，并不是什么民事案件，只因其涉及统治秩序才得到受理。实际上也属于刑事案件。

近代民事关系是私人（公民）与私人（公民）间的权利义务关系，是两个自由而平等的私人间的关系。这种关系在封建社会里是不存在的。因为在封建制度下，就没有自由而平等的个人，每个人都是处于封建宗法的等级关系之中。不论在社会活动里、在经济生活里还是在家庭里，都是如此。在封建国家里，只有臣民，没有公民。这种臣民不仅没有资本主义国家里的公权（政治权利），也没有资本主义国家里的私权（民事权利）。社会中人与人之间的关系都渗透着封建宗法关系。而到最后，都归结到政治上的权力统治关系。这样的实例，在封建时期是不胜枚举的。封建制下的经济关系如土地租佃、钱债、田地典当，绝大部分发生于主佃之间。在这种关系中，身份依附关系与经济关系紧密地结合在一起。封建制下的亲属关系和家庭关系（包括婚姻关系），更是与身份依附关系（宗法关系）结合在一起的。自由婚姻之所以不存在，正是由于自由的人不存在。就是在作为中国封建历史上的特点的土地所有权方面，也不例外。中国虽然早已有了土地自由买卖，但这种买卖“自由”与资本主义制度下的契约自由完全不能相提并论。

在封建制下，人与人之间既谈不上什么平等的权利义务关系，也几乎没有今天所说的“民事纠纷”，因为任何问题都在宗法关系里消失了。离婚是几乎没有的，钱债问题完全可以由一方面说了算。地主收买农民的土地是对于农民的“恩惠”。这里没有什么权利和义务。有的只是命令和服从（服从了还要感恩戴德）。我们今天所说的“民事纠纷”，在封建制下或者是不可能发生的（在封建制下的臣民家属是不可想象的），或者是用封建社会的特殊方式解决的。这种特殊方式有两种。一种是，以封建礼法为工具去“止息”这种纠纷。这是历史上一向为封建统治阶级所称道的。一种是，当这种纠纷涉及统治者的利益（所谓“纲常名教”或社会秩序）时就通过刑法手段去处理。在中国的封建法律中，钱债和户婚田土案件都是用刑法手段处理的。不通过刑事手段而单纯对之处理的，可说是少到极点。

在这种情况下，当然就不会有什么民法。只要有一部刑法就够了。所谓“诸法合体”，实际上并没有什么“诸法”，不仅民法如此，近代的行政法在封建制下也是没有的。

到了资本主义社会，情况完全变了。在资本主义的生产关系之下，出现了自由平等的个人（这就是资产阶级学者所说的“人的发现”），也就出现了自由平等的个人之间的权利义务关系。这就是近代的民法关系（私法关系）。这种关系最根本的特点表现在：第一，它是自由人之间的平等关系，在极大程度上可以由当事人的自由意思去决定。这种关系不仅脱离了封建宗法关系的束缚，也在很大程度上不受资产阶级国家的干预。这就是所谓“私法自治”。第二，这种关系虽然不受国家（政治权力）的干预，但是国家对之却要尊重而且加以周密的保护。正像国家应该尊重而且保护人民的公权（政治权利）一样，国家也应该尊重并保护人民的私权（民事权利）。资本主义国家对私权的关心和保护较之对公权的保护，有过之而无不及。

一方面，使民事关系脱离政治关系而独立（这一点，显明地表现于《法国民法典》第 7 条），承认人民具有与政治权利并立的民事权利，而且国家承担维护这种权利的义务。另一方面，国家又把民事关系尽量留给个人自行决定，国家尽量不加干预，国家只立于“看守人”或“仲裁人”的地位。这就是资本主义国家里民刑分立、公法和私法分化[①] 的特点。这种特点也表现在国家职能的改变上。封建国家的唯一职能是“统治”人民，镇压和收税之外无他事，所以有警察国家之称。资本主义国家开始有了维护人民的公权和私权的职能，所以有“法治国家”之称（至于在这一方面的本质上的虚伪性问题，那是另一问题，此处暂不详论）。在资本主义国家（包括东方的日本），资产阶级革命成功后，都把制定民法当作一件大事（英美法国家是另一种情况），这绝不是偶然的。

对于这种情况，从最根本处说，应该从资本主义社会的经济中找出说明。但是从法律这种上层建筑本身的发展说，也不能不承认这里还有人的思想认识问题。资产阶级的法学家和政治家（后者可以以法国的拿破仑为例）非常重视民法。这就是其异于封建国家法学家的一个特点。

资本主义国家重视人民的民事权利和资产阶级法学家重视民法，归根结底是国家和法学家都代表资产阶级的利益。不过新兴的资产阶级也重视人民的利益，也是事实。这一点正是资本主义国家和封建国家的差别所在。

关于我国自古没有民法（私法），我国资产阶级改良派的思想家梁启超对之也有深刻的认识。他在《论中国成文法编制之沿革得失》一文中，首先对我国没有私法，而罗马法自古即有私法作一比较，说：“我国法律界最不幸者，则私法部分全体阙如之一事也。罗马法所以能衣被千祀，擅世界第一流法系之名誉者，其优秀之点不一，而最有价值者，则私法之完备是也。……我国法律之发达，垂三千年，……而关

① 这就是马克思说的“政治的立法”和“市民的立法”（见《马克思恩格斯全集》第 4 卷，人民出版社 1958 年版，第 121 页）。

于私法之规定，殆绝无之，……此实咄咄怪事也。”他并且论述了其原因，第一个原因就是“君主专制政体亘数千年来未尝一变，……故法律纯为命令的原素，而丝毫不含有合议的原素。其于一般私人之痛痒，熟视无睹焉，亦固其所”[①]。民法正是他所说的有关“一般私人之痛痒”的法律。

社会主义国家较之资本主义国家是更高类型的国家，在国家职能上又有了新的发展。在重视和维护人民的权利（包括政治权利和民事权利）方面与资本主义国家比起来也有很大的发展。这种发展表现在，不像资本主义国家那样具有虚伪性，保护得更实际，而且国家从实质上去干预人民的民事关系以维护更重要的社会利益和人民的真正权益。即以苏联为例，十月革命后，列宁立即发布土地法令，使人民通过自己的政权得到了最重要的一种民事权利——关于使用土地的权利。随后，在列宁领导下，苏维埃政权很快就在1922年公布了《刑法典》《民法典》《劳动法典》《土地法典》等，又接着公布了《婚姻、家庭和监护法典》等。在制定民法典时，列宁虽在病中，仍一再作出指示，可见列宁作为一个伟大的社会主义国家领导人对民法多么重视。20世纪50年代以后，苏联的立法工作深入推进。今天苏联的法制已经相当完备。这种法制在对于人民方面既保护人民的政治权利，也保护人民的民事权利，发挥了较之资本主义法制无比优越的作用。

新中国成立初期也和苏联一样，十分重视保护人民的权利。我国在公布了《土地改革法》之后，也很快公布了《婚姻法》《工会法》等保护人民权利的法律。可惜的是，我国始终没有把民法放到应有的地位。虽然几十年来，我国通过法院的审判实践也对于人民的民事关系

---

① 《梁启超法学文集》，中国政法大学出版社2000年版，第175页。

进行应有的和必要的处理，但由于法制不完备，这种处理是不完善的，而且至今没有把这种审判实践转化为立法。因此，今天在我国不仅一些重要的民事法律制度（如能力制度、法人制度、时效制度等）没有建立起来，有的（如对人格权的保护）也没有为审判实践所重视。民事立法工作和民法研究工作，同其他法律部门比较起来，都处于极为落后的状态。

因为民法是在商品经济的基础上建立起来的，所以有的同志认为我国商品经济不发达是民法落后的决定性原因。当然，商品经济不发达会影响民法发展。不过我们今天并不是处在民法开始建立的时代，不能说民法在我国就没有存在的土壤。而且今天的民法，就其为一个部门法的整体说，也不是必然地与商品经济保持着亦步亦趋的关系。再说，时至今日，民法这种法律上层建筑，已经在不同社会制度的国家里有了许多年的发展史，有它本身的生命。这种上层建筑在我国完全有其存在和发展的必要性和可能性。我们可以用前面所引董必武同志的话说，无论就国家法制建设的需要来说，或者就客观的可能性来说，民法在我国是应该有所发展的。今天民法的落后状态，我们不能不认为，对民法的思想认识问题是很重要的。

我国长期处于封建社会，封建法律思想中重刑轻民的思想至今残存在人们的头脑中，有形无形地阻碍我们去正确认识民法的重要性。今天仍有不少人认为“民法不如刑法重要”“民法可有可无”“没有民法对社会对国家没有妨碍”。这些思想完全是封建法律观的残余。正是这些思想使我们国家里许多人至今不重视人民的民事权利。不重视民事纠纷和民法，使我们的民事立法工作和民法研究长期处于极其落后的状态。

举一个很小的例子。时效制度是与经济生活有密切关系的。我国没有规定时效制度。这一情况招致了经济生活中的极大不便，多年来这一点已经为人们所感知，在审判实践中已被注意，但是一直没有得到解决。对于这种具体而微的事例，除了说明思想上的不重视之外，很难作出令人满意的说明。而这种不重视的思想根源，除了求之于重刑轻民的封建法律观的残余外，又能求之于什么呢？总不能简单地归咎于无知吧。

（三）

其次，要谈到新中国成立以来我们对法律的片面性认识。前面说过，法律虚无主义思想在我国不是全面存在的，但是在民法方面确实存在法律虚无主义思想。这种情况来自封建遗毒和长期以来对法律的片面性认识。

长久以来，我们认为法律只是镇压阶级敌人的工具，把这一点作为法律的作用的全部。这同我们对于国家的认识是一致的。国家也只是专政的工具，国家和法律都只是镇压敌人的。因此，在法律中只有刑法才是必要的和重要的。就是在刑法中，也只有镇压反革命是最重要的。这种认识在新中国成立初期原来是正确的和应有的。不幸的是这种认识在“左”的思潮支配下一直延续下来。从20世纪50年代后期起连续进行的政治运动又加剧了这种情况。法律（以及国家）在其他方面的作用，特别是维护人民民事权利、处理人民内部纠纷的作用和促进（保护）经济发展的作用一直被忽视，甚至是人们不敢提到的。直到现在，对于法律是否只是阶级镇压的工具这一点，在我国还没有得到一致的认识。民法很难说是阶级镇压的工具，当然就在整个法律体系中占不到重要的地位。长期以来，在我国盛行的理论是，国家的职能主要是镇压敌对阶级，法律也就是阶级镇压的工具。封建社会的重刑轻民思想在这里就得到借尸还魂的机会。不重视民法的思想在我国之所以如此牢不可破，正是由于封建法律观的残余与对法律的片面性认识结合在一起的缘故。

党的十一届三中全会英明地作出了工作重点转移的决定，开启了我国法学和法制发展的新时代。新中国成立以来我国社会主义建设的正反两方面的经验以及当前的现实使我们深刻地认识到，过去那种对法律本质和法律作用的片面性认识是错误的，对我国法制建设是有害的。社会主义国家除了具有镇压阶级敌人和保卫国家安全的职能外，还有维护人民权利（包括政治权利和民事权利）和领导经济建设的职能。从而社会主义法律的作用也相应地应该具备这几方面。关于社会主义法律作用的全面论述不是本文的任务，本文专就民法的作用作些论述。

在封建国家，没有独立的民法，当然谈不上民法的作用。当时司法机关处理民事纠纷是为了"治安"。到了资本主义国家，民刑分开，民法才有了自己独立的作用，民法的作用就在于确定和保护人民的民事权利，解决民事关系中的争议。民事法庭处理民事争议的目的就在于解决这种争议以维护人民的民事权利，并不是因为这种争议"危害了社会治安"。事实上，民事争议中很大一部分是难以危害社会治安的。一旦民事争议发展到危害社会治安，事件的性质就变了，民事案件就变为刑事案件。这时刑法就出来发挥作用，这是民法和刑法的不同之处。当然，民法的作用如果不能充分发挥，民事争议如果得不到适当的解决，民事争议是会转化为刑事问题的。因此，民法也有间接预防犯罪、防止刑事问题发生的作用。但这并不是民法本身固有的作用，不是民法的直接目的。

社会主义民法也应该有它固有的独立的作用。这就是维护人民和企业的民事权利，使人民和企业在生活方面和经济方面的权益得到明确和保护。民法的这种作用不是附属于其他法律，譬如刑法而存在的。长期以来，我国人民和企业在生活方面和经济方面的权益得不到很好的保护，一部分原因就在于我们没有充分发挥民法的作用。我们把民法与刑法、行政法常常搅在一起，而没有运用民法这个手段去完成它本身的任务。这种情况之存在也不是偶然的，在我国关于法律作用的理论中，民法本身的这种作用长期受到忽视。有的著作把“促进民事纠纷的解决”列为我国社会主义法律作用的一方面，但把它附在“维护社会秩序”这一点的下面，这种说法仍是民刑不分思想的残余。

我认为，在讲到我国社会主义法律的作用时，不能没有“保护人民的各种权利，包括政治权利和民事权利”这一点。而保护人民的民事权利（包括企业的）正是民法所特有的作用。这一点既不能由其他部门法所全部代替，也不能把它作为其他部门法的作用的附属物。只有真正认识到这一点才能肃清民刑不分思想的残余，真正对民法加以重视，从而促进我国民事立法工作和民法研究工作。

现在，这一点更加重要。我国现在正在进行经济体制改革。要使经济体制改革进行得好，必须充分发挥民法保护人民和企业的经济权益，促进商品经济发展的作用。关于这一点，党中央关于经济体制改革的决定阐述得很清楚，法学界许多同志也发表了很精辟的意见，本文不拟重复。这里只强调一点：经济体制的改革提出了对民法的更迫切的需要，也提出了民法的更重大的任务，因而经济体制改革要求我们更加重视民法，加快我国的民事立法工作，更加提高我们的民法研究水平。

从反面看，长期以来，由于我们不重视民法，不善于发挥民法的作用去维护人民的民事权益从而解决民事争议，有些民事争议发展成了刑事犯罪，确实危害了社会治安。在我国社会中，由争夺房产或要求离婚而演变成杀人斗殴的刑事案件，就是实例。这种反面的教训我们应该接受。

（四）

1979 年以后，我国的立法工作和法学研究工作都进入一个新阶段。一些重要的法律纷纷公布，一些法律部门的研究工作也是硕果累累。比较之下，民法方面不能说没有发展，但是仍然处在落后的状态，这一点也值得我们注意。

要说明这个问题，除了上面两节的问题外，还要联系到我国近年来法学界的一个新问题，这就是经济法的问题。

关于经济法的问题，是近年来我国法学界（包括立法工作、法学研究工作）的一个重大问题。这里不能全面地对之论述。与本文对民法的讨论有关的是，过去经济法问题确实影响到民法的发展。从近年来的情况看，这种影响是：第一，出现过一种议论，即可以取消民法而由经济法来代替或包含之。这种议论虽然已经消失，但影响到人们对民法的正确认识，甚至影响到民法研究者对民法的信心。第二，较前一种议论广泛得多的理论是，把民法的一部分划入经济法，使传统（从法国民法典直到苏俄民法典）的民法体系陷于凌乱或缩小。这一种理论在整个法学界占有很重要的地位，对民法不能不形成一种冲击。结果是，前几年，民法界确实有点陷入近乎消沉的情况。我国民法的立法工作陷于停顿，有的民法学者犹豫不前，不能说与此无关（当然也有其他因素的影响）。

现在情况已经有了变化。第一，民法学者的努力使得民法恢复了它应有的地位；第二，更重要的，经济体制改革给民法提出了重大的任务；第三，经济法与民法的争论（这种争论本身是无可非议的，并且是学术进步所必需的）进入了一个新阶段，经济法对民法的冲击不是那么强烈了。

但是，并不是问题已经完全解决，用不着再讨论再研究了。为了提高对民法的认识，提高对民法和经济法两方面的研究工作而促进二者的发展，这里简单地提出个人的一些看法。

我认为，民法和经济法都是我国整个法律体系中不可忽视的部门法，二者在我国人民和企业的生活和经济活动中都是必不可少的。二者在我国社会主义社会的发展和社会主义经济建设中都具有各自的、不可互相代替的作用。民法的历史比较长，它的理论和体系较为成型，但是今天也面临着革新和发展的局面。经济法是新生的，它的理论和体系还处在未定型的阶段。可是它在我国整个社会主义法制里的必要性和重要性已经为人们所认识。因此，对于二者我们都应重视，都应加强研究，而不应厚此薄彼，或者排斥任何一个。民法学者和经济法学者应该从我国社会主义法学的全局着眼，各自加强研究工作，互相合作以促进社会主义法制和社会主义法学的全面繁荣，旧社会文人之间的那种门户之见和意气之争是不可取的，至于民法和经济法的关系，两种体系的划分，是民法学者和经济法学者都应该致力研究的。只有在通力合作之下，这些问题才能得到比较妥善的处理。不过我们仍须认识到，任何学术问题的发展都是无止境的，不可能有所谓绝对的解决。古老的民法里至今还有争论不休的问题，何况其他。作为一个既重视社会主义民法又重视社会主义经济法、既有兴趣研究民法又有兴趣研究经济法的人，我认为我们应该各自加强研究，在百家争鸣的原则下共同前进。

至于立法工作方面，我们不能因为这个问题而限制自己或犹豫不决。苏联是一个例子，民法和经济法在那里争论了几十年，但立法工作并未受到影响。历史上虽然有不少先例，立法工作是在法学成就的基础之上完成的（最显著的是德国民法典），但更多的例子说明立法和法学研究是相互促进的。

在这里同时可以指出，高度发展的法学研究确实是立法工作所必需的。我国这几十年来，整个法学研究工作的落后状况已经影响到我国的立法工作。在民事立法方面这一点尤为突出。随便举例来说，对于社会主义国家里法人制度的研究我们做得很不够，结果我们要制定关于我国法人制度的法律就有困难。我国立法中发生过的关于工厂法、企业法和公司法的讨论曾经延缓了我国的立法工作。这样的例子很多，不过我们不能把这种情况当作不可克服的困难。相反地，我们更应从此加强我们的研究工作和立法工作。在民法方面尤其应该如此。

（五）

以上谈了有关民法的几个问题，总之是想说明，早在30年前我国老一代的法学家董必武同志指出的“一个严重的问题”，今天已经到了必须解决的时候。民法问题是这个严重问题里最严重的，我们必须严肃地看待并解决这个问题，而要解决这个问题，正确地认识民法并重视民法是最根本的一点。

当然民法问题不是孤立的，它是我国整个法制问题的一环；而法制问题也不是孤立的，它又是我国许多问题中的一个。不能说民法方面存在问题，而其他法律部门方面就毫无问题；也不能说法制方面存在问题，而其他方面就毫无问题。本文一再提到重刑轻民思想，实际上我国的刑法（典）也是直到1979年才制定的。这种情况实在值得深思，本文只谈民法，其他没有涉及。就是民法方面，也只谈了主要的一点。此外当然还有其他问题应该讨论。如我国的立法体制问题、立法技术问题，对法律的要求问题（例如一个法律，怎样才算“成熟”）等，都未能逐一论及。我国的法制建设，比起以前来，已有很大的成就，但是现在仍处于百废待兴的状态。改善这种状态，有待于法学界和全国上下的共同努力。

让我们今天感到鼓舞的是，党中央近年来的一些英明决策和指示对于我国的许多重大问题，其中也包括民法问题，已指出了发展的方向，开辟了充满希望的前景。例如《关于建国以来党的若干历史问题的决议》指出法制不完备对我国的影响；十一届三中全会公报指出必须做到有法可依，有法必依，执法必严，违法必究；《关于经济体制改革的决定》更明确地指出要使我国企业成为具有一定权利和义务的法人，要在我国充分发展商品经济，要把越来越多的经济关系和经济活动的准则用法律形式固定下来；《关于科学技术体制改革的决定》也指出，要积极发展多种形式的技术贸易活动，要制定有关的法律和制度，保障各方面的合法权益。这些都直接对我国的民事立法和民法研究工作指出了方向、规定了任务。我们应该坚决按照党中央的指示，纠正和清除一切错误的和不正确的认识，树立雄心壮志，做好完善社会主义法制和提高法学研究的工作，使社会主义民法在经济体制改革和经济建设中发挥其应有的作用。

【后记】本文写于1985年3月。这时经济法和民法的争论已稍平静，民事立法成为讨论的焦点，各种意见都有。本文是在这个背景下写成的。写成后，没有得到发表。当年秋，立法机关开始草拟民法通则。1986年4月，民法通则公布。本文就未再发表。现在仍将本文保留在这里，作为我国民法立法史的一项参考资料——2002年作者记。

论建立适应社会主义市场经济的民法经济法体系

目　次

中国共产党第十四次全国代表大会提出在我国建立社会主义市场经济体制，要努力实现十个方面的主要任务。其中之一是要“高度重视法制建设。加强立法工作，特别是抓紧制订与完善保障改革开放、加强宏观经济管理、规范微观经济行为的法律和法规，这是建立社会主义市场经济体制的迫切要求”。为了完成这个任务，我们必须把注意力首先集中在我国的民法和经济法的领域，因为民法和经济法是直接反映经济的。过去几十年里，我国的计划经济体制直接反映在我国的民法和经济法领域。现在要改变这种体制，在我国建立社会主义市场经济体制，也必须从这个领域着手。上面说的“加强宏观经济管理”，正是经济法的任务，而“规范微观经济行为”则是民法的任务。因此，改变、革新我国的民法和经济法制度，建立适应社会主义市场经济的民法经济法体系，就是当前的迫切任务。

在进行民法经济法领域的改革时，我们还须注意到，正如经济体制的改革一样，这种改革不是原有体制（体系）的细枝末节的修补，而是一种根本性变革。只有掌握这一点，才能使我国的民法经济法体系，真正从计划经济的框框里转变到社会主义市场经济的体制下来，起到法律保障经济体制改革、促进经济体制改革和经济建设的作用。

在这个根本原则下面，本文拟就建设我国适应社会主义市场经济的民法经济法体系问题，从以下三个方面提出一些意见。

一、适应社会主义市场经济的民法经济法体系的原则

社会主义市场经济要存在、运行并且发展，必须适合并遵循一些重要的原则。适应于这些原则，民法经济法体系也必须适合并遵循一

些原则。

（一）经济主体的多元化

要能形成市场，就必须有多种主体。如果只有一个主体，就谈不上市场。这是从经济方面说的。在法律方面，就是要承认多种主体的法律地位，或者说，承认多种主体（各种主体）的“人格”（权利能力和行为能力）。过去几十年里，在我国，真正的经济主体只有一个，即全民所有制企业，其他的经济主体，如集体企业、个体企业乃至个人，不是没有法律地位，就是只能作为附庸而存在，甚至是非法的。在社会主义市场经济里，不仅全民所有制企业（国有企业）、集体企业，还有其他经济主体，都具有法律地位，即都是合法的。在民法经济法领域，再不应该从所有制方面去肯定或否定某一经济主体的法律人格，而应该只从法律形式上去区分主体，从而承认，个人、合伙、公司、公司集团，都是有资格进入市场的经济主体，只要它们具备法律规定的要件，法律都承认它们有进入市场并在市场中活动的民事权利能力和行为能力。此外，进入市场的还可以有许多其他组织，如行业协会、职业团体、社会团体等。至于国家，也可以以同等身份进入市场。

当然，在许多这样的主体之间，存在一些差别，例如经济实力有差别、经济地位有差别，但是经济差别不应影响它们的法律地位，不应影响它们在市场中的活动的合法性。一个规模巨大、经济实力雄厚的国家公司或国有企业（非公司形式的企业），与一个经济实力不大的私人公司或私人合伙企业乃至个人，在法律上是一样的，也就是说是平等的。这是市场的要求，必须反映在法律上。既然它们的法律地位是一样的，国家作为社会主义市场经济里的裁判员和协调者，对这些主体就应该一视同仁，平等对待。

（二）每个主体拥有明确的产权

在社会主义市场经济里，每个经济主体都拥有属于自己的财产（资金、产品、各种无形资产等），对于自己的财产拥有明确的产权。所谓产权，当然是一种法律上的权利，不论其是所有权、债权、知识产权，在法律上都是受到保护的，不受侵犯的。每个主体对于其所拥有的财产可以自主地、自由地处理，对于它在市场上的行为可以自主地、自由地决定，而不需听命于他人，或者受他人支配。除了国家通过法律作出的限制外，每个主体可以运用自己的财产、行使自己的产权。

在过去若干年里，存在于我国社会中的一些不正常的现象，如产权不明、任意平调、任意侵犯他人产权等，都将消除。

国家作为全体人民的代表，也拥有它的产权，而且除了一般的财产外，还拥有特殊的财产，如全国的土地、关系到社会经济命脉的某些生产资料（如水力资源、重要的矿藏等），这些都要由法律予以规定。

只有国家才能在特别情况下对其他经济主体的产权进行干预，包括限制、禁止乃至征收，但这些都必须先由法律规定，然后国家才能依照法律规定（包括实体和程序两方面）实行。

（三）每个主体对自己的行为负责

在市场经济里，每个主体，包括进入市场的国家在内，要对自己的行为负责，既对自己的合法行为（如订立合同）承担责任，也对自己的违法行为（如民事侵权行为、其他违犯法律的行为）承担责任。每个主体不享有任何特权，不能对自己的行为不负责任；也不忍受他人（包括国家）的不合法的干涉，或者对自己不应负责的事承担责任。

过去，在我国社会里，一个经济主体的责、权、利，常常处于混乱状态。在社会主义市场经济里，责权利必须合理地、合法地结合起来。这里的唯一标准是法律——民法和经济法。权利和利益要规定在法律里，责任也要规定在法律里。

国家也有它的责任。当它以一个普通的民事主体进入市场时，它要依照民法的规定承担责任。当它以一个权力者进入市场时，它也只能依照经济法的规定行使权力，并且要承担责任。[①]

（四）各经济主体之间维持自主、平等、互利、公平的关系，以及合作与竞争的关系

社会主义市场经济里的各经济主体不再是分为等级的，也不是附属于他人的。国有企业也不再是国家机关的附属物。各经济主体都是自主的，相互间是平等的。各经济主体之间的关系也是互利的和公平的。这样的关系主要表现在合同关系上。社会主义市场经济中的各个经济主体间，通过各种各样的合同的纽带联系起来，而不再通过其他关系去联系（如封建式的人事关系，或计划经济中的行政关系）。

在社会主义市场经济里，各经济主体之间的关系又表现为合作与竞争的关系。这些主体都有一个共同的最终目的和方向，即建设社会主义；但又有各自的具体利益，所以既要合作又要竞争。它们的合作关系受民法的规范，它们的竞争关系受竞争法（属于经济法）的规范。

（五）社会主义市场经济由国家进行宏观调控

国家对于各经济主体的各自活动（经营）不加干预，但要对市场

① 当然，国家还有依照其他法律承担责任的时候，例如依照国家赔偿法而承担责任。

进行宏观调控，从而也间接地对各经济主体的行为施加影响。这种影响包括积极方面的引导、鼓励或帮助；也包括消极方面的限制或禁止。在这方面，民法和经济法都要发挥各自的作用。国家仍然制订计划和政策，并且通过各种经济手段去实施。国家要协调各个、各种经济主体间的利益，维护社会的整体利益，维护本国全体人民的利益，这些都要通过法律去实施。国家进行宏观调控，在社会经济发生困难（经济动荡或经济危机）时，或者国家遇到重大灾难（自然灾害或外来侵略）时，尤为必要。

二、社会主义市场经济的各项具体制度及相应的法律

在上述的原则之下，社会主义市场经济要形成、存在和发展，就要建立一系列的具体制度，并把这些制度用法律固定下来，这样的法律就是民法和经济法。社会主义市场经济的存在和发展也有赖于其他的法律，例如宪法、刑法、行政法、社会法等。但与社会主义市场经济直接联系的则是民法和经济法。因此，我们必须首先着眼于民法和经济法。以下是其中的主要内容。

（一）企业制度和企业法

过去几十年里，我国唯一的经济主体是全民所有制企业，就是全民所有制企业也只是国家机关（该企业的主管部门）的附属物，因而在我国不存在一定的企业制度，更不存在企业法，规范全民所有制企业的只有一些行政命令。企业法始自实行开放政策以后。1979 年制定的《中外合资经营企业法》，是我国第一个关于企业的法律。直到 1988 年，才制定《全民所有制工业企业法》。以后又陆续制定了一些

关于企业的法律和法规，形成了现在的企业法这个部门。这样建立起来的企业制度和企业法有几个特点：第一，划分本国资本的企业和外商投资企业，相应地形成两套企业法，即本国企业法和涉外企业法。两类企业的法律地位和受到的法律待遇迥然不同（突出地表现在税收方面）。关于外商投资企业的法都是全国人大制定的法律，关于本国企业的法除了全民所有制工业企业法外，都是国务院制定的条例，还有地方法规（如关于农民股份合作企业的）。第二，在本国企业里，又依所有制划分企业而对之制定法规。例如全民所有制企业（全民所有制工业企业法，也准用于非工业企业）、集体企业（城镇集体所有制企业条例、乡村集体所有制企业条例）、私营企业（私营企业暂行条例）等。把企业依资本来源和所有制分开，给予不同对待，是过去长期实行计划经济的遗留办法，而且这些企业法规的内容也有很多是计划经济的规定。因此，这种企业法已不能适应社会主义市场经济的情况（实际上现在就已出现“不合法”的企业，例如各种所有制混合的企业以及股份制的中外合资企业），所以必须建立适应社会主义市场经济的新的企业法。

新的企业制度必须符合两点：第一，每个企业都是独立自主的；第二，每个企业的权利和责任都是明白而确定的。第二点尤为重要。这就要求把企业的法律形式放在第一位，而不能把资本来源和所有制形式放在首位。道理很简单，一个企业进入市场，所有与它进行交易的人首先要知道的是它的权利和责任，而不是它的资本来源。企业的法律形式正是表明其权利责任的标志。例如独资企业是由其企业主负无限责任的，合伙企业是由全体合伙人负连带无限责任的，而公司是只由公司法人负无限责任而其投资人（股东）只负有限责任（在有限公司）或者不负责任（在股份公司）或者只在特殊情况下才负无限责任

（在无限公司）。如果依企业法律形式划分企业并作出标志，这些责任情况是一见即明的。这样的企业才适于进入市场并在市场中活动。我国现在已兴起股份化的热潮，而现行的企业制度和企业法对股份制企业是不相适应的。因此，改革现行的企业制度和企业法势在必行。

因此，必须加速制定公司法，完善《民法通则》中关于合伙的规定，完善关于企业登记的规定。

随着企业法的建立，要完善破产法。现在的破产法形同虚设，根本原因在于产权问题。以后市场经济发展了，产权问题解决了，破产制度才能建立，破产法才能发挥作用。

国有企业仍是我国的主要经济力量。不论是公司形式的国有企业还是非公司形式的国有企业，都要用特别法去加以规范。

（二）产权制度和有关法律

进入市场的每一主体必须有明确的产权。但是在我国建立产权制度，首先遇到的一个问题是国家所有权。长期以来，在我国民法中，国家所有权成为一个老大难问题，成为影响许多其他问题的一个因素，这是计划经济的后遗症。在建立社会主义市场经济以后，这个问题必将随着经济的发展而逐步解决。解决的主要途径是，要把计划经济体制下的国家所有权改造为市场经济体制下的国家产权，即包括所有权、股权（股东权）、债权、知识产权等在内的复合的“产权”。在计划经济体制下，国家所有权是国家产权的唯一形式。那时，不存在国家的股权；国家享有的债权极其有限（国家对企业是“拨款”而不是贷款。“拨改贷”是近几年才有的）。在社会主义市场经济体制下，国家也和其他经济主体一样，享有各种产权。目前在股份制企业中，“国家股”的确立，使一部分国家所有权转为国家股权。至于在不实行股份制的国有企业中，仍保留着原来形式的国家所有权。这样就基本上可以解决长期以来国家所有权与企业经营权的纠缠。国家所有权转型为国家股权之后，解决了国有企业或国家参股的企业进入市场的问题。当然，要在我国从理论上阐明国家股权问题，在实践中管好国家股，不是一件容易的事。现在我国一般人（甚至法学界和经济界的某些人）对“股权”的确切意义和实际运作都还不十分明白，甚至有误解。例如有人把股权理解为所有权，有人理解为债权，这样都对正确处理国家股问题有妨害。更有甚者，不少人认为国家由“所有人”转为“投资者”，国家对企业财产的“所有权”转为“股权”，就是国家所有权的消灭，就是国家财产的消失，因而这是对社会主义公有制的侵害。这些误解很不容易消除。不过只要我国的市场经济日益发展，这些问题迟早是会解决的。

在产权方面，另一个重要的法律问题是，应该完善法人制度，使法人（其中主要是企业法人）享有完全的产权。我国自《民法通则》公布后，就有了法人制度，在各种法律和法规中也规定了“企业是法人”。但真正的法人制度迄今未能形成，多年来对企业法人要求的“自负盈亏、自我发展”一直做不到。原因固然很多，一个重要原因是产权问题没有解决。一个不享有充分产权的法人只是一个空洞的组织。这一点充分表现在我国的全民所有制企业上。现在的转换企业机制问题也就是要解决这一问题。这不是纯法律问题，但可以通过法律去协助解决。我们必须在民法方面完善对法人的规定，强化法人的各种权利，特别是产权，各种企业法人才能在市场中活动自如而发挥其作用。

至于产权的内容，我国民法已经有不少规定。关于所有权、债权、知识产权，问题较少。需要建立的是各种其他物权制度并制定相应的法律。

（三）合同制度和合同法

各种经济主体在市场里的活动都要通过合同而进行，因而合同制度和合同法是社会主义市场经济所必不可少的。我国在形式上一直就有合同制度和关于合同的法规。在改革以前，那都是计划经济体制下的合同。现行的是改革以后建立或制定的，但也需要从根本上加以再改革。

现行的合同法也和企业法一样，分为国内企业间的合同法与涉外合同法。国内的合同法又有两个，经济合同法和技术合同法。这种合同法体制只能说是一种过渡形态，在由计划经济向有计划的商品经济过渡时期有一定的作用，但不能适应社会主义市场经济的需要。事实上，最近几年的实际情况已经突破了这几种合同法的框框。例如涉外经济合同法的适用范围已经由最高人民法院加以扩大，经济合同法中的某些规定或者不起作用（例如非即时清结的合同须用书面订立的规定），或者已经过时（例如有关计划的），都已形同虚设。特别是“经济合同”这种陈旧的名称尤其与社会主义市场经济不相适应。

因此，应该把这几个合同法（以及许多有关的行政法规和地方性法规）加以综合改革，制定一个适用于全国性统一市场的合同法。这个合同法应该做到几点：第一，使合同与国家计划脱钩，完全成为经济主体之间的交易法。这样就不必再分国内合同与涉外合同。第二，随着我国对外贸易的发展，我国合同法应该尽可能地与国际公约与国际惯例保持一致。第三，在国内，尽量减少关于合同的行政法规与地方性法规，使进入市场的一切经济主体都遵守一个统一的合同法。当然，这一个合同法不可能把一切合同包括无遗。一些特殊合同仍然要规定在其他法律里，例如有关著作权的合同规定在著作权法里，有关房地产的合同规定在房地产法律里。但是关于各种合同的共同事项应该只由一个合同法去规定，例如关于合同的订立、合同的效力、违约责任、损害赔偿等。如果在这些共同问题上没有全国统一的规定，对社会主义市场经济的运行是不利的。

对某些特殊的合同，例如重大的外贸合同、关系人民日常生活的合同，国家有必要进行干预（管理），但要通过立法和司法的方式去实行，不能以行政方式干预。

合同制度和合同法涉及市场经济的所有方面，不仅涉及商品交易、服务提供，也涉及资金的融通、证券的发行和交易、技术的转让等方面。只要有市场就必须有相应的合同制度和法规。所以完善合同法绝不能忽视。

（四）资金融通和融资法

市场经济中一个重要问题是资金的融通，这正是民法中的一个重要问题。资金融通包括资金的筹集和保存、资金的借贷等。我国现在已经建立了各种资本市场（包括外汇市场），就必须有相应的法规对这些市场中的活动进行规范。几年来烦扰我国的三角债问题，就是因为我国在这方面没有完善的制度和法规而形成的。今后要使企业易于取得资金，使闲散资金得到运用，使贷出的资金得到保障，都有赖于完善的融资制度和融资法。

任何企业在成立之初都要筹集资金。企业的规模越大，企业所要办的事业越大，就越需要大量的资金。这个问题对于公司最为重要。现代股份公司的优越性就在其能无限制地筹集资金。我国过去的全民所有制企业完全仰赖国家拨款，近几年来已有变化。所以筹集资金已日益成为企业的重要问题。现在筹集资金的新的渠道有发行股票和发行债券。这两个问题都应在公司法中作出规定。现在我国还有非股份公司的企业发行债券，对此没有法律作出规定。对于这些债券的持券人（债权人）应如何保护，是一个大问题。所以这方面的法律必须从速制定。

融资的另一重要方式是借贷，包括向银行贷款与企业间的资金周转。在这里存在两方面的法律问题，贷方的贷出（放款）与借方的还贷（收款）。在市场经济中，放款与收款都要既灵活又安全，这就需要完善的贷款制度和借贷法律。我国过去在这方面问题较多。在贷的方面，通过行政命令或者通过人情关系放款，没有关系的就不给贷款；在还的方面，故意拖欠不还，使贷者不敢贷。这些必须以法律解决，做到贷者愿贷、敢贷；借者容易借到、依约还款，才能适应社会主义市场经济的需要。所以必须制定完善的借贷法。

要使借贷安全，就要以法律规定保证制度和担保制度（人的担保和物的担保）。我国在这方面没有完善的法律，特别是没有建立抵押权制度。所以必须制定详尽的担保法。

银行是资金的保管库。过去我国实行现金管理，以行政命令规定企业必须将现金存入银行，又规定企业必须使用转账支票，个人不能使用支票，这些都限制了资金的流通。在社会主义市场经济下，资金运用灵活是最重要的，上述的各种限制必须放开。我们须完善银行法与银行的规章，放开对使用支票和存款的不必要的限制，使企业（和个人）乐意将资金存入银行而又能很方便地取出或调往他处。

我国的外汇管理制度与外币（包括外币证券）兑换制度，随着市场经济的发展也要改革。有关的法律当然要改订。

（五）证券制度和证券法

证券（有价证券）是市场经济高度发达的产物。20 世纪 50 年代，当我国建立高度集中的计划经济体制时，原有的股票、汇票、本票消失了，支票受到大大的限制，其他的一些有价证券（如提单、仓单）也只在极小的范围内得以幸存。直到 70 年代末，汇票和本票才又出现，但已面目全非，其所具有的“中国特色”使其几乎失去了有价证券的实质。现在要建立社会主义的市场经济，必须重建包括汇票、支票、本票、股票、提单、仓单等在内的有价证券制度，并制定票据法和其他相应的法律。最近我国已制定公布了《海商法》，对海运提单已有规定（《海商法》第 4 章第 4 节）。股票应该在公司法（股份公司法）中规定。当前急需的是制定票据法。现在汇票已在市场上逐渐出现，支票的使用范围也在扩大，这方面的纠纷也逐渐进入法院，而法院没有据以判案的法律。

另外，股票和债券（国债券、金融债券、企业债券）的交易已经出现，证券交易所也在上海和深圳建立。我国亟须制定全国统一的证券交易法。

全国的统一票据法和证券交易法尚未制定，而地方法规却不断出现，这种情况不利于统一的全国市场的形成和发展。事实上，一些混乱现象已经出现，例如海南省未经上级批准就于 1992 年 3 月开办股票内部交易中心；一些省市未经中央批准就于 1992 年准许企业发行股票、股票认购证、信托受益债券等，虽经事后制止或纠正，但对我国市场经济的发展已有了不好的影响。

为了贯彻改革开放政策，我们要建立的票据制度和证券交易制度，要制定的票据法和证券交易法，应该摆脱计划经济体制的束缚，尽量向国际惯例靠拢，使我国的票据和证券能进入国际市场，使我国社会主义市场经济进一步得到发展。

（六）投资制度和投资法

我国社会主义市场经济要持续地发展，必须建立一个完善的投资制度，制定投资法。这是我国异于其他发达国家的地方。因为要建设社会主义，只靠国家拨款和国有企业积累资金是不够的，必须动员全社会来积聚资金，还要吸收外来的资金。我国近十年来对于吸收外资较为注意，在几个涉外企业法中规定了一些鼓励外来投资的措施，又制定了一些鼓励外来投资（包括港、澳、台和华侨投资）的行政法规。但是一直没有制定一个完善的投资法，更没有注意到如何有计划地全面地吸收国内的投资。国家发行了多年国库券，直到近几年，才把发行工作通过市场去进行。我国又发行过多次金融债券，也都是分散地进行的，欠缺长期的、全面的安排。一些企业债券近几年来不断发行，吸收了大量的社会资金，甚至影响到国债的发行。这是由于我国还没有一个完善的投资政策、投资制度、投资法。这是我国经济法中亟待解决的一个重要问题。

在我国这样的发展中国家，面临着建设社会主义这样宏伟的任务，资金问题是一个长期的问题，不是三年五年、十年廿年能解决的。我们应该制定一个面向各个方面的、预期其长期实施的投资法，把我国的投资政策用法律形式昭示于全体人民和世界各国，不应该只利用一些行政法规或地方法规。近些年来，有一些外来的投资者常常认为我国没有“投资法”（指正式的法律），缺乏投资安全感。我们应该注意这一点。

我国国内也有巨额的闲散资金存在，但是这些资金被用去炒股票、炒房地产，甚至炒买黄金外汇。我们应该通过各种方式，吸引这些资金，使之投向国家所指引的方向。忽视国内资金，或者只采用一些零敲碎打的办法都是不对的。例如我国发行国库券已有多年，每年发布一个单行条例，好像这只是每年临时采用的一个偶然性措施，而不是一个长期的稳定的政策。人民手中有资金，想要投入到最安全也最有利于社会主义建设的国债中去，却不知道下一年还有没有国库券可买，就只好把资金投入不如国债安全的企业债券。如果国家制定一个《国债法》，向人民昭示，要在10年、20年或更长时期内每年发行国内公债，鼓励人民把节约下来的资金有计划地投向国债，其效果（包括对人民的教育作用）必然好得多。如果说每年的发行数量和利率不能完全相同，仍然可以在《国债法》中授权国务院每年决定。

在吸收外资方面，我国较为重视，但十余年来，对方式方法不加改进，对一些零乱的行政法规和地方法规不加整顿，外国投资者对此常有意见。

在这方面，我国台湾地区的做法值得我们借鉴。台湾早在20世纪50年代，就制定了吸收外资的规定（“外国人投资条例”和“华侨投资条例”），到60年代又制定了一个全面的“奖励投资条例”，用多种方法方式鼓励人民向生产性事业投资。这三个条例一直施行了30年。其间对第三个条例多次修改，使之适应于经济发展的情况和需要，主要是调整投资的方向（由劳动密集型产业到技术密集型产业再到高精尖产业）。近年又把“奖励投资条例”改订为“产业升级条例”继续施行。

总之，我国应该认识到吸收国内外资金是一个长期的（上百年的）工作，应该制定全面的投资法去贯彻施行。

（七）竞争制度和竞争法

竞争是市场经济的本质属性，没有竞争就没有市场经济。我国建立社会主义市场经济必须很好地处理企业间的竞争问题。现在经济界所注目的是如何为企业创造好的竞争环境，特别是使各类企业有大体平等的竞争条件。这一点应该主要由企业法去解决。关于竞争的另一方面是反对限制竞争和反对不正当竞争的问题，这是竞争法所要解决的问题。

自由竞争是资本主义初期的神圣原则。这一原则给资本主义带来昌盛，也给社会带来很大的危害。因而资本主义国家自己到了后期也注意到应该对竞争加以管理。一方面对垄断（垄断是对竞争的限制，甚至消灭竞争）加以管制，这样出现了反垄断法（美国称为反托拉斯法，德国称为反对限制竞争法，日本称为反独占法）；另一方面对不正当的竞争加以管制，这样出现了反对不正当竞争法（反对不公平竞争法）。二者合称为竞争法。

我国在社会主义条件下实行市场经济，与资本主义国家的情况有所不同，但是我们也面临着如何对待竞争的问题。这个问题在我国比较复杂。一方面，我国要提倡和鼓励企业之间进行自由而公平的竞争，因而也要反对限制竞争（垄断），反对不公平（不正当）的竞争；另一方面，我们要促进社会化生产的发展，又要鼓励和支持企业间的联营、支持大规模企业集团的建立。另外，我国还有一个特殊问题，就是地方封锁问题。这个问题牵涉财政制度、价格制度、税收制度各个方面，更为复杂。因此，我国要制定什么样的竞争法，必须全面地进行研究。

三、国家对市场的宏观调控

实行社会主义市场经济之后，国家的主要任务是对经济进行宏观调控。国家对大部分国有企业不进行直接经营（当然仍然有一部分要由国家直接经营，例如一部分国防工业），而通过行使股权去间接调控。这样，国家就可以摆脱计划经济时期的烦琐事务，把注意力用于更重要的宏观调控方面。这主要是经济法的任务。

国家的宏观调控有两个特点：第一，宏观调控的对象是经济整体，是从社会整体利益也就是社会主义的整体利益出发的。前面说过，国家对社会主义市场经济的各种经济主体都是平等对待的，不偏向任何一种主体。但国家必须维护整体利益。当然，为了维护整体利益（其中首先是社会主义的大方向和根本制度），国家的措施对某些经济主体可能有所影响，但整体利益的维护也会有利于社会的各个部分，因而不会对这些主体有危害。第二，宏观调控的手段主要是间接调控，例如通过税收、银行、社会政策（例如社会保障制度）等去引导，而不用或只最小限度地运用直接行政干预手段。在运用行政手段时，也必须由法律作出规定或予以授权。

实行社会主义市场经济，仍然要有计划，国家仍然要制订计划。不过不再是指令性计划，而主要运用指导性计划。只要适当运用好各种间接调控手段，指导性计划也可以收到指令性计划的效果。我国还是要制定计划法的。

国家宏观调控的目的和作用主要表现在：第一，协调社会各个部分、各种经济主体、各个社会群体之间的利益，使全国的每一群体、每一主体，各得其所，都能享受到自己应得的利益。第二，预防社会经济发生动荡甚至危机，万一发生了，国家有紧急对策。第三，为国家遭受重大灾害的（重大自然灾害和外来侵略）预筹对策。

国家的宏观调控和微观管理是互相结合的。有一种误解，似乎在市场经济里，国家丝毫不起作用，一切经济行为由企业自由进行。实际上，世界历史上从来没有这样的经济。就在资本主义初期自由经济下，国家也不是绝对不管事的。商业登记（企业登记、公司登记）就是一种最初的管理方式。现代公司法里，法律对公司的资本和利润分配有严格控制，公司负责人违反了规定要受到各种制裁（包括刑事制裁）。在证券交易法里、在竞争法里，国家对证券交易、对企业的结合和联合行为以及竞争行为，都有严格的控制。就在纯属于民法的合同法、担保法的领域里，法律关于当事人的责任和违约制裁的规定，实际上也属于对当事人行为的管理。不过国家的宏观调控和微观管理在直接目的、手段和效果各方面有所不同而已。微观管理所直接涉及的是各个或多数经济主体的利益，主要从经济主体方面着眼；宏观调控所直接涉及的是国家和社会的整体利益，主要从国家方面和社会方面着眼。二者是相辅相成，相得益彰的。

像我国现在这样，有些经济行为和经济活动被管得很严，甚至管死；对有些又管得很松，甚至不管。这都是经济不正常、法制不健全的表现。如果说过去有这种情形是由于多种难以避免的原因，今后我们要建立社会主义市场经济，就绝不能再有这样的情形。

在这方面，有些发达国家的经验也可供我国参考。德国在第二次世界大战后为恢复和发展经济，制定了《经济稳定与增长促进法》（简称《稳定法》）。这就是一个对经济进行宏观调控的法律。其中规定了国家调控经济的目标与总方针、国家进行经济决策的民主程序、经济发生危机时的对策等。有了这样一个基本法律，然后围绕这个基本法律再去制定各种从各个方面调控经济的法律，如税收法、银行法、财政法（包括预算法）、外贸法等。

我国是在社会主义条件下实行市场经济的，我们的目标、方针和具体情况与资本主义国家有原则的不同。我们应该根据我国国情，决定政策、制定法律，然后贯彻实施，使我国的社会主义市场经济不断发展。

【**后记**】本文写于1992年，刊载于《法学研究》1993年第1期（1993年2月出版）——2002年作者记。

完善民事立法和民事法学以促进改革的顺利进行

目　次

一、民法在我国改革中的作用

最近召开的中国共产党第十三届中央委员会批准了中央政治局关于治理经济环境、整顿经济秩序、全面深化改革的指导方针和政策、措施。

在我国改革已经进行了十年之后，党中央提出“治理经济环境、整顿经济秩序”，正是因为现在在我国的经济环境中出现了不少引人注目的混乱现象。这些混乱现象已经危及改革，亟须加以治理和整顿。治理和整顿这种混乱现象，改革才能顺利前进，深入发展。

要完成这个任务，不是靠任何单方面的力量所能奏效的。要从各个方面综合治理。运用法律手段是一个重要方面。若干年来，我国习惯于运用经济方法和行政手段处理一切问题，特别是改革中出现的问题，虽然领导人早已提出过要抓法制，可是实际上我们并没有把法制工作放在重要地位。其结果是对于工作中的某些混乱，不仅不能事先防止，甚至也不能迅速制止和补救，往往是任其乱得不可收拾，使国家遭受重大损失。这一类事例很多。就以现在甚嚣尘上的“官倒”问题为例，这已成为国人皆曰可杀的“元凶”。实际上，“官倒”无非一些非法的“公司”“中心”进行非法的买卖而已。对于这种现象，如果我国早日制定了公司法，从公司的设立方面和经营方面加以限制，又制定了完善的管制买卖的法律，从票证的转让、期货的买卖、暴利行为的限制等方面加以管理，再辅之以行政纪律，未始不可以予以防范或制止，至少也能遏制其恶性发展。这一事例说明，若干年来，在法制方面，如果不是一些错误理论和错误认识，我国改革过程中的失误和混乱，本来是可以减少的。这真是令人十分惋惜的事。

运用法律以推进社会的改革，古今中外有不少成功的先例。我国历史上的商鞅变法，日本的明治维新都是突出的例子。就是最近几年来苏联的经济体制改革也是以法律为先导。本文不拟全面论述这个问题，只想集中在民法方面，对民法在推进社会改革中的作用略予论述，从而说明我国在改革过程中不重视民法的作用确实是一个重大的失策。

民法是调整社会关系中私人（自然人和法人）之间的财产关系和人身关系的法律。任何社会发展到一个大变革的时期，私人之间的财产关系和人身关系两方面都要发生深刻的变革。这种变革当然要反映在民法中。先进的阶级或人物适应这种社会变革，制定新的民法并运用新法律来推进变革、深化变革而促进新的社会关系（包括财产关系和人身关系）的建立巩固和发展。历史证明，凡是能在这种社会经济制度的巨大变革或改革时，自觉地适时地运用民法（当然也有其他法律，不过本文的论述限于民法），变革和改革就会少走弯路，比较顺利地走向成功。反之，变革和改革就会发生曲折，甚至发生混乱。此语看似偏激，细味之实未过分。

最典型的实例可以法国大革命以后的拿破仑民法典为例。法国大革命之后，封建的财产关系和人身关系为资本主义（初期）的财产关系和人身关系所取代，虽然当时资本主义的关系已经在经济方面取得初步胜利，但是它得到巩固与保护，进而得到发展则有赖于拿破仑民法典和商法典的制定和颁行。拿破仑正是看到这个法典的伟大作用，所以把它当作他的不朽的业绩。拿破仑在推翻封建制度、建立资本主义社会制度后十余年就用民法典的形式对新制度下私人间的人身关系和财产关系作出全面的规定，使其不仅得到法律的确认而且受到法律的保护。举其荦荦大者，如明确宣布民事权利脱离公权利而分立（第7条），宣布全国人民均享有民事权利（第8条），宣布婚姻为个人民事行为使之脱离宗教与家族的羁绊（第146条），宣布私有财产不可侵犯（第544条、第545条），宣布契约自由原则（第1134条），宣布买卖自由和买卖标的物不受限制（第1594条、第1598条）等。这些规定都使全国人民（尤其是刚从封建制度下解放出来的农民）对新制度具有坚定的信心，安心地发展生产，最终促成了社会经济的蓬勃发展。因此，虽然以后法国曾历经复辟与反复辟的斗争，而资本主义经济制度遂牢不可破，奠定后世百余年社会发展的基础，并为整个欧洲资本主义制度的发展开辟道路。当然，法律只是社会上层建筑的一部分，其对经济基础的反作用和在社会发展中的作用不可估计过高，但就当时法国的社会发展说，拿破仑民法典与商法典在安定人心、促进人民放手发展生产上的作用，或者说在促进资本主义商品经济发展上的作用，实不容低估。

其次可以举 1922 年列宁领导制定的苏俄民法典为例。十月革命之后，迫于当时形势，列宁不得不实行军事共产主义以求维护新生苏维埃政权的生存，但时日既久，人民（主要是新解放的农民）的生产积极性受到影响，加以当时的某些“左”的措施（如废除继承制度），国民经济遭到严重损失，不仅不能发展，而且不能恢复。于是列宁毅然改行新经济政策，准许各种经济成分并行发展，提高人民的生产积极性。列宁不只是宣布“政策”，很快于 1922 年颁行《苏俄民法典》，将新经济政策下人民的财产权利和财产关系，用法典的形式加以固定。《苏俄民法典》的颁行距十月革命仅 5 年，较之拿破仑民法典的颁行距法国大革命的时间短得多。仅此一点，足以说明当时列宁如何重视民法典的制定和颁行。列宁何以这样？我们可以从中引出许多教训。最明显的一点，列宁不满足于向人民宣布“政策”，而要用法典向人民昭示大信以取信于民。其后苏俄的国民经济得到恢复和发展，原因当然很多（其中包括列宁的利用外资政策和纠正一切“左”的措施），民法的作用也不可忽视。可惜后来列宁的新经济政策未能长期施行，斯大林改弦易辙，1922 年民法典的作用也未能充分发挥，法典也逐渐残缺。这一段历史的功过是非，现在已引起讨论。有一点可以肯定，列宁的伟大就在于他确实看到运用民法典以促进发展新的商品经济的重要性。

为什么民法典有这样重大的作用？道理并不复杂。一个新的社会经济制度建立之后，最重要的是要使全体人民对新的制度有信心，对在新制度下的各种社会关系（首先是财产关系）有清楚的理解，对自己在新制度下的生活有安定感。而要做到这一点，执政党的政策虽然也可以有一时的效果，发挥一定的作用，但都不如国家的法律。汉高祖入关后就约法三章，开国后即令萧何制定律令；下至历朝历代莫不如此。这不是没有道理的。再具体到民法上，人民对于新的社会制度，首先是从这个制度如何处理自己的财产关系去判断。人民在这方面有了满足，才会有生产积极性，才会有生活积极性。最后通过这种积极性的发挥，社会生产力才能发展。

民法是处理人民的财产关系的法律。财产关系固然可以通过领导人的指示和党的政策去确立和保护，但总不如法律，不如民法能够使人民放心。我国轰轰烈烈的土地改革运动结束后，必须公布一个《土地改革法》，发给人民土地权证，人民才安心地放手生产，就是生动的例子。这说明新社会制度的建立，必须以法律巩固人民在人身关系和财产关系两方面的成果，这种法律正是民法。

我国现在的改革也是社会经济制度上的重大变革。要把我国从一个生产力低下的、平均主义的产品经济社会改变为一个生产发达的商品经济社会，也要在全国人民的财产关系上进行彻底的改革。财产关系包括复杂的内容，有财产的所有关系、占有关系、使用关系（经营关系）等方面。我国近十年来进行的农村土地经营制度的改革、企业制度的改革、多种所有制的改革，乃至城市房屋改革、国有企业经营制改革（例如承包制、股份制等）等莫不属于财产关系的改革。这种改革如果要进行得顺利，取得成功，都应该而且必须表现在法律上，也就是民法上。任何改革如果不表现在法律上，任何财产关系的改革如果不表现在民法上，人民对之是不会有坚定的信心的，从而也不会激发出更大的积极性来。

前面举过解放初期的《土地改革法》这个例子。与此相对照地，可以看看我国在 1978 年以后的农村经营体制的改革。自农村实行承包制以来，党中央每年发一个“一号文件”用以指导农村的改革，可是迄今十年，农村承包经营制仍没有在法律上固定下来。《民法通则》虽然有那么一句：公民对土地的承包经营权受法律保护。承包双方的权利和义务，依照法律由承包合同规定。可是迄今没有制定过相应的法律。结果，农村里的承包财产关系至今不能稳定下来。农民每年要仰首等待“政策”才敢下决心进行生产，地方政府对农民的权利可以用种种借口进行侵犯。近年在所谓“适度规模经营”的口号下，承包合同被任意废弃，法院不管，农民投诉无门，引起许多纠纷。如果能在民法中或其他法律中对我国农村中的新的财产关系加以规定，其效果与当年的《土地改革法》发生的效果相比有过之而无不及。

再举另外一个例子。自改革以来，我国社会中就出现了各种公司（或用其他名称，如“中心”“商行”等），私人组织的也有，政府（党政军团都有）组织的也有，私人假机关团体之名组织的也有，从事生产或经营的也有，从事倒卖和只买卖票证（如进口出口许可证）甚至只从事倒卖“批示”的也有。流弊所及，国民经济被其破坏，发生无穷的混乱。这些情况，打开报纸，触目皆是。政府也早已有见及此，国务院曾发出过“整顿”公司的指示。可是既讲“整顿”就要有一个准绳，而作为组织公司的准绳的基本法律——公司法，却拖延多年，不能颁行。工商行政管理部门虽然对公司的登记制定了一些行政命令，但是没有规定公司的组织与经营的基本法——公司法，又根据什么去办登记呢？结果，数年来，在我国新生的商品经济的海洋中，公司满天飞，兴风作浪，无恶不作。有的竟自封“法人”，有的可以空有其名或三易其名而实际上渺无踪迹。我国经济秩序之被破坏，这些无法可据可管而自生自灭的公司一类组织要负很大责任。实际上，公司法是管理商品经济的一个基本法律，因为现代商品经济实质上是借公司组织而发展的。对公司组织能运用得好，商品经济也能运行得好。对公司组织不加管理，商品经济必然陷于混乱。

二、完善民事立法的几点意见

在新中国成立30年后，除了一部简单的《婚姻法》外，没有制定过民事法律，更谈不上民法典了。1978年以后，完善法制的工作受到重视，颁行了刑法（典）、民事诉讼法、刑事诉讼法，而民法仍暂付阙如，直到1986年《民法通则》问世。《民法通则》的出现是我国民事立法史上的一件大事。可是这部通则过于简单，许多重要事项（如抵押制度、留置权、合同的一些原则等）都只“点到”而未规定。因此，在我国整个法制工作中，民事立法仍是薄弱的一环。

现在就当前完善我国的民事立法提出几点意见：

（一）在民事基本法律方面

应该立即修订扩充现有的《民法通则》和《经济合同法》等，以适应商品经济发展的需要。我国过去在产品经济之下，合同制度有名无实。而合同制度是商品经济关系赖以存在和发展的基础，所以要发展商品经济必须首先建立完好的合同制度，制定完好的合同法。我国虽已有一些合同法，现在就并存着三个有关合同的法律，即《经济合同法》《涉外经济合同法》《技术合同法》。前两个法的分立并存是社会主义国家的老办法，现在已经没有必要。社会主义国家过去之所以要这样做，是因为在国内实行计划经济而要坚持计划合同（经济合同）制度，在国际上实行市场经济要实行自由合同制度。现在我国既然在国内也尽量缩小计划调节的范围而提倡市场调节，就不用再实行这种“内外有别”的双重合同制度，继续实行下去将对我国的开放不利。至于技术合同，另订一法更没有必要。三个合同法并立，重复之处很多，却又都没有关于合同的一般规定，即传统合同法的总则部分，如合同的订立（要约承诺等）、合同的效力、双务合同、涉他合同等（民法通则中虽有几条，但过于简略）。现在深圳特区又有单行的《深圳经济特区涉外经济合同规定》。这样把我国的合同法分得支离破碎，适用起来有许多困难。此外，我国现在已经参加并开始适用《联合国国际货物销售合同公约》，有必要使我国的国内法与国际上通行的我国又已参加的这个公约尽量一致起来。这是现代许多国家的做法，也是我国进一步开放，走进国际经济社会所必要的。

至于在各种合同（合同法分则）方面，现有的几个条例（国务院颁布的）既不具有法律地位，又因是各部分别草拟，不论在内容上还是形式上都有许多缺点，应该加以修订。

如果现在不制定全面的民法典，也应该尽快制定一个完整的合同法，以应急需。

其次，我国在苏联影响之下，在《民法通则》中对物权规定得极其简单，对一些当前实践中经常遇到而无法可依的制度，如抵押制度、留置权、使用权等都未具体规定。这些当然应该补充。

至于有些更基本的制度，如法人制度，合伙制度，都是商品经济中极重要的基本制度，《民法通则》的规定都有很多缺点。从前这些缺点还不鲜明，商品经济发达后，就暴露无遗。

总之，在民事基本法律方面，不论制定全面的民法典与否，现行的状态必须改进。

（二）在有关企业的法律方面

企业是商品经济的细胞，企业健全与否是商品经济社会发达与否的标志，而这方面的法律更是商品经济社会所不可或缺的。在任何一个发达的商品经济社会里，企业法（包括合伙法、公司法等在内的一系列法律）总是法律中一个最发达最先进的部门。我国过去只对全民所有制企业赋予一定地位，对其他企业一概不理；就是全民所有制企业也没有独立的法律地位。这些都是历史形成的，今天可以不论。现在我国在有关企业的法律方面，也是一方面混乱，另一方面严重不足。现在并存着多种企业法，有《全民所有制工业企业法》，有《私营企业暂行条例》，有关于集体企业、个体工商户的各种法规，另外还有一套涉外企业法，如《中外合资经营企业法》《中外合作经营企业法》《外资企业法》。像我国这样以企业的所有制性质、资本来源划分企业，不仅理论上存在许多问题，实践中也与现在发展中的商品经济不相适应。现在我国已经产生了许多混合企业，其中存在各种所有制成分。在股份制实行后，股票能自由买卖，资本的来源已无从辨别。所以我国现在的这一套企业立法应付现实情况已感捉襟见肘（有一个突出的例子：依照《中外合资经营企业法》，合资企业为中国法人，一个合资企业与国内企业共同设立的一个新企业当然仍属中国企业。但这种企业却被"视为"中外合资经营企业），更不谈适应商品经济进一步发展的需要了。在商品经济社会中，对于任何企业，重要的不是其资本归属（所有制和来源），而是其法律上的组织形式和经营方式。在世界各国，只要是实行商品经济的，这方面的基本法律都是合伙法和公司法。为了国家管理这两种企业的需要，不仅大陆法国家有这方面的制定法，就是英美法国家在这方面也舍不成文法而颁行制定法。我国在这方面的法律则严重不全。所以要使我国的企业能真正在商品经济社会中立足并经营得好，必须对我国企业立法的现状加以改进。

（三）在有关票据和证券的法律方面

我国过去在产品经济下，没有流通证券。近几年来，商品交换逐渐发达，作为支付工具、信用工具和结算工具的票据也随之普及，有的城市已设立票据交换所。实务工作者已提出应将产品经济下的银行托收承付制度加以改变。另外，作为投资工具的证券在我国已逐渐出现，有的地方已出现了证券交易市场。在这些方面，因为票据制度和证券制度都处在无法可依的状态，某些弊端已露端倪。所以我国应该尽快制定票据法和证券交易法，及早把这些制度建立在法的基础上。

（四）在其他民事法律方面

除以上所列出的以外，我国还亟须制定一些民事法律，一方面保护人民的权利，另一方面建立商品经济的秩序。例如海商法、航空法（特别在旅客运送方面，因为国务院公布的几个运输条例都只涉及货物运输）、版权法、产品责任法、防止不正当竞争法等，都是不可或缺的。

完善我国的民事立法，这个任务是艰巨的，不能一蹴而就。但是七年之病而求三年之艾，苟不为蓄，终不可得。我们必须首先树立正确的思想认识，下定决心，去完成这个任务。

【后记】本文写于1987年，后被收入《民法与建立商品经济新秩序》（林亨元主编，吉林人民出版社1990年版）——2002年作者记。

现代中国的合同法

目　　次

一、前言

§1 中华人民共和国成立

1949 年 10 月后的 30 年中，社会政治经济情况不断在变化。这种情况当然反映在法律，特别是合同法中。

这 30 年里，合同法的发展可以划分为两个阶段。从 1949 年到 1978 年是一个阶段。在这个阶段里，合同制度由建立、发展而衰亡。合同法一直表现为计划规则的形式。1979 年以后是一个阶段。在这个阶段里，合同制度由恢复而全面发展，合同法也逐步形成，逐步完善。

二、1949—1978 年间合同的发展变化

（一）50 年代前期合同的作用和合同制度

§ 2 50 年代前期的经济与合同

1949 年新中国成立时，全国的经济情况是：（1）旧中国的经济本来不发达，在多年的战争后，国民经济濒于崩溃，所以现在必须发展生产，恢复经济。（2）长期的战争使国内经济成为一种互相隔离的区域经济，现在必须建立统一的国民经济，特别是要恢复城市与农村之间的贸易关系。（3）国内存在几种经济成分。在国营经济（社会主义性质的）之外，还有合作社经济（半社会主义性质的）、私人资本主义经济、公私合营经济（国家资本主义性质的）以及个体经济。这些经济成分之间必须保持联系，还要进一步树立国营经济对其他经济成分的领导地位。

在当时的情况下，人民政府为了加强农村与城市之间的联系，加强国营经济的领导作用，建立统一的国内市场，不得不提倡自由的国内贸易。于是提倡并充分利用合同制度就是最好的办法。政府通过合同收购农产品（主要是粮食和棉花）以供给城市，又将城市生

产的工业品（主要是布匹和日用品）供给农民。政府还通过合同以加强各种经济成分之间的合作，加强国营企业对私人资本主义企业的控制和领导。[①]

以后的事实证明，合同确实起到这种作用。

§3 合同制度

50年代前期，中国存在如下合同制度：

（1）在社会主义经济内部，即国营企业相互间，国营企业和合作社之间，实行直接与计划联系的合同制度。这种合同制度包括两类合同。一类是完全建立在计划基础上的物资调拨合同。这种合同，以后在中国长期存在。另一类是在一般经济活动中建立了经济合同制度。

（2）在国营企业与私营企业、公私合营企业之间，实行不同形式的、与计划有联系或没有联系的合同制度。其主要有以下几类合同：

①加工合同。国营企业供给原料，私营企业或公私合营企业进行加工后，将制成品交给国营企业。国营企业付给加工费。

②订货合同。国营企业向私营企业或公私合营企业订购产品，私营企业必须将产品卖给国营企业。国营企业可以预先付给一部分货款或售给一部分原料。

③统购包销合同。国营商业企业买进私营或公私合营工业企业的全部产品。私营或公私合营企业不得自行出售。

④代销合同。国营商业企业在私营或公私合营企业的产品不易自销时，收购其全部或一部分产品。

以上几类合同实际上也是建立在计划基础上的。不过比起社会主义经济内部的合同来，合同与计划的联系不是直接的。

---

① 人民政府对私人资本主义的政策是“利用、限制和改造”。

（3）在国营企业或合作社与农民（最初，由农民组织的合作社还不多）之间，利用合同形式收购农产品并售给工业品。这种合同在初期是自由订立的，农村里因而广泛地存在自由市场。以后这种合同也逐渐与计划联系起来。

至于私营或公私合营企业（主要是商业企业）也向农民收购农产品并售给工业品，但这种行为是受国营企业领导或控制的。

（4）在各类企业与个人之间关于日用消费品的合同是自由订立的，但不久就发生了变化。

（5）此外，还存在个人与个人之间的合同，例如个人之间的借贷合同，[①] 城市里的私房租赁合同等。不过前一种实际上不多，后一种受地方政府的管理。[②]

§4 第一个合同法规

1950 年 9 月 27 日，当时的政务院公布了《机关、国营企业、合作社签订合同暂行办法》。[③] 这是中华人民共和国的第一个合同法规，不过只适用于社会主义经济内部。法规的主要内容是：

（1）机关、国营企业、合作社之间的重要业务行为，不能即时清结者，都要签订合同。

（2）合同由法人签订，不得由个人签订。

（3）合同的种类包括借贷、代理收付、货物买卖、定制货物、以

---

① 1950 年 10 月 20 日政务院公布的《新区农村债务纠纷处理办法》规定：“今后借贷自由，利息由双方约定，政府不加干涉。”（《中央人民政府法令汇编（1949—1950）》，第 91 页）

② 50 年代初，各大城市都公布了管理私有房屋的法规，其中对租金不加限制。50 年代末，才开始限制租金。

③ 《中央人民政府法令汇编（1949—1950）》，第 532 页。

货易货、委托收售、委托加工、运输、建筑修理、租赁、合资经营等。

（4）合同都要通过银行结算。

（5）借贷合同要有担保品，或由上级机关担任保证人。保证人负责监督合同的履行。

（6）一方违约致对方受到损失时，违约方须负赔偿责任，保证人连带负责。

（7）合同签订后要报告上级机关。

（8）因合同发生纠纷时，由上级机关处理。处理无效时，当事人可向人民法院起诉。

这个法规没有用“经济合同”这个名称，也没有明白地规定合同和计划的关系。但以后根据这个法规制定的法规都正式规定了合同和计划的关系。

这个法规建立了以后中国经济合同制度的基础，特别是以下几点：（1）合同是法人之间关于其业务行为所订立的。（2）合同签订后要报告上级机关。（3）发生合同纠纷时先由上级机关处理，然后才可以向法院起诉。

§ 5 农产品收购合同的发展

农产品收购合同是城市和农村之间的联系手段，在 50 年代前期具有特别重要的意义。这种合同起初是自由订立的，以后逐渐与计划联系起来，具有计划合同的性质。在形式上，有以下几种：

（1）预购合同。商业企业（主要是国营商业企业和农村里的供销合作社）在农产品（粮食、棉花等）尚未成熟时，预先与农民订立收购合同，以后农民交货时取款。如价格有升降，上升时按高价结付，下降时仍按合同结付。

（2）换购合同。农民交售农产品的同时，供销合作社售给各种日用品或其他物品（如农具）。这种合同以后称为“结合合同”，就是把两种买卖行为订在一个合同里。以后这种合同由临时性的发展为经常性的和全面的。这就是，供销合作社有义务向农业互助组和农业生产合作社（组织起来的农民）供应它们所需要的各种商品（包括工业品和另一地方生产的农产品），同时有义务收购它们所生产的各种农产品和副业产品。农业互助组和农业生产合作社有义务把它们生产的全部产品卖给供销合作社。双方结成经常的、固定的和全面的买卖关系。

1952年，这种合同在有些地区发展为“三连环合同”。这种合同由农村里的生产者（农业互助组和农业生产合作社）、商业组织（农村供销合作社）和金融组织（农村信用合作社，即农村里的银行）三方面订立。其内容是：生产者应将农产品卖给供销社，将收入的货币存入信用社；供销合作社应向生产者售给工业品，将收入的货币存入信用社；信用社应向供销社和生产者供给资金。这种“三连环合同”把三方面联系在一起，对生产者保证其产品的销路和它所需要的工业品，对供销社保证其货源、销售市场和资金，对信用社保证其资金的流通。当时，这种合同被认为是一种很好的合同形式，受到赞许和提倡。①

§6 对外贸易中的合同

新中国自始实行对外贸易统制政策，全部对外贸易由国家经营，国家指定中央贸易部专营对外贸易。50年代前期，中国主要同苏联、东欧国家以及印度、巴基斯坦、缅甸等国进行贸易，同大多数西方国家（以及日本）没有贸易关系。中国同苏联和东欧国家的贸易主

① 1952年4月10日《人民日报》社论《推广互助组和合作社的结合合同》以及中国人民银行总行的《关于农村信用合作问题》一文都特别提倡“三连环合同”（《新华月报》1953年第1号）。

要采用易货方式。在这方面，买卖合同的作用不大。

§7 小结

50年代前期，合同在联系私营工商业和联系农民两方面起了很大的作用。通过合同，私营工商业紧紧地依附于国营企业，农民也依附于国营工商业，最后都受国家领导。因此，合同制度受到政府的重视。《人民日报》多次发出号召，要求各方面都充分利用合同。它说："公私双方（国营企业和私营企业）均应严格信守订货和收购合同……破坏合同的行为必须切实改进。"又说："我们必须教育供销合作社的干部和互助组的社员，巩固地树立关于合同的法律观念。合同既经订立，就发生了拘束的力量，订约双方必须严格遵守，不应该片面地破坏。"①

至于合同和计划的关系，在社会主义经济范围以外，还不十分紧密。就是在社会主义经济内部，其紧密程度也不如60年代以后的情形。

（二）1956年以后的变化

§8 经济情况的变化

中国在1951年实行棉纱的统一收购，规定全国工厂（包括私营工厂）生产的棉纱必须卖给国家。以后在几年内又陆续实行了对粮食、棉花、油料作物的计划收购，对其他一些重要物资（如生猪、烟草等）也实行计划收购和统一收购，把这些物资的买卖全部集中到国家。1957年8月9日，国务院公布《关于由国家计划收购和统一收购的农产品和其他物资不准进入自由市场的规定》。②依照这个规定，

① 《人民日报》1950年6月8日和1952年4月10日的社论。

② 《中华人民共和国法规汇编》第6册，第366页。

（1）凡国家计划收购的产品，全部由国家收购。农民留用的一小部分如要出售也必须卖给国家，不准在市场上买卖。（2）统一收购的物资，由国家委托商店收购，也不得在市场上出售。（3）其他物资准许在国家领导下的自由市场买卖。

从1952年到1955年，中国实行了对私营工商业（资本主义经济）的社会主义改造。到1956年，资本主义性质的私营企业已经不存在了。

在农村，从1953年到1958年，陆续实行“合作化”和“公社化”，农民都被组织到规模很大的人民公社中。人民公社既是生产的单位，也是交换、消费的单位。

§9 合同制度的变化

经济制度的变化，引起了合同制度的变化：

（1）私营工商业的消灭，使“公私关系”不再存在。50年代前期公私双方的联系手段——合同，也消失了。

（2）在农村，公社内部没有交换关系，公社对社员（原来的农民）的分配也不通过交换（实行“供给制”），原来农村中的大量合同关系因而消失。公社的农产品（粮、棉、油料作物等），一部分以税的方式（农业税）交给国家，其余由国家统一收购。公社的剩余产品，如为国家需要的，仍应卖给国家，不得自行销售。这部分产品由国家商业机构同公社订立购销合同进行买卖。这样，公社所参与的合同关系，不仅大大减少，性质也与之前不同了。

（3）凡属国家计划控制的产品（如粮食、棉花、棉布、汽油、汽车等）和物资（如钢、铜、木材、水泥、煤等）都在全国企业中（都是社会主义性质的企业）实行统一分配，只在形式上通过一种调拨合同。

（4）在城乡居民个人之间，生产资料的交易已不存在（土地早已不归私有，退出了流通领域。房屋还有私有的，但事实上已无交易）。

居民所需要的重要消费品（如粮食、盐、棉布、食用油等）只能凭政府发给的购物凭证（如粮票、布票、油票等）到政府指定的商店（国营的），按规定的价格、规定的品质和数量在规定的时间内（各种票证是定有使用期限的）去买。这种交易只在一方交钱一方交货这点上还存在“买卖合同”的形式，实际上是定量分配。其他消费品也只能向国营商店购买。

（5）只有不属于国家计划控制的少数物品，可以在国家领导下的自由市场上买卖。

这样，到 50 年代末，只在社会主义企业之间存在合同制度，而这种合同又普遍地成为计划合同。个人之间与企业之间的非计划合同都只在极其狭小的范围内才存在。

（三）计划合同的各种形式

§ 10 计划与合同的关系

从新中国成立时起，合同就和计划联系在一起。不过在 50 年代初期，这种联系在社会主义经济内部是明显的、直接的，社会主义经济以外（国营企业与私营企业之间，国营企业与农民之间）的这种联系是间接的，不十分紧密。到私营企业消灭、农民组织成人民公社以后，整个国民经济成为统一的社会主义经济，计划和合同的紧密联系也就普遍存在于整个国民经济之中。只有个人与个人之间的合同关系（这种关系很少），与国家计划没有什么联系。

1950 年的中国的第一个合同法规中没有把合同与计划的关系正式提出来，只规定机关、国营企业和合作社向银行贷款时，必须根据经上级批准的计划签订合同（第 3 条）。可是在 1 个月后中央贸易部根据这个法规发出的文件就规定该部所属各公司在订立购销合同前必须考虑是否与计划符合，[1] 并且宣布“订立合同是保证双方经济计划和贯彻经济核算的基本形式之一”。以后中华全国供销合作总社也规定，国营企业与合作社之间、合作社相互间在进行一切业务交易时，都应根据上级批准的计划签订合同。凡无计划的业务，不得签订合同。[2] 从此以后，在社会主义经济内部，合同就与计划联系在一起了。

数十年来，中国的合同法一直建立在这样的理论基础上：计划是订立合同的根据和基础，合同是实现计划的手段和具体形式。

在计划的基础上订立的合同（计划合同）具有如下特点：（1）合同必须根据计划订立。（2）合同的内容（标的物的数量、品质、价格）必须符合计划的规定。（3）合同当事人不得改变已订立的合同的内容。（4）合同签订后必须报告上级机关。（5）发生合同纠纷时，先由上级机关处理，处理无效时当事人才能向人民法院起诉（事实上向法院起诉的极少）。

这种理论和制度，在中国一直延续了几十年。70 年代中，合同制度遭到破坏，但这种理论仍然被奉为正确的、符合“社会主义”的理论。

计划合同，有以下几种主要形式：

§ 11 物资调拨合同

计划合同中，实行时间最长、范围最广的是社会主义企业间的物资调拨合同。早在 1950 年，政务院发布的《关于统一全国国营贸易实

① 中央贸易部《关于认真订立与严格执行合同的决定》（1950 年 10 月 3 日），（《经济合同法规选编》，工人出版社 1982 年版，第 27 页）。

② 《供销合作总社关于颁发各级合作社联合社签订交易合同暂行办法的通知》（1953 年 3 月 19 日）（北京政法学院编：《经济合同资料选编》，法律出版社 1981 年版，第 100 页）。

施办法的决定》(1950年3月10日)[①]规定，国家物资调拨的办法是，先由中央贸易部根据全国财政经济总计划中的物资调拨计划与中央各部门订立原则协议，然后由各专业总公司(全国性的)与各部的国营企业根据原则协议订立物资调拨合同(总合同)，再由下级(大区公司、省公司等)分别订立物资调拨合同。

1956年以后，各种物资(如煤炭、木材、钢材等)都在全国范围内实行统一分配。国家计划机关制定各种物资的全国分配计划。各种物资的供应部(如煤炭工业部、林业部等)根据计划与需要物资的各单位(如中央各部、各省)签订总合同。然后由签订总合同的双方通知各自的下属单位(直接供应单位和直接需要单位)按总合同中的办法签订具体合同。具体合同也可以用经上级批准的“订货分期(季、月)明细表”代替。

物资调拨计划是指令性计划，所以根据这种计划订立的合同在订立后1年内不得变更。如有特殊原因，1年的调拨总量需要变更时，必须经国家计划委员会批准。1年的调拨总量不变而其他事项(如物资品种、交货时间地点等)需要变更时，应经中央主管部门批准。

合同订立后，供应方不按期供应的，除应补拨外，应交罚款。需要方逾期未取货的，在1个月内可以补发，超过1个月不补给。这两种情形均应交罚款。货物质量不符合合同要求时，供应方也应交罚款。

物资调拨合同中的价格和罚款计算方法都依照国家的统一规定。[②]

---

① 《中央人民政府法令汇编(1949—1950)》，第417页。

② 详见50年代的各种规定，如《全国木材统一支拨暂行办法》(1955年5月10日)、《煤炭供应条例》(1956年2月)(分别载《经济合同资料选编》，第42页、第54页)等。

物资调拨合同是按国家的统一分配计划由供应单位和需要单位订立的，因此各单位或各地区之间不得自行交换或买卖物资。但是这种严格而僵硬的办法实行久了，必然发生流弊。有的单位分得的物资有多余或不合用，都只好积压在那里。有的单位分不到自己所需要的物资。到 60 年代初，出现了各单位之间互相交换或买卖物资的不合法现象。以后国家不得不允许这种现象并使之合法化，称之为“物资调剂”，承认“物资调剂是物资计划供应的必要补充”，并规定了管理办法。[①] 按照这种办法：各单位如有多余的或不用的物资，可以与其他单位进行买卖，双方应签订物资调剂合同，合同应经上级机关批准。物资价格按国家统一价格决定，质量不好的可以按质论价，但应经上级机关批准。

承认“物资调剂”的合法，就是承认各单位之间可以在一定条件下进行物资的买卖，也就是允许离开计划的买卖合同为合法。这是一个很大的变化。但是国家仍不承认完全自由的买卖（这是所谓“资本主义”）。1977 年，国家计划委员会指示说：“物资协作必须有利于完成国家计划，不准妨碍国家计划，不准自行交换，不准搞资本主义买卖。要坚决制止以物易物等资本主义倾向，维护生产资料的全民所有制性质。”[②] 这就是说，离开了计划就是资本主义。

另外，为了物资调拨的方便，70 年代末期，对一部分有色金属

---

① “物资调剂”又名“物资协作”。有关的法规有国家物资管理总局：《关于物资调剂管理试行办法》（1963 年 8 月 5 日）；国家计划委员会《关于加强物资协作管理的规定》（1977 年 12 月 8 日）（分别载《中华人民共和国经济法规选编》下册，第 117 页与第 135 页）。

② 国家计划委员会《关于加强物资协作管理的规定》（1977 年 12 月 8 日国务院批准）。见前注。

实行“供应票”制度，即需货单位按国家的分配计划向物资管理机关申请“供应票”（又分为“铜票”“铝票”“铅票”等），然后持票领取物资。供应票是可以转让的。这样就又变相地允许物资在计划之外的流通。①

§12 产品供应合同

国营企业之间产品的流转通过“供应合同”进行。这里包括工业企业向商业企业提供产品以及商业企业内部调拨产品。② 这种合同的共同点是：（1）合同的作用是切实贯彻执行和保证全面完成国家计划。（2）合同根据国家计划或上级机关的分配方案订立。（3）合同的内容（如产品数量价格等）依计划或上级的分配方案而定，在计划无规定时可由双方协议。（4）合同订立后有特殊原因经上级机关批准后，双方可以协商变更合同或取消合同。

这样，同物资调拨合同比较起来，产品供应合同已不是纯而又纯的计划合同，其中已有了“双方协议”的因素。

§13 农产品预购合同

50 年代的农产品收购合同一直保留下来，直到 80 年代。随着经济情况的变化，国家收购农产品不像原先那么方便，于是这种合同有

---

① 关于“供应票”，规定在国家计划委员会和国家经济委员会发布的《统配有色金属少量用料凭票供应试行办法》（1978 年 8 月 27 日）。国家物资总局金属材料公司规定的《“供应票”暂行管理办法》（1978 年 8 月 17 日）第 6 条规定供应票可以在各单位间流通使用。以上两种办法均载北京大学法律系编：《民法参考资料》第 3 分册，第 3—381 页和第 3—379 页。

② 产品供应合同的主要法规是国家经济委员会的《关于工矿产品订货合同基本条款的暂行规定》（1963 年 8 月 30 日）（《中华人民共和国法规汇编》第 13 集，第 182 页）。

了两点变化。第一，逐渐采用强制手段。① 强制或者是明显的，或者是不明显的、变相的。第二，国家采取一些奖励办法以鼓励农民把农产品（主要是棉花）卖给国家，这就是预付定金（实际上即预付款）和“奖售”（按较低价格出售）一些农用物资给农民（起初是化肥，农药等，后来增加了柴油）。

§ 14 个人消费品的定量供应

粮食、棉花、棉布、食用油，从 50 年代就由国家向个人供应（粮食和棉花不向农民供应），只在付钱交货一点保留了买卖的形式。以后由于物资短缺，供不应求，许多用品如自行车、缝衣机等，都实行定量供应。据统计，直到 1978 年，仍有 73 种商品在全国范围内实行定量供应，到 1982 年末还有 9 种。② 有时供应商品的各种票证（如粮票、布票、自行车票等）本身也成为具有价格的买卖标的物（当然这种买卖是不合法的）。

“买卖票证”并不是民法上的（有价）证券交易，而是那个时期里的一种特殊现象。在前一时期，由于物资短缺，要购进物资的人不得不先去购票证。例如凭票供应的粮食不够吃的人向有多余粮票的人购入粮票，或者得到自行车票而无钱购买的人把自行车票出售给需要自行车的人。到后一时期，由于物资富裕了或者有了替代物（如有了议价粮和化纤衣料）而节余了粮票和布票的人把粮票等卖给需要的人。甚至还出现了“倒卖”票证的情形（这种行为是作为“投机倒把”要受处罚的）。

---

① 农产品采购部《1956 年预购棉花办法》第 5 条中仍有对农民强制收购的规定。办法是，农民按预购合同出售棉花后尚有多余棉花的，应动员其售给国家。动员无效时，发给“统购通知书”强制其出售（《经济合同资料选编》，第 106 页）。

② 《中国经济年鉴（1983 年）》，第Ⅲ—76 页。

（四）对 50—70 年代合同制度的总结

§ 15 合同制度走向消亡

50 年代末，中国在完成了社会主义改造（消灭私营工商业、建立人民公社）之后，接着进行了“大跃进”运动，在国民经济中逐步完成了集中的计划管理。商品经济被“消灭”了，交换关系被全面的计划调拨和计划分配所代替。在城市里，对蔬菜也实行统一收购和销售，在农村取消了农民的自留地。个人也没有参与交换关系的条件。传统的合同制度已无存在的余地。现在形式上还存在的合同制度只是计划调拨和计划分配的手段和形式。就是这种合同，以后也在某些情况下为更“方便”的手段所取代。①

虽然在 1956 年刘少奇提出过“应当在统一的社会主义市场的一定范围内，允许国家领导下的自由市场的存在和一定程度的发展，作为国家市场的补充”②。以后毛泽东也曾指出，中国还应该发展商品生产和商品交换，③ 但是这些都没有实行。计划制度仍在逐步加强，因而合同制度实际上未能恢复。

到 60 年代，“文化大革命”发生后，商品生产和商品交换完全被否定。农民的自留地被没收，家庭副业被禁止，农村的集市完全被关闭。另外，更加加强了国营企业间的物资调拨与对人民的消费品统一分配，

① 1956 年的一个法规（《煤炭供应条例》）中已明文许可用“煤炭订货明细表”代替订货合同，参见北京政法学院编：《经济合同资料选编》，法律出版社 1981 年版，第 55 页。同年，第一机械工业部规定可以“订货卡片”代替合同（《经济合同资料选编》，第 78 页）。

② 1956 年 9 月刘少奇在中共第八次代表大会上的报告。

③ 1958—1959 年毛泽东在两次郑州会议上的讲话。

调拨和分配中的价格也力求统一。这样，形成了全国规模的以指令性计划为主的产品经济。国家用包罗万象的计划来管理社会经济活动，通过行政命令去实施。这时，在生产资料方面，不仅不存在自由的合同制度，就连计划合同的形式也被抛弃了。在生活消费品方面，一些重要物品（如粮食、棉花、棉布等），人民只能从计划分配中取得。只有极少数一些不重要的物品，人民可以通过买卖取得。就整个社会经济活动中的情况来说，这时已没有合同制度可言。这种情况一直延续到 70 年代末。

对于 50—70 年代合同制度的变化以及对这种变化的评价，我们引用一份官方文件来说明。国家基本建设委员会在 1979 年曾对 50—70 年代中基本建设合同制度的变化作了如下的总结性说明："第一个五年计划时期（1953—1957），在基本建设中曾普遍实行了由建设单位和施工单位签订工程合同的制度，取得了显著的效果。……后来这项制度逐渐被否定了。特别是在'文化大革命'时期，把合同制度当作资本主义、修正主义的东西来批判，合同制度就基本上被破坏了。有的虽有合同，也是徒具形式，不起合同的作用，致使许多工程不计经济效果，工期拖长，质量下降，造价升高，分不清经济责任。"[1] 这一段话虽然只涉及基本建设方面，实际上可以适用到其他各方面，作为对中国 50—70 年代合同制度的总结。

§ 16 合同法的变态

前面讲过（第 4 节），中国的第一个合同法规出现于 1950 年。从那时起，30 年里，中国不仅没有关于合同的法律，也没有专门规定合同的高层次的法规。关于各种物资的统购统销都是以行政命令或部会

---

① 国家基本建设委员会：《关于基本建设推行合同制的意见》（1979 年 4 月 24 日），载《经济合同法规选编》，工人出版社 1982 年版，第 37 页。

的规定宣布的。例如1951年1月4日中央财经委员会发布的《关于统购统销棉纱的决定》。连全国粮食和棉布的统购统销这样涉及全国人民日常生活的大事，也只是由政务院发布命令（1953年11月23日《关于实行粮食的计划收购和计划供应的命令》，1954年9月14日《关于实行棉布计划收购和计划供应的命令》和《关于实行棉花计划收购的命令》）实行，而且实行了30余年。

所以，在50—70年代里，合同制度被破坏殆尽，有的也徒具形式，至于“合同法”，也只算是以一种变态的形式，勉强存在而已。

§17 计划合同也在悄悄地变化

从前面的叙述（第11节至第13节）可知，就是计划合同也不能顺利地实行下去。到70年代，不得不准许所谓“物资调剂”、准许产品供应合同的变更或取消，而在农产品预购方面，实行强制和物质刺激的办法。这些都说明，从50年代起推行的计划合同制度已出现了“失灵”之处。

计划合同制度也和整个计划经济一样，到了不得不变的地步了。

三、1979年以后的合同与合同法

（一）1979年以后的经济体制改革

§18 “文化大革命”结束后中国的发展

1976年中国结束了“文化大革命”的动乱时期，开始想要恢复国民经济。这时中国和50年代初期相同，必须借助于商品经济以恢复和发展国民经济。改革由农村开始，于1978年12月得到中国共产党第十一届三中全会的认可。1984年10月中国共产党第十二届三中全会通过《关于经济体制改革的决定》，把改革扩大到国民经济的各方面。

《决定》第一次突破了把计划经济同商品经济对立起来的传统观念，确认中国的社会主义计划经济是在公有制基础上的有计划的商品经济。

确认中国的经济是一种特殊形式的商品经济，也就是说，必须在中国发展商品生产和商品交换，这就为合同制度在中国开辟了无限的活动余地。

§19 农村的改革与合同

中国的改革从农村开始，农村的改革集中在一点：实行一种新的农业经营制度——家庭联产承包制。这种“承包”制就是一种农民（以家为单位）与“集体”（主要是村）订立的合同制度。农民从集体取得一定的土地（或山林、果园等）来自主经营，承担向集体缴纳一定数量的农产品或其产值的义务。这种合同与土地租赁合同或承揽合同不同，是在集体（土地所有者）与其成员（家庭或个人）之间以经营农业为主要内容的一种合同。[①]

农村里的另一项重大改革是取消了对农产品的统购统销。1985年起国家不再向农民统一收购农产品，改行合同定购和市场收购，在农村建立各种市场（如粮食市场、牲畜市场、生产资料市场）开展自由购销。为了鼓励农民向国家交售农产品（主要是粮食和棉花），国家在向农民定购农产品时，对于交售一定数量的农产品的农民，售给一定数量的化肥、柴油等。[②]

---

① 这种合同，有人认为是经济法中的合同，有人认为是劳动法中的合同。多数人认为是民法中的合同。

② 这种奖励措施到1986年还在继续实行。1986年国务院规定，在农民与国家订立农产品预购合同后，国家除预付定金外，农民每售给国家50公斤粮食，国家以平价（较市场上的价格低）售给农民标准化肥3公斤和柴油1.5公斤（《国务院公报》1987年，第227页）。

国家允许农民和个体商人自由贩运销售农产品。在一般农副产品（如肉类、蔬菜、果品等）方面，实行市场交易。一切农副产品都可以通过自由的合同进行买卖。

合同制度也扩展到：（1）“集体”和集体以外的个人订立承包经营山林鱼塘的合同。（2）农村里的各种形式的联营。

§20 企业的改革与合同

从 1978 年起，对国营企业进行了“扩大企业自主权”的改革。国家对企业减少指令性计划指标，也不再实行产品的统购包销。企业仍然承担一定的生产任务，但在完成任务后可以自主进行生产和销售。这样，国营企业也可以以一个商品生产者的身份进入市场，通过合同去取得原料、出售产品，还可以与其他企业通过合同实行各种形式的联营。

国家对企业的投资由政府拨款改为银行贷款。企业与银行之间的贷款合同关系盛行起来。

许多企业有了直接参加对外贸易或与外国企业、商人进行交往的权利。合同在这方面发挥了重要的作用。

从 1984 年起，出现了国营企业的租赁和承包。国家把国营企业出租或者“包”给个人、集体或另一企业。还出现了某些重要行业的“全行业承包”，例如整个铁路企业的承包。这样，国家与这些企业的关系完全建立在合同关系（租赁合同、承包合同）之上。

对于集体企业（集体所有制的企业），国家承认它真正的“自主性”，使它成为独立的商品生产者进入市场。

除了个体工商业（个体经营户）外，出现了个人企业（私营企业）。这又为中国的合同制度增加了新的项目：雇佣合同由以家庭内部劳动为内容扩大到以一般生产劳动为内容。在生产领域已消失数十年的“雇工”又出现了。[1]

在各种企业之间广泛地出现了各种形式的合营或联营。中外合资经营合同、联营合同、合伙合同、卡特尔式的联合销售合同，这些都是中国改革后出现的新的合同。

§21 计划体制的改革和商品经济的发展

计划体制有了很大的改革。指令性计划大大地缩小了，大量的合同脱离了计划的束缚。物资调拨合同和供应合同缩减到极少数，因为生产资料和许多物资被承认为“商品”，进入了市场。

商品经济不仅在理论上得到重视，实际上已有了很大的发展。许多前所未有的现象使中国的合同制度取得新的面貌：科技成果可以通过合同进行有偿转让；资金市场在各大城市形成，股票和债券少量出现，借贷关系大大活跃；大城市里出现了商品房屋，有的城市里实行土地使用权的有偿转让；……

棉布的定量供应自 1983 年 12 月 1 日起停止。粮食和食用油还保持定量供应，但出现了“议价”的粮和油，即可以自由买卖的粮和油（价格较高）。

中国开始走进商品经济社会，也开始进入了五彩缤纷的合同世界。

（二）经济合同的恢复和发展

§22 合同又受到重视

为了适应商品经济的发展，合同制度又受到重视。1978 年起，政府一再宣布，要严格实行合同制度。例如把“全面完成供货合同”列为对

① 关于私人企业内的雇佣合同以及其他各种企业内部的劳动合同，属于劳动法的范围。这里不详论。

企业的主要要求之一，而且规定“合同一经签订，必须严格执行。破坏合同，就是破坏社会主义计划经济”[①]。在农业方面，中国共产党同样要求国家在购买农副产品时，“应签订合同，遵守合同，不准强迫命令”[②]。

1979 年 4 月 20 日国家基本建设委员会发出《关于基本建设推行合同制的意见》，指出“充分运用合同制度来管理基本建设”是接受正反两方面的经验而后得出的结论，因而要求凡是可以实行合同制的基本建设工程都应由建设单位与有关单位签订勘察设计合同、施工合同、物资供应合同、运输合同。签订合同的各方必须严格履行合同，违反合同的应负经济责任。

1979 年 8 月，国家经济委员会等单位发出《关于管理经济合同若干问题的联合通知》，[③] 号召各单位都要签订经济合同并严格履行。

1981 年 3 月，国家经济委员会把 50 年代就已存在的关于工矿产品合同的法规重新修改公布。[④]

这些都说明，合同制度在历经 10 余年的“弃置不问”的状态后，又得到确认和重视。

§ 23 计划外合同得到确认

经济体制改革，特别是计划体制的改革，使国营企业间的计划外合同关系取得合法地位。

---

① 《中共中央关于加快工业发展若干问题的决定（草案）》（1978 年 7 月）（《中国经济年鉴（1981）》，第 Ⅱ—107 页）。

② 《中共中央关于加快农业发展若干问题的决定》（1979 年 9 月 28 日）（《中国经济年鉴（1981）》，第 Ⅱ—100 页）。

③ 《经济合同法规选编》，第 103 页。

④ 国家经济委员会于 1981 年 3 月 6 日颁发《工矿产品合同试行条例》（《经济合同法规选编》，第 68 页）。

在改革开放前，中国国营企业间的一切合同都必须根据计划签订，签订后必须报请上级机关批准。

1979 年国务院准许国营企业自行采购原料、在计划外自行生产产品或试制新产品并将这些产品自行销售，还准许企业接受各种加工业务，这些都使企业有了与其他企业自行签订合同的权利。[①]1984 年又将企业的这种权利扩大，许可企业自行决定自销产品的价格。企业还可以把多余的、闲置不用的固定资产出租或出售。[②]

1981 年的《工矿产品合同试行条例》与以前的法规比较起来，有两点显著的不同。第一，这个条例第 2 条规定，当事人应根据国家计划或市场需要，在政策、法律的范围内签订合同。这里将“市场需要”与国家计划并列为订立合同的根据，是一个重大的变化。第二，没有规定签订合同应经上级机关批准或应向上级机关报告。

国营企业能脱离计划而订立合同，终于为法律所承认。

据统计：1980 年全国工业企业自销产品在社会商品零售总额中已占 10%。[③]1980 年全国城乡集市贸易交易额占社会商品零售总额的 8.4%，1984 年上升到 10.5%。[④]1980 年全国军事工业企业生产的计划外民用产品的产值已达全部军事工业企业生产总值的 30%。[⑤]这些销售额都是通过计划外合同实现的。

---

① 国务院《关于扩大国营工业企业经营管理自主权的若干规定》（1979 年 7 月 13 日）。

② 国务院《关于进一步扩大国营工业企业自主权的暂行规定》（1984 年 5 月 10 日）（《国务院公报》1984 年，第 323 页）。

③ 《中国百科年鉴（1981）》，第 237 页。

④ 《中国百科年鉴（1981）》，第 195 页；《中国百科年鉴（1985）》，第 302 页。

⑤ 《中国百科年鉴（1981）》，第 194 页。

§24《经济合同法》

过去，中国只有关于合同的“法规”，没有关于合同的“法律”。1981年12月，中国的立法机关——全国人民代表大会，公布了《经济合同法》。[①]《人民日报》在为这部法律的公布而发表的社论中指出，这是中华人民共和国的第一个关于合同的法律。在中国，合同制度曾经受到很大的破坏。因此，这个法律的作用首先在于使一切经济活动“有法可依”。[②]

“经济合同”一词，虽然早在50年代就已出现于法规中，[③]但其意义一直没有被确定。这个法律才规定：“经济合同是法人之间为实现一定经济目的，明确相互权利义务关系的协议。”所以这个法律并不是适用于一切合同关系的法，主要是适用于社会主义企业之间的合同关系的法。

这个法律是在中国的经济体制改革还没有全面开展时公布的，它仍是适应于计划经济的法律。但它并没有像中国过去的法规那样，首先将“合同必须根据计划订立”作为一个总原则加以规定。因此经济合同可以是计划合同，也可以是非计划合同。这一点，显然要比以前的规定灵活得多。

这个法律规定了10种典型的合同：购销合同、建设工程承包合同、加工承揽合同、货物运输合同、供用电合同、仓储保管合同、财产租

---

① 1981年12月13日通过公布，1982年7月1日施行（《国务院公报》1981年，第864页）。

② 1981年12月17日《人民日报》社论：《经济关系中的重要准则》。

③ 第一次使用“经济合同”一词的官方文件是1956年4月13日商业部、地方工业部发布的《对目前有关工商计划衔接贯彻经济合同中若干问题规定的联合通知》（《经济合同法规选编》，第32页）。

赁合同、借款合同、财产保险合同、科技协作合同。

这个法律没有规定严格的实际履行原则，既允许当事人协商变更或解除合同，也允许在当事人一方违约时另一方有权选择实际履行或不要求实际履行而要求损害赔偿。

总之，这部法律是在中国从严格的计划经济过渡到“有计划的商品经济”时代的法律。随着中国经济体制改革的发展，这个法律已不能适应时代的需要。修改这个法律的呼声已越来越高。

§25 合同的管理

在中国，除了法院在当事人因合同发生纠纷后进行裁判外，有一些国家机关，包括工商行政管理局、人民银行和合同当事人的主管机关，对于合同的签订、履行可以进行审查、监督，在发生纠纷后可以进行仲裁，这些工作名为对合同的管理。

工商行政管理局是专门负责合同管理的机关。合同管理工作包括：（1）对合同是否合法进行监督检查，对违法合同可以确认其无效并进行调查处理。[①]（2）因合同而发生纠纷时，当事人可以选择向法院起诉或向工商行政管理局申请仲裁。在仲裁裁决后，当事人不服时仍可再向法院起诉。[②]

对合同可以实行“公证”或“鉴证”。公证是由国家公证机关进行的，与一般国家的公证相同。[③]鉴证是由工商行政管理局根据当事人

---

① 工商行政管理局《关于确认和处理无效经济合同的规定》（1985年7月25日）（《国务院公报》1985年，第830页）。

② 《经济合同仲裁条例》（1983年8月22日）（《国务院公报》1983年，第803页）。

③ 《公证暂行条例》（1982年4月13日）（《国务院公报》1982年，第451页）。

的申请，证明经济合同的真实性和合法性的一种制度。[①]

（三）发展中的合同法

§26 经济法和民法的论争

1979 年以后在中国展开了经济法对民法的论争。论争的一个重点是经济合同问题。经济法学派认为中国是计划经济国家，一切合同（只有极少数的个人间的合同除外）都以计划为基础，都属于经济合同，属于经济法的范围。民法只能涉及个人之间的合同，这种合同在中国是极少的而且是无关紧要的。因而经济合同法构成经济法的核心。[②] 民法学派则把合同（包括经济合同）列入民法，同经济法学派比起来，长期处于劣势。但是在 1984 年中国宣布实行有计划的商品经济，改革经济管理体制，缩小指令性计划的范围，计划外的合同大大增多。这种变化使民法学派得到强有力的理论根据，要求建立一般的合同法，认为即使经济合同也要服从于合同的一般原则。更重要的是，1986 年 4 月 2 日，中国负责法律起草工作的官方负责人宣布，经济合同法属于民法的体系。[③] 这样，经济法学派与民法学派关于“经济合同”的论争，经过官方的表态而在形式上

---

① 《工商行政管理局关于经济合同鉴证的暂行规定》（1985 年 8 月 13 日）（《国务院公报》1985 年，第 876 页）。

② 在中国出版了许多经济法书籍，都以经济合同法为重要内容，把经济合同关系作为经济法律关系的重要内容。例如作为大学教科书的《经济法学》（群众出版社 1983 年版）。

③ 全国人民代表大会常务委员会法制工作委员会主任王汉斌在第六届全国人民代表大会第四次会议上关于《中华人民共和国民法通则（草案）》的说明（《国务院公报》1986 年第 12 号，第 393 页）。

解决。[①]

把合同法归结为经济合同法，再把经济合同法作为经济法的一部分时，合同就必然服从于计划而成为计划的附属物，使强制关系（命令服从关系）渗透到合同关系中。与此相反，认为合同法不能限于经济合同法，合同法是民法的一部分，就使合同离开计划而存在，使平等的关系贯穿于合同关系中。后一种情况直到1986年《民法通则》公布以后，才得到肯定。

经济体制改革为合同制度与合同法的发展创造了现实条件。经济法与民法争夺经济合同的论争的解决（虽然这种解决还不是最后的）为合同制度与合同法的发展创造了理论条件。可以说，只有这两方面的条件具备后，中国的合同制度和合同法才能逐渐完备，中国合同法的研究工作才能逐渐开展。

§27《涉外经济合同法》

中国实行对外开放以后，对外经济关系逐渐增多。但是中国的《经济合同法》只能适用于国内的经济合同，于是，另外制定一个适用于涉外的合同关系的法是必要的。《涉外经济合同法》于1985年3月21日经全国人民代表大会常务委员会通过公布，自1985年7月1日施行。

本法适用于中国的企业或其他经济组织同外国的企业、其他经济组织或个人所订立的经济合同，[②]但不适用于国际运输合同。在中国，国际运输合同完全适用中国加入的和接受的国际公约或惯例。

---

① 中国的这种论争，与苏联的同类的论争颇为相似。事实上，中国是受了苏联的影响。

② 注意这里规定的当事人，在中方没有“个人”。

订立涉外经济合同应当根据平等互利和协商一致的原则。这里没有“计划”问题。

本法对于涉外经济合同的准据法，采用国际上通用的原则：（1）当事人可以自行选择准据法。（2）当事人没有选择时，适用与合同最有联系的国家的法律。（3）在中国境内履行的中外合资经营企业合同、中外合作经营企业合同、中外合作勘探开发自然资源合同，必须适用中国法。（4）中国法律未作规定的可以适用国际惯例。（5）中国订立的或参加的与合同有关的公约条约优先于中国法律。

按照以上关于合同准据法的规定应适用中国法时，适用本法中的规定。这些规定与《经济合同法》（适用于中国一般的经济合同的法律）的不同规定，在以下的几点：（1）本法有关于提前违约的规定（第17条）。（2）对于违约，以损害赔偿为主要补救办法（第18条）。（3）当事人一方违约时的赔偿额应当相当于另一方因此所受到的损失，但不得超过违约一方在订立合同时应当预见到的因违约可能造成的损失（第19条）。（4）关于双方违约的规定（第21条）。中国法律的这些规定与国际上通行的规定和惯例基本上相同。事实上，中国已加入并批准了《联合国国际货物销售合同公约》，中国法律与这个公约基本上是一致的。

本法还规定：“在中华人民共和国境内履行、经国家批准成立的中外合资经营企业合同、中外合作经营企业合同、中外合作勘探开发自然资源合同，在法律有新的规定时，可以仍然按照合同的规定执行。”（第40条）这种规定是对于外国投资人的利益的照顾。

《涉外经济合同法》大大便利了中国与外国在经济上的交往，也使中国的合同法与西方国家的合同法进一步地接近了。

§ 28《民法通则》

我国于1986年4月12日公布了《民法通则》。[①] 其中有关于合同的规定。

这个法律第一次使用了"合同"这个广泛的概念，而不用在中国已用了30年之久的"经济合同"一词。其第85条明文规定："合同是当事人之间设立、变更、终止民事关系的协议。"这个规定不仅割断了合同与计划之间的必然的联系，而且告别了历史长达30余年的"经济合同"的理论和制度。这是中国合同法的一个大转折。

由于《民法通则》没有规定合同必须根据计划订立，在合同受计划影响而不能履行时的责任问题，就有与经济合同法不同的规定。《经济合同法》规定订立经济合同所依据的国家计划被修改或取消时，当事人可以变更或解除经济合同（第27条）。《民法通则》规定当事人一方由于上级机关的原因不能履行合同义务的，仍应负违约责任（第116条）。民法通则的这个规定显然更符合"合同必须严守"这一古老的原则。

民法通则虽然没有详细规定合同的各种问题，而且由于《经济合同法》仍然有效地与之并存，因而在施行中不免发生一些问题。但是在中国合同法的发展中，它仍是一个重要的里程碑。它为在我国制定一个真正的"合同法"奠定了基础。

§ 29 合同法体系逐步形成

从《经济合同法》于1981年公布之后，中国陆续公布了一些关于合同的法规。其中对各种合同分别规定的法规有十余种，所涉及的合

① 《民法通则》，1986年4月12日全国人民代表大会通过公布，1987年1月1日施行。

同有：财产保险合同、建设工程勘察设计合同、建筑安装工程承包合同、工矿产品购销合同、农副产品购销合同、加工承揽合同、借款合同、技术引进合同、仓储保管合同、公路货物运输合同、水路货物运输合同、航空货物运输合同、铁路货物运输合同。

有一些合同规定在其他的法律和法规中。例如专利权转让合同和专利实施许可合同，商标使用许可合同，私有房屋买卖合同和租赁合同。[①]

1987年中国公布了一个重要的合同法律，即《技术合同法》。[②]这是中国实行技术商品化的法律规定。其中规定了技术开发合同（包括委托开发合同与合作开发合同），技术转让合同（包括专利权转让、专利申请权转让、专利实施许可、非专利技术的转让的合同），技术咨询合同和技术服务合同。这个法律在承认“合同自由”的基础上，正式把个人之间的技术合同也列入法律规定的范围（第2条），明文规定非职务技术成果属于个人（第6条），规定中介人可以收取费用（第14条），又规定在一定条件下当事人一方可以单方面解除合同（第24条）。这些在中国合同法中都是创新的规定。这个法律，特别是其中关于技术咨询合同的规定，在中国第一次以法律的形式宣布技术知识（脑力劳动）是商品，是一种“产权”，纠正了中国长期存在的体力劳动“创造”财富，脑力劳动不能创造财富的偏见。所以这个法律的公布具有特别重要的意义。

关于版权的合同，关于农村土地的承包合同、国营企业的租赁合同，国营企业承包经营的合同，现在已广泛存在，不过还没有全国性

① 这些合同规定在《专利法》第10条、第11条，《商标法》第26条，《城市私有房屋管理条例》第9—14条、第15—22条。

② 《技术合同法》，1987年6月23日全国人民代表大会常务委员会通过公布，1987年11月1日施行（《国务院公报》1987年5月15日）。

的法律。[①]

上面叙述的各种法律、法规构成中国现在的合同法体系。这个体系还不是一个完整的、严谨的体系，它还在向前发展。

§30 合同争议的处理

从50年代到70年代，合同纠纷都由合同双方当事人（通常都是国营企业）的上级主管机关处理（参见前面第9节和第12节）；上级机关运用行政手段处理这种纠纷。

80年代初期合同制度发生变化以后，处理合同争议的方式和手段也发生了变化。1981年的《经济合同法》第48条规定了四种处理合同争议的方式：协商、调解、仲裁、诉讼。以后，涉外经济合同法、技术合同法和其他合同法规里也有类似的规定（1985年的《涉外经济合同法》的第37条、第38条；1987年的《技术合同法》的第51条；1983年的《中外合资经营企业法实施条例》的第109—111条等）。

（1）协商是当事人双方自行商谈以解决合同争议。

（2）调解是在第三人主持下，双方当事人互相让步达成协议而解决合同争议。调解包括在仲裁和诉讼之外的普通调解，仲裁中的调解，以及诉讼中的调解。

普通调解又有各种形式。最通常的是人民调解委员会的调解。[②]其次是由企业的上级主管机关进行的调解；例如商业部规定，商业机关（包括国营的和其他商业企业）之间的商业纠纷可以由上级主管机关调解。[③]在普通调解中达成的协议只能由当事人自愿履行。如当事

---

① 以后都有了全国性的法律——2002年作者自注。

② 《民事诉讼法（试行）》（1982年）第14条；《人民调解委员会组织条例》（1989年6月17日国务院发布）。

③ 参见《商业经济纠纷调解试行办法》（1989年11月23日商业部发布）。

人不履行或反悔的，可以向人民法院起诉。[1]

在各种仲裁程序中，仲裁机构都可以在仲裁前先行调解。经济合同和技术合同的仲裁机构的调解达成协议后，当事人应该履行；当事人不履行的，另一方当事人可以向人民法院请求执行。涉外合同的仲裁机构的调解达成协议后，该仲裁机构应根据当事人达成的协议作成仲裁裁决；如当事人不履行裁决，另一方当事人可以向人民法院请求执行。[2]

人民法院在受理民事案件后，如能调解，应进行调解。调解达成协议，在调解书送达后，即具有法律效力。当事人不履行的，另一方当事人可以请求法院执行。[3]

（3）仲裁。合同纠纷的仲裁（不包括劳动合同纠纷的仲裁）有三种：

第一种是经济合同的仲裁。依照《经济合同仲裁条例》，由一般经济合同发生的纠纷由工商行政管理局经济合同仲裁委员会进行仲裁。裁决后当事人不服的，可在规定期限内向人民法院起诉。如在期限内不起诉的，裁决可由法院强制执行。裁决有重大错误的可由上级仲裁机构撤销。[4]

第二种是技术合同的仲裁。《技术合同仲裁机构管理暂行办法》规

---

① 《人民调解委员会组织条例》（1989 年）第 9 条；《商业经济纠纷调解试行办法》（1989 年）第 21 条。

② 详见《经济合同仲裁条例》（1983 年 8 月 22 日国务院发布），《技术合同仲裁机构管理暂行办法》（1991 年），《中国国际贸易仲裁委员会仲裁规则》（1989 年），《中国海事仲裁委员会仲裁规则》（1989 年）。

③ 《民事诉讼法（试行）》（1982 年），第 97—102 条、第 161 条。

④ 《经济合同仲裁条例》（1983）第 33—35 条；《民事诉讼法（试行）》第 167 条。

定，技术合同纠纷由科学技术委员会设立的仲裁机构进行仲裁。这种仲裁机构的裁决是终局的，由人民法院执行。①

第三种是涉外经济合同的仲裁。由涉外经济合同发生的纠纷由国际经济贸易仲裁委员会和国际海事仲裁委员会进行仲裁。这种仲裁机构的裁决是终局的，由人民法院执行；② 当事人也可以向外国法院请求执行。③

（4）诉讼。合同双方当事人均可向人民法院提起诉讼。

在这四种解决合同纠纷的方式中，当事人可以自由选择。但是，由于各种原因，仍有相当数量的合同纠纷，特别是国营企业间的合同债务纠纷，由行政主管机关通过行政方式予以解决。例如在1990年，国营企业间的“三角债”纠纷，由法院解决的很少，以致国务院不得不出来干预。④ 这种情况只能在加深经济体制改革的过程中逐步解决。

§ 31 合同法理论研究的开始

在中国的法学研究工作中，民法是最落后的。50—70年代几十年内只公开出版过一本研究民法的书。1982年后才又有关于民法的书籍出版，其中包括对合同的论述。另外也出版过一些关于经济合同的书。

---

① 《技术合同仲裁机构管理暂行办法》第15条；《民事诉讼法（试行）》第217条。

② 《中国国际经济贸易仲裁委员会仲裁规则》（1989年）第36条、第38条；《中国海事仲裁委员会仲裁规则》（1989年）第36条、第38条；《民事诉讼法（试行）》第195条。

③ 中国已于1986年12月2日加入《承认和执行外国仲裁裁决公约》（纽约公约，1958年6月10日）。

④ 《国务院关于在全国范围内开展清理“三角债”工作的通知》（1990年3月26日）（《国务院公报》1990年，第265页）。

到1986年，出版了第一本全面论述合同法理论的著作。[①]中国对于合同法理论的全面研究工作终于开始了。

（四）1988—1991年间的新发展

§32 商品经济的发展与合同

随着经济体制改革的开展，商品经济日益发展。新的全国性的商品批发市场与地区间的商品交易都建立起来。[②]在中小城镇，现在有了无数的一般交易市场、农产品交易市场，还有早市和夜市。国营企业出售自己产品的权利也有所扩大。集体商业和个体商贩的活动大大加强。私营企业的数量增加了。[③]1982年，国务院就曾命令要打破地方封锁，[④]1990年又重申要打破封锁、加强商品流通。[⑤]1991年，国务院命令全国企业要严格履行合同、在商品交易中维护秩序。[⑥]

适应发展商品经济的需要，中国人民银行改革了实行已30余年的清算制度，实行新的清算办法，推行汇票和支票，恢复消失了已数十年的现金支票，恢复了票据的背书转让制度。[⑦]自1988年以来，政府开始发行国库券，企业也可以发行债券，国库券和企业债券都可以转

① 王家福、谢怀栻等:《合同法》，社会科学出版社1986年版。

② 例如郑州的小麦批发市场，芜湖和武汉的大米批发市场等。

③ 1988年4月12日，我国《宪法》第11条经过修改，列入“私营经济”，为私营企业的发展奠定了法律基础。

④ 《国务院关于在工业品购销中禁止封锁的通知》（1982年4月10日）。

⑤ 《国务院关于打破地区市场间的封锁加强商品流通的通知》（1990年10月10日）。

⑥ 《国务院关于整顿商品交易秩序严格结算纪律的通知》（1991年7月19日）。

⑦ 《国务院办公厅转发中国人民银行关于改革银行结算报告的通知》（1988年8月22日），《银行结算办法》（1988年12月19日中国人民银行颁发）。

让。[①] 几十年来由国家银行垄断的外汇交易开放了；非银行的金融机构也可以进入外汇交易市场。

不仅原有的商品市场扩大了，中国也建立了各种新的市场，即如房屋市场、股票和证券市场、外汇市场、技术市场。因此，不仅原有的一些交易合同在更大的范围里使用起来，还出现了一些新的合同，如期货买卖合同、股票和证券买卖合同、外汇买卖合同、技术买卖合同等。

1990 年，国家版权局决定把 50 年代存在过而后消失了的出版合同（著作人与出版人之间的）从 1991 年 7 月 1 日起予以恢复。1991 年公布的《著作权法》正式规定了有关版权的各种合同。

在对外贸易方面，一方面，国营企业的外贸经营权逐渐扩大；另一方面，建立了外贸代理制度，使没有外贸经营权的企业也可以参加对外贸易。

总之，随着市场的发展，合同种类的增多，合同方面的立法也加强起来。

§ 33 土地交易与有关的合同

一个更大的变化发生在土地方面。我国 1982 年《宪法》第 10 条规定，城市的土地属于国家所有，农村和城市郊区的土地，除由法律规定属于国家所有的以外，属于集体所有。土地不得买卖、出租或以其他形式非法转让。1988 年 4 月 12 日全国人民代表大会把这一条修改为："任何组织或者个人不得侵占、买卖或者以其他形式非法转让土地。土地的使用权可以依照法律的规定转让。"国务院接着就制定公布了《城镇国有土地使用权出让和转让暂行条例》（1990 年 5 月 19 日）。

① 《企业债券管理暂行条例》（1987 年 3 月 27 日）。

这个条例规定了四种关于土地的合同：（1）国有土地使用权出让合同（依这种合同，国家将国有土地使用权在一定期限内出让给使用权人，使用权人支付使用费）；（2）土地使用权转让合同（依这种合同，使用权人通过买卖、交换或赠与的方式将使用权转让给另一人——新的使用权人）；（3）土地使用权租赁合同（依这种合同，使用权人将土地租给他人使用）；（4）土地使用权抵押合同（依这种合同，土地使用权人将其土地使用权抵押给他的债权人）。

这样，在中国，土地在与市场隔绝了40年后又回到市场。国有土地使用权也可以出让或者转让给外国人（在经济特区及沿海开放城市）。

§34 最高人民法院有关合同的规定

由于中国法律中有关合同的规定极其简单，各级法院在处理合同纠纷时常常感到困难，特别在关于某一具体问题的法律规定完全没有或过分抽象时。这时，下级法院就常常向最高人民法院请示。最高人民法院就此发出的解释性的和补充性的文件已经不少。

最高人民法院不是立法机关，所以这些文件不能称为“法规”，而称为“司法解释”。实际上，这些文件中有一部分对法律作了补充，有的甚至是新的法律。例如依照司法解释，企业超出它的注册经营范围订立的合同是无效的。[①] 这一点就超出了《经济合同法》第7条规定的合同无效的范围。又例如，对于香港和澳门的企业和个人与内地的企业之间（还有其他情形）订立的合同，也适用涉外经济合同法。这一解释明显地与涉外经济合同法的规定不同。[②]

---

① 最高人民法院《关于贯彻执行〈经济合同法〉若干问题的意见》（1984年9月17日）一（一）2。

② 最高人民法院《关于适用〈涉外经济合同法〉若干问题的解答》（1987年10月19日）一（二）。

不过，最高人民法院的司法解释还是解决了合同法上的许多问题。

§35 由地方立法到中央立法

在中国的立法工作中，还有一个特点（除上述最高人民法院的司法解释外），就是由地方立法到中央（统一）立法。80年代中期以后，合同制度扩大很快，很多新的合同关系在各地大量出现。中央立法机关来不及对这些新的合同关系制定法律。于是地方政府和地方有权立法的各省（市）人民代表大会，特别是经济特区的立法机关就自己制定地方法规，在各地区施行。以后中央立法机关才逐渐制定全国的统一的法规。

例如前面（第29节）说的，关于国营企业承包和租赁的合同，就是先有地方法规的。又如关于限制不正当竞争的合同，保护消费者权益的合同，都是这样。前者在湖北（1985年）、上海（1987年）、江西（1989年）等地都已有法规。后者在福建（1987年）、江苏（1988年）、内蒙古（1990年）等地也都有了地方法规，而中央的统一的法律直到多年后才出来（全国性的法律《反不正当竞争法》于1993年9月2日公布，《消费者权益保护法》于1993年10月31日公布——作者注）。

§36 法律的适用问题

1986年12月11日，中国批准了《联合国国际货物销售合同公约》，于1988年1月1日生效。因而，对中国当事人与另一缔约国当事人订立的合同，该公约就是应予适用的准据法。

在涉外的合同，依照《民法通则》和《涉外经济合同法》的规定，首先应该适用当事人所选择的法律，当事人没有选择的，适用与合同最有密切联系的法律，但中国法律规定必须适用中国法律的除外。①

① 《民法通则》第142条，《涉外经济合同法》第5条。

《民法通则》和《涉外经济合同法》还规定，[1]在没有准据法可以适用时，可以适用国际惯例。随着中国对外贸易的开展，大量的国际惯例已为中国法院所适用。其中最主要的如《国际贸易术语解释通则》《跟单信用证统一惯例》已是法院和仲裁机构最常用的国际惯例。

中国正在融入世界市场，中国合同法也必将逐渐向世界市场惯例靠拢。

四、结论——中国合同的作用与合同法的将来

§ 37 中国合同的作用

合同制度在中国，随着计划经济向商品经济的过渡，随着商品在经济中的作用的加强，从1979年以后已发生了重大的变化。80年代末，中国已经宣布，它正处在社会主义的初级阶段，它所实行的社会主义计划经济是在公有制基础上的有计划的商品经济。商品经济的充分发展，是实现经济现代化的必要条件。[2]而为了发展商品经济，必须充分利用并发展合同制度和合同法。

合同制度在中国的第一个作用也和其他国家一样，它是商品交换、劳务交换和技术交换的手段，能够促进商品经济的发展。在这一点，合同制度和合同法在中国存在并正在发挥着与传统的合同制度和合同法相同的作用。

中国作为一个社会主义的公有制国家，不可能完全不要计划。中

① 《民法通则》第142条，《涉外经济合同法》第5条。

② 《中共中央关于经济体制改革的决定》(1984年10月20日)(《国务院公报》1984年，第889页)。

国正在改革它的计划制度，把指令性计划缩小到最小范围。在这个范围内，仍有少数合同要成为计划合同，这些合同的作用仍然是保证完成计划。不过，在订立和如何实现这些合同上，今后将有重大的变化。过去单纯依靠行政命令手段去执行合同，今后将要运用各种经济调节手段（如税收、价格等）。这就是说，即使在计划合同的范围内，国家也不使用直接强制手段，而要尊重当事人的自由意志以维持合同自由原则。中国在改革中出现了几种新型的合同——农村里的承包合同、国营企业的租赁合同和承包合同。这几种合同与传统合同的不同，不只是表现合同当事人在经济上的交换关系。更重要的是，这几种合同表现集体和农民、国家和企业之间的关系，表现农民和企业对于集体和国家的地位的变化。过去，农民和企业都是无权的、唯命是从的，没有自己的权利和利益，现在通过这些合同，农民和企业成为独立自主的生产者和经营者，有了充分发挥自己的生命力和积极性的可能，从而完成它们在建设自己的国家中的任务。合同的这种作用是中国在改革后所特有的，这种作用将一天比一天重要。

现代中国的合同制度，在经过了 30 余年的曲折历史后，终于走上了它自己的道路。合同的作用充分发挥，将是中国完成它的现代化的一个重要条件。

§ 38 中国合同法的将来

中国是一个发展中国家，中国的经济要发展，中国的法律也要发展。在经济的发展与法律的发展中，关系最为密切的是合同制度与合同法。现代中国的合同法经历了消亡时期之后，必将迎来它的充分发达的将来。

【后记】1985 年下半年，《国际比较法百科全书》的执行编辑、德国汉堡的U.Drobnig教授和K.Zweigert教授通过汉堡外国法研究所的F.Münʒel博士约我为该百科全书第7卷（Von Mehren教授主编）——《合同总论》卷里的第6章《远东地区的合同——中国与日本》写稿，给我的题目是《现代中国的合同法》。接到任务后，我就收集资料，于1987年5月开始写，同年8月，写完中文稿，寄交F. Münʒel博士。他将之译为英文后转交Von Mehren教授。此后稿件一直由编辑部审读润色（英文）。到1991年，因时经三年，编辑部函嘱增写一部分（本文第32—36节）。1993年初，《国际比较法百科全书》第7卷出版（由德国Tübingen的Mohr书店出版），1993年3月，我收到样书。本文从约稿到见书，前后历经9年。

1988年初，我就本文初稿（没有增写部分）加以缩写，刊载在《法学研究》1988年第4期（1988年8月出版）（题为：《新中国的合同制度和合同法》）。缩写稿删去了原稿的将近一半，特别是删去了绝大部分注解（多为资料来源）。

现在收在这里的是原来的中文稿。为篇幅计，仍删去了一些注和文后附的《现行合同法规目录》——2002年作者记。

论制定适应社会主义市场经济的合同法问题

目　次

在我国法律中，存在问题最多、最严重、亟须加以改革、使之适应社会主义市场经济的是合同法。党的十四大报告指出，经济体制改革是一次新的革命，它“不是原有经济体制的细枝末节的修补，而是经济体制的根本性变革”。法制的变革也是一样。本文拟就合同法的现状与改革问题，作些研讨。

一、我国合同法的现状

新中国成立后长达几十年的期间，由于实行计划经济，商品交换被压缩到极其狭小的范围内，所以不需要真正的合同制度，也不需要合同法。[①] 直到1981年，我国才有了第一个关于合同的法律，即《经济合同法》，这是一个由全国人大通过公布的基本法律。虽然这个法律极其简略，但因其为全国人大所制定，仍然在建立我国的合同法律制度方面起了一定的作用。随后在这个基本法律之下，国务院和各部委制定公布了一系列关于各种合同的条例，例如《工矿产品购销合同条例》等，以及其他有关合同的法规，如《经济合同仲裁条例》等。各地方政府也制定了一些地方法规。这样就形成了一套经济合同法律体系。

1985年，全国人大常委会制定公布《涉外经济合同法》，这是我国的第二个合同法律。本来《经济合同法》第55条规定："涉外经济贸易合同条例参照本法的原则和国际惯例另行制定。"可见当时的预定计划是，只要制定一个层次低一级的条例去规定涉外经济贸易合同。后来因为对外开放的需要，把预定的条例升级为"法"，由全国人大常委会制定，又删去了"贸易"二字以扩大法的调整范围。更重要的是，涉外经济合同法中有些规定不仅没参照经济合同法，反而采用了与经济合同法不同的原则。

1987年，全国人大常委会制定公布《技术合同法》，这是我国的

① 关于我国经济体制改革前的合同制度和合同法，参见谢怀栻：《新中国的合同制度和合同法》，载《法学研究》1988年第4期。

第三个合同法律。

1986 年，全国人大制定公布《民法通则》，其中包含了关于合同的一些规定（第 5 章第 2 节、第 6 章第 2 节）。这虽然不是专门规定合同的法律，却是对于上述三个法律的普通法。

此外，各经济特区和经济技术开发区也先后制定了一些关于合同的法规。经济特区的法规，属于授权立法性质，与一般的地方法规有所不同。

最高人民法院出于办案需要，发布了一些司法解释以补充或解释上述几种法律。其中《关于贯彻执行〈民法通则〉若干问题的意见》不是专门关于合同的但包括有关于合同的一些规定，至于《关于贯彻执行〈经济合同法〉若干问题的意见》（1984 年）和《关于适用〈涉外经济合同法〉若干问题的解答》（1987 年）则是专门关于合同的。这些司法解释的内容实质上也是对上述法律的补充，对全国各级人民法院具有法律效力。

这里最主要的《经济合同法》以及其他法律、法规都是计划经济体制下的产物，现在已不能适应社会主义市场经济的需要。

二、合同法存在的几个主要问题

（一）形式上的“散”“乱”及“欠缺”问题

1. 我国迄今没有一个统一的、全面的“合同法”。我国的“合同法”是由一些互相不联系的、分散的法律、法规等组成的。当然要用一个法律把所有的合同包括无余，是不可能的。有一些合同必然要规定在相应的法律内，如有关著作权的合同应该规定在著作权法中、有关专利权的合同应该规定在专利法中等。但是应该有一个关于合同的基本的、足以统率各种关于合同的特别法的法律。这正是我国现在所需要的。

2. 我国现有的这些分散的合同法律，不论在形式上还是内容上，都有重复的规定，在互相不一致甚至矛盾的规定。

3. 虽然有这么多的法律、法规、司法解释，可是这些法律等对于有关合同的某些根本性规范，都缺乏应有的规定。例如关于合同成立的基本要件、要约和承诺、合同的效力等，都没有规定。

（二）内外两套合同法的问题

在我国三个专门的合同法律中，经济合同法和技术合同法是规定国内合同的，涉外经济合同法则是规定涉外合同的。

对国内的合同与涉外的合同分别用两个法律去规定是一些社会主义国家在改革前的做法。严格来说，这种做法只是一个封闭的计划经济的国家在不得不与外国人进行交易的时候采用的一种办法（苏联是这样的一个典型）。我国在 80 年代初采用这个办法，也可说是一种过渡性的措施。一到我国进入社会主义市场经济时期，这种办法的各种缺点就暴露无遗了。

1. 把合同依照当事人的国别而划分为国内合同（当事人双方都是中国企业，特别是双方都是全民所有制企业）和涉外合同（当事人一方是国内企业，另一方是外国人或外国企业），这个办法本来就不合理，在理论上是不周延的，在实践中有困难。例如港澳台同胞、华侨、港澳台和华侨的企业，我们这些年一律以“外”方对待，而在法律中不能这样规定，会引起许多麻烦。又如当事人双方都是外国人或外国企业时，他们之间的合同本不属于涉外经济合同法中规定的“涉外合同”，但我国法院不得不以之作为涉外合同，否则无法办案。[①]

当这种划分合同的办法同我国划分企业的办法纠缠到一起时，更大的麻烦出来了。我国对企业也划分为本国资本企业（全民所有制企业、集体所有制企业等）和外资企业（包括外商投资企业与外国企业，前者又分为中外合资企业和中外合作企业），税法中就是这样分的。而中外合资企业和中外合作企业是中国法人。于是一个中外合资企业与一个本国资本企业订立的合同应该不是涉外合同，但是一个中外合资企业与一个本国资本企业签订了又一个合资合同（不是涉外合同），由此组成的一个合资公司却又成了中外合资企业，享受中外合资企业的待遇，依（原）中外合资经营企业所得税法纳税[②]。真是"治丝益棼"，说不清了。

2. 划分国内合同和涉外合同的理由主要是，在80年代初，我国的经济尚未摆脱计划经济体制，国内企业间的合同仍要与计划联系，合同法（经济合同法）也必须保留与计划经济体制相适应的一些规定（例如合同要根据计划订立，合同随计划的变更而变更，合同由当事人的主管机关管理，以实际履行为违约时的第一位救济方法等）。国内企业与外方的合同则不与计划联系，要尽量向国际惯例接近或相符合，因而就另行制定一个涉外经济合同法，在其中基本上规定了与西方合同法接近或符合的一些内容。

基于这个理由而制定内外两套合同法，在80年代初期可说是合适的。随着我国改革开放的深入，这一理由已逐渐消失。一方面，我国计划经济体制改革了，国内企业间的合同已与计划在很大程度上脱钩；

---

① 详见谢怀栻：《完善我国涉外经济法制的几个问题》，载《中国法学》1992年第3期。

② 详见谢怀栻：《完善我国涉外经济法制的几个问题》，载《中国法学》1992年第3期。

另一方面，我国开放的需要（包括我国加入有关的国际公约[①]）使我国的合同法律有必要与国际惯例接近或符合。因此，今天仍保留这种划分不仅没有必要，而且足以阻碍社会主义市场经济的发展，不利于改革开放的进一步发展。

（三）《经济合同法》问题

在我国的三个合同法律中，先公布的两个都称为“经济合同法”，即其规定的对象都是“经济合同”。

“经济合同”一词从50年代就在我国流行，是“计划合同”的同义语。在70年代以前我国高度集中的计划经济体制之下，个人没有合同主体的资格[②]。只有全民所有制和集体所有制的企业才能充当合同主体（那时已没有私营企业）。这些企业之间的合同当然只能是有关生产和经营的，既具有“经济性质”，又与计划相联系。这样，在理论上，经济合同有三个特征：主体是企业；内容是“经济”行为，即生产和经营；与计划相联系。[③] 在那种体制下，一切合同都是经济合同。所以可以说，那时我国的合同法就是经济合同法。

到20世纪80年代初，情况开始变化。出现了承包经营户和个体户，他们都取得了合同主体资格，可以与企业订立合同。不过这种合同不一定与计划相联系。全民所有制和集体所有制之间的合同也有不与计划联系的。这样的合同不称为计划合同。于是我国的合同既有原来意

---

① 例如《联合国国际货物买卖合同公约》。

② 个人只能在日用消费品方面进行一些交易行为，但凭粮票买粮食、凭布票买布，虽也算交易，却说不上是“合同”行为，最多说它有“合同”的外壳。

③ 参见谢怀栻：《新中国的合同制度和合同法》一文；并参见王家福等：《合同法》，中国社会科学出版社1986年版，第164—174页。

义上的经济合同，也有变化了的经济合同。1981 年制定的《经济合同法》一方面在第 2 条规定了只具有两个特征的经济合同（但在许多条文中仍有与计划联系的规定），另一方面又在第 54 条规定了新出现的变化了的经济合同。所以这个法律虽然称为经济合同法，实际上其所规定的并不是原来意义上的经济合同。

1985 年的《涉外经济合同法》虽也称为经济合同法，但其第 2 条规定的涉外经济合同与原来意义上的经济合同又有了更大的差别。涉外经济合同与计划完全没有联系，在外方当事人中加入了个人。而且从整体上看，涉外经济合同与经济合同（不论是原来意义上的和变化了的）基本上已不是一回事。可以说，涉外经济合同法之所以保留了经济合同一词，只是迁就习惯而已。

以后,《民法通则》和《技术合同法》已不用“经济合同”一词。《民法通则》在个别条文中提到计划，但并未将合同与计划联系起来。可以说，“经济合同”一词已被我国新的立法所抛弃。但由于《经济合同法》和《涉外经济合同法》尚未修改或废止，所以这个用语也一直存在。

现在，随着我国改革开放的深入发展，我国的合同制度已有了更大的变化。在社会主义市场经济中，合同的主体和内容已不受限制。70 年代以前那样严格意义上的经济合同，现在已经成为历史的事物。《经济合同法》中所规定的那样的经济合同，现在也不是一个有独立存在价值的特殊的合同种类。对于我国现在的合同，不论从理论上还是实践上，都不必再划分为经济合同与非经济合同。因此，也就不应该再把我国的合同法律称为“经济合同法”。

总之，经济合同和经济合同法都是一种特定历史条件下的事物，今天仍要保留这个用语，仍要用“经济合同法”称我国的合同法，不仅因其与民法通则不一致而破坏了法制的统一，而且其与社会主义市场经济不相适应。

（四）缺乏合同法通则的问题

我国虽有三个专门的合同法律，有许多关于各种法律的行政法规，民法通则中也有几条关于合同的规定，但是缺乏关于合同法的通则性的规定。

所谓合同法的通则性规定，是有关所有各类合同的共同规定。在大陆法系国家的民法典中，这类规定包括合同的订立、合同的形式、合同的效力、合同的解除、合同的履行等。在英美法系国家则更包括合同能力、合同代理、合同的无效和撤销（这些在大陆法系国家多规定在民法总则中）等。在我国的几种合同法律中，这些规定或者完全没有（如合同的订立、要约与承诺），或者极其简单（如合同的无效等），或者极不规范化（如合同的解除、终止等）。我国《民法通则》对于能力和代理有些规定，对于其他各项未有规定。缺乏这些，合同法就是不完全的，不能处理实际中的问题。

以上几个问题是我国合同法中的重大缺陷。今天要改革合同法制，使之适应社会主义市场经济体制的需要，必须彻底解决这些问题。解决之道就在于制定一个统一的、适应社会主义市场经济的合同法。

三、改革的方向和建议

改革我国的合同法，使之适应社会主义市场经济的需要，总的方向是：将已有的三个合同法律加以综合、修改、增补，制定一个统一的“合同法”，并且把现有的各种有关行政法规适当地纳入其中。

（一）改革已是刻不容缓

从前面叙述的我国合同法的现状和问题来看，合同法的现状已不能继续下去。

1. 对内与对外两套合同法不仅在理论上落后于现实，在实践上已成为不可能。现在我国对外开放日益扩大深入，很难划分对内与对外的合同，因为在建立各种市场之后，市场上的主体既多种多样，又随时可以变更转换。例如在房地产市场、证券市场、期货市场上，合同的当事人随时可以转换。今天的国内合同，明天可以成为涉外合同。还要视当事人的国别而适用不同的法律，当然是做不到的。

2. 原来意义上的经济合同既已消失，经济合同法中规定的经济合同也已失去意义。保留这个计划经济的残余物，会使发展中的市场经济受到限制。《民法通则》早已抛弃这个过时的合同种类，经济合同法当然也可抛弃。

3. 技术合同只是许多合同中的一种，和买卖合同、租赁合同等一样，没有理由，也没有必要为它单独制定一个法律，并且以之与《民法通则》并立。这种做法破坏了法制的体系。

4. 合同法中的欠缺之处必须增补。

5. 我国正在步入国际市场，我国应该有一个有利于我国进入国际市场的合同法，换句话说，我国的合同法应该紧密地与国际合同法、国际惯例联系起来。

（二）改革的可行性

在建立市场经济的今天，我国的法制改革已在起步。税法改革已经取得成绩（去年已将中外合资企业所得税法与外国企业所得税法合并增补，制定外商投资企业与外国企业所得税法）并将在今年再前进一步（将个人所得税法、个人调节税条例和个体经营所得税条例合并）。合同法与市场经济的关系，较之税法更为密切。也和税法一样，在已有的法律法规基础上，合并、增补、修订，制定一个新的统一的合同法，完全是可行的。

至于这样做，有无不可克服的困难呢？没有。要解决的困难有如下几点。一是把现有的《经济合同法》和《涉外经济合同法》合并，如何处理其中某些原来规定不一致的地方。例如在当事人违约时究竟应以实际履行为第一位的补救方法，还是以损害赔偿为第一位的补救方法，等等。这一类问题不多，并不难解决。解决的办法就是以先进的理论和国际惯例为准，而不必留恋那些计划经济下的“特色”。二是有关一些特殊性的问题，如有关公用性事业的合同，有关附从合同，有关预期违约，有关缔约过失问题等，这些都可参照最先进的理论和外国行之有效的做法去订在我们的法律里，使我国的合同法成为世界上相当先进的法律。三是在现有的涉外经济合同法中有关法律适用的问题（国际私法），这些可以在合同法中专门订立一章，如同《民法通则》的第 8 章那样。四是合同法的范围问题，合同法不必做到无所不包，也不可能做到，有些很特殊的合同和问题仍可留待特别法去规定。五是在《经济合同法》公布十年，《技术合同法》公布才六年之后就将之修订，是否影响法律的稳定性。当然不会。法律应该随着时代前进，僵死的、凝固的法律不是我们所要的。外国的法律有在公布后才几个月就修改的，也不会影响到它的稳定性。

（三）一个统一的《合同法》的方案

《合同法》应该包括如下内容：

1. 通则

（1）合同的成立和生效；（2）合同的形式；（3）合同的内容；（4）合同的效力；（5）双务合同；（6）涉他合同；（7）合同的解除和终止。

2. 各种合同

（1）传统民法中的主要合同类型应该具备。如买卖、赠与、租赁、借贷、雇佣、承揽、委任、寄托、运送、保证等。

（2）市场经济中有重要作用的一些合同关系应该规定。如行纪、居间、合伙、旅游等。

（3）宜于在其他单行法中规定的合同不必都纳入合同法。如保险合同应订入保险法、海上运送合同应订入海商法，等等。

我国如能实现这样的合同法的改革，不仅能促进我国新的合同制度的建立与发展，从而促进我国新的适应市场经济的法制的建立与发展，还必将大大有利于推进我国改革开放深入发展，有利于我国现代化建设事业。

【后记】本文刊载于《中国法学》1993年第2期（1993年4月出版）。我国新的统一的合同法终于在1999年公布。仍旧保留这篇文章，意在说明合同法的“改革”多么困难。本文最后提到的修订法律影响法律的“稳定性”一点就是在我们这个古老的国家里常常存在的困难。至今我国的“企业法”仍没有修改。类似的情形还有，例如，对法律（特别是新公布的法律）的批评会影响法律的“严肃性”等——2002年作者记。

国营企业的承包合同和租赁合同

目　次

一、导言

国营企业的承包和租赁都是中国经济体制改革的产物。实行承包和租赁的目的在于改变中国几十年来国家与企业的法律关系，用适合于商品经济的合同关系代替以行政手段管理企业的制度，把国家（政府）和企业的关系改变成平等主体间经济的和法律的关系，提高企业的自主性和积极性，以达到发展生产的目的。

几十年来，中国实行高度集中的计划经济，国家凭借无所不包的指令性计划管理企业，国家（以企业的主管机关为代表）与企业之间只存在行政管理关系，也就是命令服从关系。企业只是主管机关的一个附属物。这样，企业对于其主管机关完全处于从属的地位。企业没有自己的财产，其财产属于主管机关；[①] 企业没有经营权，在经营管理方面一切听命于主管机关；[②] 企业没有自己的利益或风险，盈亏都归于主管机关。企业与市场是隔绝的，只与其主管机关发生关系。这就是在中国实行了几十年的产品经济的面貌。结果，企业经营者对企业的经营既不感兴趣，也不负任何责任，工人对劳动也没有热情。劳动生产率日益下降，生产不能发展。

要改变这种状况，必须使企业成为有独立地位的经济实体，能独立自主地进行经营，使工人对劳动有兴趣，能积极地劳动。但是，这一点在理论上遇到很大的阻碍。在社会主义全民所有制之下，企业属于国家所有，又由国家直接经营，它不可能有独立地位。

1978 年，中国的经济改革首先在农村开始，改革的主要内容是打破党政经合一的人民公社制度，实行经营承包制，农民可以自主地经营其土地。这种改革在农村收到极好的效果，使中国的农业生产大大发展。于是人们也试着在农业以外的部门里（工业、商业、交通运输业）开展承包制。先是在一个企业的内部（一个工厂与它的车间），以后扩大到政府（主管机关）与所属的企业之间。这样，工业企业方面的承包制，也像农业方面的情形一样，自发地出现了。

有的法学家提出，要使企业成为独立自主的主体，只有使企业成为法人，但在当时，这是不可能的。因为依照传统的（苏联模式）理论，全民所有制财产属于国家，企业没有自己的财产，当然不可能是法人。要使企业成为法人，要使企业有独立地位，就必须触动传统的国家所

① 因此主管机关可以支配、调拨企业所用的财产。

② 企业的一切行为都要经过请示核准。

有权，这是不被许可的。

1979 年，国务院规定要扩大国营工业企业的经营管理自主权。之所以称为“经营管理自主权”，就是避免与国家财产所有权发生矛盾。但是国务院规定的“扩权”工作，一直没有真正贯彻，企业并没有得到真正的自主权。

1984 年，中共中央发布《关于经济体制改革的决定》，提出了一个新的理论：“过去国家对企业管得太多太死的一个重要原因，就是把全民所有同国家机构直接经营企业混为一谈。根据马克思主义的理论和社会主义的实践，所有权同经营权是可以适当分开的。”这样就为中国的国有企业提出了一个重要的经营原则：国家所有权和企业经营权分开。《决定》说，这样做的目的是“要使企业真正成为相对独立的经济实体，成为自主经营、自负盈亏的社会主义商品生产者和经营者，具有自我改造和自我发展的能力，成为具有一定权利和义务的法人”。这里说的是“相对独立的”经济实体，又是“有一定权利和义务”的法人，这和真正的法人制相距很远。但是这个决定对在中国实行了几十年的高度集中的计划经济突破了一个缺口。这就是，第一，提出了所有权（国家所有权）同经营权（企业享有经营权）分离的理论；第二，因而承认企业有一定的权利和义务，这就是相对法人理论。

根据这个决定，1986 年的《民法通则》规定，全民所有制企业经主管机关核准登记后，可以取得法人资格（第 41 条）。但是又规定，全民所有制企业只能“对国家授予它经营管理的财产依法享有经营权”（第 82 条）。企业是“法人”，但对财产没有所有权，只有经营权，这在理论上是很难讲得通的。几年来，中国法学家在“国家所有权与企业经营权”这个问题上做了很多文章，但仍然找不到一个很好的、为大家所公认的理论来。

另外一个问题是，承认“所有权与经营权分开”，但是怎样分开呢？为找到一个“适当分开”的有效途径，用了几年时间。最初实行的“授予企业经营自主权”（扩权）的办法可以说是失败了。[①]有人提出股份制（股份化），一度遭到了否定，后来允许试行，但很难实行得通。租赁制曾经盛行一时，又逐渐失势。到 1988 年，最受重视的是承包制。绝大部分中小国营企业已经实行承包制。还有少数大的国营工业企业也实行了承包制。[②]

1988 年 2 月 27 日，国务院发布《全民所有制工业企业承包经营责任制暂行条例》（以下简称《条例》），把承包制正式用全国性法律加以规定（根据全国人大授权，国务院有权在经济体制改革中作出有法律效力的规定）。于是，承包制就在全国范围内和各行各业里实行（《条例》自 1988 年 3 月 1 日起施行），而在理论上，承包制成为实行“所有制与经营制分开”的最优模式。[③④]

二、承包制的两种形式与其不同性质

承包制是比“扩权”进一步使企业取得独立地位，使企业成为“独立的经济实体”的一种办法。前面说过，当企业不能脱离它的主管机

---

① 依《条例》第 43 条，本条例也可在交通、建筑、农林、物资、商业、外贸行业中参照实施。

② 依《条例》第 43 条，本条例也可在交通、建筑、农林、物资、商业、外贸行业中参照实施。

③ 依《条例》第 43 条，本条例也可在交通、建筑、农林、物资、商业、外贸行业中参照实施。

④ 承包制以后发展到全行业承包（如中央政府与铁路企业之间），但《条例》第 43 条第 2 款规定的那种承包不适用本条例。

关而“独立”，不能以“独立主体”的资格进行活动时，它也就不能进入市场，不能在国民经济中发挥作用。

“扩权”之所以失败，是因为企业与其主管机关的关系没有改变，国家对“扩权”也没有硬性的约束。主管机关对企业仍然保有生杀予夺的大权。承包制前进了一步，对企业与主管机关的关系作出新的规定，对主管机关实行了一种约束。这样就使企业能真正取得独立地位，能真正行使它的“经营权”。[①]

在实践中有两种“承包”。一种是并不改变企业与其主管机关之间的行政隶属关系，只对它们之间的经济关系加以限制。也就是说，主管机关对下属的企业再不能予取予求，任意干预，企业对其主管机关只负一定的义务和责任。对于这种新的关系，由更上一级机关的命令加以约束和保证。例如北京首都钢铁公司已实行数年之久的承包制就是如此。1988 年初，国务院批准鞍山钢铁公司实行承包的“方案”。承包期 9 年（1987—1995 年）。承包内容是“三包一挂”：一包上交利税，确保国家财政稳步增长；在所包数额以外所得全部留给企业，主要用于技术改造和扩建。二包技术改造和国家批准的扩建计划。三包完成一定的指令性计划生产。一挂是实行职工工资总额与实现利税挂钩浮动。[②]

这种承包，就其性质说，企业与主管机关（国家的代表）的关系仍是行政法上的关系。承包的法律根据是经上级机关批准的“承包方案”。这种承包方案是一种行政文件。承包只是“扩权”的具体化，对

① “企业扩权”问题，以后成为转换经营机制问题，1992 年 7 月 23 日国务院发布《全民所有制工业企业转换经营机制条例》，其目的仍在解决这个问题——作者 2002 年注。

② 《人民日报》1988 年 3 月 4 日。

上级主管机关权力的限制，而这都是通过行政方式完成的。所以这种承包并没有改变企业对其上级的行政依附关系，没有引起企业与上级主管机关（国家的代表）的关系的质的变化。

另一种承包比上一种承包更进一步地改变企业与上级主管机关的关系，即用民事法律关系来代替行政法律关系，这就是合同式的关系。这种承包的法律根据是国家与承包者之间的承包合同。换言之，通过这种承包，企业与其上级主管机关之间的行政隶属关系被割断了，企业再也不是其上级主管机关（政府）的附属物，企业通过承包合同而成为一个真正的独立的经济实体。这个经济实体与政府是平等的合同当事人。这种承包是“以承包经营合同形式，确定国家与企业的责任权利关系，使企业做到自主经营、自负盈亏的经营管理制度”（《条例》第 2 条）。

实际上这两种承包的原则是相同的，即“按照包死基数、确保上交、超收多留、欠收自补的原则，确定国家与企业的分配关系”（《条例》第 5 条）。两种承包制的主要内容也是相同的，即“包上交国家利润，包完成技术改造任务，实行工资总额与经济效益挂钩”（《条例》第 8 条）。即前面说的“三包一挂”（去掉包指令性计划）。

两种承包的不同就在前一种是行政法律关系，而在行政法律关系中，企业总处于从属地位。后一种承包是民事法律关系，企业是独立的。这就是二者的特点。

除这两种承包外，还有中央政府与地方政府之间的“财政包干”，例如最近国务院批准上海实行“财政基数包干，一定 5 年不变”[①]，这完全是一种行政关系，谈不上合同关系。

---

① 《人民日报》1988 年 3 月 4 日。

本文只研究后一种承包制，即承包经营合同。

三、承包经营合同

在这种承包中，合同法的原则被引进企业与政府的关系之中，主要是合同当事人平等的原则，合同自由原则。订立合同是自由的，双方当事人各有权利和义务，这些权利和义务必须在合同中规定。双方要负履约的义务，也要负违约的责任。

（一）承包合同的当事人

承包合同的一方，即发包方，是代表国家的主管机关。另一方即承包方是企业经营者。经营者可以是个人，可以是多数个人的集合（集体），也可以是另一个企业。

经营者，通常通过双方磋商决定。现在大多数用招标的方式。招标可以在本企业或本行业中进行，也可以在社会上公开招标。招标时可以对投标者规定一定的资格。对于投标者可以组织有企业职工参加的评审会，最后确定中标者（《条例》第 26—29 条）。

投标者被选定中标后即成为承包者，与发包方订立承包合同。

（二）承包合同的成立

承包合同是民事合同，合同双方必须坚持平等、自愿和协商的原则。合同在订立后，任何一方不得随意变更或解除（《条例》第 15 条、第 18 条）。

《条例》没有规定合同应否经上级机关批准。这是合理的。民事合同，除极特殊的外，没必要批准。

（三）承包合同的性质

承包合同与民法上的承揽合同，特别是建筑工程承揽合同有相似之处，但不相同。承包合同是一方（发包方）授予企业的经营权给另一方（承包方），另一方承担在一定期限内按约定的各项标准经营企业的合同。这种合同以企业的经营为主要内容，所以《条例》中称为企业经营合同。

承包合同是要式合同，不仅应以书面形式订立，而且要具备法定的内容（法定条款）。有的地方规定要经过公证。

承包合同是双务合同。发包方的主要义务是移转经营权。经营权内包括对一定的企业财产的处分权。在约定经营者有权处分财产的范围内，财产所有权也随之移转。承包方的主要义务是在一定期限内按约定标准经营企业，所以不达到约定标准，即为不完全履行。

承包合同有一定期限。国务院规定一般不得少于 3 年。现在多数为 3 年至 5 年，承包期限没有上限。

（四）承包合同的主要条款

承包合同一般应当包括下列主要条款：

1. 承包形式，指承包上交利润的形式、实行工资总额与经济效益挂钩的具体形式。

2. 承包期限。

3. 上交利润或减亏数额。

4. 国家指令性供应计划和产品生产计划。

5. 产品质量及其他主要经济技术指标。

6. 技术改造任务，国家资产的维持和增殖。

7. 留利使用，贷款归还，承包前的债权债务的处理。

8. 双方权利和义务。

9. 违约责任。

10. 对企业经营者的奖罚。

11. 其他事项。

（五）承包合同的效力

承包合同的效力主要在于承包方根据合同取得对企业的经营权，发包方除了依照合同的规定可以对承包方的生产经营活动进行检查监督外，不得对承包方进行任何干预。

承包合同比起“扩权”来显然是不同的。国务院虽然早就规定了对企业“扩权”，而企业的上级主管机关仍然可以不“授权”给企业，就是因为主管机关不受任何约束，而且“权”也非常不具体、不明确。承包合同对于企业的义务规定得十分明确（所谓“保”的范围），超出这个范围的，主管机关不能再行索取；承包合同对主管机关的“权”也规定得十分明确，超出这个范围，主管机关不得行使。这样才保证企业有真正的自主的经营权。

更主要的，既然是合同关系，当事人双方的权利义务都是确定的。权利应该行使，义务应该履行。不履行义务就是违约。当事人一方违约时，另一方可以申请仲裁或提起诉讼。这一点是行政式的承包做不到的。这才是合同的真正效力所在。

总之，承包合同的效力就是使企业从主管机关的附属物变为与主管机关平等的对手。企业真正得到了“独立”。这是承包制的最主要的作用。

四、租赁制和租赁合同

实行所有权和经营权适当分离的另一种形式是租赁制。企业的上级主管机关（代表国家）将企业出租给承租人，承租人按期支付一定的租金而取得经营企业的权利。这种合同是租赁合同。

企业的租赁，又名营业的租赁，西方国家也有，不过中国国营企业的租赁具有新的意义。

租赁在许多方面与承包相同。租赁合同的订立，承租人的选定，都与承包合同相同。

租赁与承包的区别在于：

1. 在承包合同中，承包人上交利润的多少直接决定于经营的好坏。经营不好，利润减少甚至有亏损时，用企业资金抵交。因而承包人不能完成合同任务时，应当扣减承包人的个人收入，最后只保留其基本工资的一半（《条例》第 33 条、第 35 条）。在租赁合同中，租金数额是每年固定的。租金数额不直接决定于经营的好坏。在实践中租金额一般依企业的资产额而定。因经营不好而发生亏损时，承租人仍须交纳租金。最后承租人应以自己的财产（有时还有保证人的财产）偿付欠交的租金。

这样比较起来，承租人比承包人要承担更大的经营风险。

2. 承租人比起承包人来享有更大的经营自主权。承包合同中规定承包人在经营方面必须受一定的限制（例如资产的增殖、技术改造、设备更新等），租赁合同在一般情况下没有那些严格的规定。承租人除了维护、保持企业财产外，没有承包人那么多的附加义务。

3. 在实践中，关于承租人的个人收入应否有限制，一直有争论。

承包人的个人收入，国务院的《条例》规定，只能高于本企业职工平均收入的1—3倍。现在国务院尚未公布关于企业租赁的法规，但在讨论中一般认为承租人的个人收入可以不加限制。

总之，租赁合同的作用与承包合同一样，是用民事合同的形式来确定国家和企业之间的关系，以达到所有权与经营权分开的目的。

五、结论

国营企业的改革是中国经济体制改革中的根本问题 。利用承包和租赁两种形式对企业进行改革，是近年来的重要成果。实践证明租赁和承包已经取得很大的经济效益。所以政府把推行承包制定为1988年的重要任务。

现在，承包制已超出了国营企业的范围，在中外合资经营企业中也实行了。看来，承包制还有很广阔的发展前途。

但是理论界对承包制和租赁制的评价还是不一致的。一些人认为，承包和租赁都不能防止经营中的短期行为，从长远看对国家是不利的。也有人认为，承包和租赁虽然并不理想，但在现阶段，不失为比较有效的、最现实的改善企业经营的方式。

本文作者也认为，在中国现有条件下，承包和租赁是较为可行的。对于承包和租赁，既不能把它当作万应灵丹，也不能完全否定，应该慎重地推行，在实践中完善它。

从法律方面说，对承包和租赁，应该注意几点：

第一，承包和租赁既然都是建立在民事合同关系之上的，就必须贯彻平等、自愿、两利的原则。订立合同，绝不能强迫命令，也不能盲目附和，必须尊重双方当事人（特别是承包人）的意愿和利益。至于以承包为名而行命令之实的办法，是不可取的，完全是有害的。

第二，对承包合同和租赁合同必须要求内容详尽、条款明细，不能含糊粗疏，以免在执行中发生问题。

第三，合同双方总不免发生违约情事，必须合法地予以解决。这就要求加强仲裁机关和法院的工作。特别要把承包合同和租赁合同作为一般的经济合同来处理，不能因为当事人一方是国家（由主管机关代表）而处理得不公平。对民事合同关系就要完全按民法原则去处理。

最后，还有一个更深刻的理论问题。承包和租赁的作用只是使国营企业的所有权和经营权得到“适当分开”，并不能从根本上解决国营企业的问题。国家对企业财产的所有权和企业的经营权是社会主义国家民法中一个很难解的结。只有解开了这一个结，中国才能大步地走向商品经济。承包制和租赁制是中国走向商品经济的重要一步，但决不是最终的一步。

【后记】1988年3月25日至29日，香港中文大学当代亚洲研究中心中国法律研究计划与香港歌德学院联合举办“中华人民共和国民法通则比较研讨会”（在香港开会）。本文是作者参加会议时向该会提交的论文，旨在向与会人士介绍中国在经济体制改革中对国营企业的改革及改革所引起的民法理论问题。

在开会时，关于企业租赁的法律尚未公布，所以本文对租赁只简单地讲到。以后，国务院于1988年6月5日发布了《全民所有制小型工业企业租赁经营暂行条例》。

国营企业的承包制和租赁制，都是我国经济改革中的重要一环，现在已成过去。但是它们在民法（特别是合同法）上的意义仍是值得研究的。

本文经过删节后，发表在《法学杂志》1988年第4期——2002年作者记。

资本主义国家合同法

目　次

一、资本主义国家合同法的本质与基本原则

（一）资本主义国家合同法的形成

合同法虽然早在古代就已产生，但是近代合同法则与古代包括中

古时期的合同法有极大的不同。合同法也同其他各种上层建筑一样，是随着社会经济制度的变化发展而变化发展的。古代罗马法里的合同法是奴隶社会的上层建筑，中古时期的合同法是封建社会的上层建筑，都是反映当时的经济，为当时的经济所决定的。近代的合同法则是资本主义的上层建筑，是反映资本主义的经济，为资本主义经济所决定的。所以其间有极大的不同，但是又有一定的联系。

先说它们之间的联系，合同法是反映社会经济中的商品交换关系的，因而以商品交换和商品生产为前提。从古代的以物易物到货币产生，再到商品生产，直到近代和现代的高度发达的商品经济，再进而到社会主义社会里的商品经济，这整个历史也就是合同法的发展史。

古代的（包括罗马法中的）和中古时期的合同法以及资本主义社会里的合同法都是这个历史发展中的环节，它们都是建立在阶级社会商品经济之上的，都是商品经济的上层建筑，因而它们当然有一定的联系，有相同的一面。从而在这种商品经济上面的合同法也有其相同的一面。我们在前面叙述古罗马时代的合同法时已经看到，一些存在于近代合同法里的概念、理论和制度，在古罗马时代都已见其端倪，就是这个缘故。

我们现在着重论述的是它们之间的差异，奴隶社会和封建社会的经济，就其整体说，就其主体说，是自然经济。虽然在那些时代里，社会经济中也出现了商品交换，甚至在古罗马时代地中海沿岸地区还有相当繁荣的商品交换，但是这种商品经济究竟不是那个社会的主体。这是因为，第一，当时的生产力还比较低下，农业经济占有优势，手工业也还薄弱，中古时期的封建制度使各地方闭关自守，不能形成巨大的市场，也就不可能形成强大的商品经济。第二，在奴隶社会和封建社会，奴隶和农奴都处于无权地位，没有或没有完全的权利能力，因而不可能参与到社会交换关系中去。这就使得那两种社会里的商品经济一方面局限于少量商品之间，一方面局限于少数人（奴隶主、封建主，加上少数的自由民）之间。这种商品经济的局限性反映到上层建筑里就是合同法的局限性。在奴隶社会和封建社会，奴隶在合同法里不是主体，而是客体；即使到了封建社会里，农奴也没有完全的权利主体资格。在奴隶社会里和封建社会里，合同种类很少，特别是以劳务为内容的合同极不发达，合同的形式非常严格，这些都是古代合同法的特点。

上述各种情况到了资本主义社会就起了很大的变化。第一，手工工场和工厂的兴起，大大提高了社会生产力，工业逐渐取得了优势地位，进入交易市场的商品大大增加。第二，封建制度的崩溃给广大的农奴带来人身自由，劳动力成为可以自由买卖的商品。第三，民族国家和统一市场逐渐形成。这三者为商品经济的蓬勃发展创造了条件，飞快发展的商品经济导致交换关系的扩大化与频繁化，其结果就是近代合同法的形成。

从中古封建时期到资本主义时期的情景特别引人注目，在封建社会，各种制度都带着浓厚的封建性，身份决定一切人的地位和活动。不论在地主的庄园经济里还是新兴城市的行会经济里，广大的劳动者在人身上依附于封建主（包括行会师父），只能为封建主服役而没有进入市场参加自由交换的可能。只有到了资本主义制度建立之后，广大的人民才摆脱了身份上的束缚，有参与自由交换市场的可能，没有商品的则出卖自己的劳动力。原来由身份关系决定一切，现在任何人都可以通过自由的合同关系来创造自己的一切，合同关系遍及社会生活中的各个范围。正是在这个意义上，英国的法制史学者梅因说："我们可以说，直到现在，进步的诸社会的发展过程，是由身份到合同的发展过程。”[①] 梅因并且把合同（契约）所占的范围极广这一点，说成是近代社会与前代社会的不同，[②] 这是符合历史事实的。

因此，随着资本主义生产关系而形成的近代合同制度，到资产阶级一旦推翻了封建阶级，建立了资产阶级的政权，立刻就被资产阶级用法律的形式固定下来，这就形成了近代的合同法——近代民法中的重要组成部分。资本主义国家的第一部民法——《法国民法典》（又称《拿破仑法典》）中的合同法部分，就是最重要的代表。《法国民法典》中的合同法反映了资产阶级取得政权后最初建立的合同秩序和合同制度。我们今天研究资本主义国家最初的合同法，主要以这部民法典为资料。至于以后出现的《德国民法典》和《瑞士民法典》（包括瑞士债务法），因为它们出现在将近百年以后，这时资本主义已经发展到一个更高的阶段，所以作为其上层建筑的法律也有了相当的变化。不过资本主义国家的合同法还是有共性的，所以这些民法典在其同古代的（包括奴隶社会的和封建社会的）合同法比较起来，还是具有共同之处。

资产阶级民法中的合同法，作为当时的发达商品经济的上层建筑，至少在下面几点与古代的合同法有本质上的不同：第一，近代合同法的范围远比以前的合同法广泛，形形色色的关系都进入了合同法的范围，合同已不仅是财产法中的主要概念，也成了身份法中的概念。连结婚[③] 也成了合同关系（合同的概念还扩大到国际法里，不过这一点

① 参看［英］梅因：《古代法》，方孝岳、钟建闳译，商务印书馆 1930 年版，万有文库本第二册，第 46 页。这里的译文系译自英文。

② 参看《古代法》一书，第三册，第 49 页。

③ 《法国民法典》第 146 条对结婚的规定是“未经合意不得成立婚姻”；第 1101 条则规定“合同为一种合意”。

已超出了民法的范围，本书不加论述），至于像夫妻财产制[①]、收养关系等都进入合同的领域。第二，自由劳动的出现使以劳务为内容的合同成为合同法的重要组成部分，雇佣合同和承揽合同与以所有权和使用权为内容的合同（买卖合同和借贷合同）分庭抗礼，共占债权合同的重要地位。第三，资产阶级反封建的自由主义思想被应用到合同法中来，合同自由的原则逐渐形成，最后终于成为资本主义国家的合同法的主要原则，更成为近代民法中的三大原则之一（另两个是所有权绝对原则和过失责任原则）。第四，作为合同自由原则的一个内容，古代合同法中严格的形式主义被冲破。在古罗马法中需要通过繁杂的各种仪式而后始能订立的合同，至今只要在当事人间具备"合意"即可。于是近代合同法中的合同概念，即合同为一种合意（《法国民法典》第1101条），终于形成。资本主义国家的合同法，从《法国民法典》（1804年）到《德国民法典》（1896年）、《瑞士债务法》（1911年），关于合同法的理论和制度都是建立在这几个特点之上的，而以合同自由原则为贯穿始终的一条主线。

（二）合同法在资本主义国家法律中的地位和作用

在人类的历史中，交换的发生是生产发展的结果。在生产力十分低下，人类只能从事简单的再生产时，人类所注重的是对财产（起初是消费品，之后是土地）的占有。等到生产力发达，有了剩余产品，可以进行扩大再生产时，财物的交换于是发生了。相应于经济上的这种变化，在法律制度中也是先有关于物的占有的法律——所有权法律制度，而后有关于交换的法律——合同法。从现在的民法体系的发展

① 《法国民法典》第三编第五章就是关于"夫妻财产契约"的规定。

历史说，物权法的发展先于合同法的发展。在古代法律中，物权法是财产法的中心。英国法学家波罗克曾经指出“不论在什么地方，合同法只在法律发展的高级阶段才出现。就是在古典时代的罗马法的最后形式中，也没有达到真正的合同理论”[①]。合同法对于物权法，可说是后来居上的部门。这种情况，就从几个著名的资本主义国家民法中物权法与合同法地位的变化，也可以看出来。在资产阶级的第一部民法典——《法国民法典》中，合同法是作为“取得财产的各种方法”之一而列在第三编中的，与遗嘱、夫妻财产制、时效等并列，还未取得独立的地位。到《德国民法典》中，合同法就成为债法的主要部分，而债法则独立成编。这种变化不是偶然的，合同法在民法典里的地位的变化正反映了合同法在整个法律体系中地位的变化[②]。

如果说，在古代法律中，物权法是财产法的中心，现在这个中心显然已移到合同法了，这种情况反映了合同制度在经济生活中的变化。

在农业社会中，土地（和其他不动产）在经济生活中居于最重要地位。工业发达之后，动产逐渐重要，等到债权本身也成为一种财产[③]，原来处于重要地位的不动产和动产都退到次要地位，这种“视为

---

① 参看前举《古代法》一书第四册，第 106 页（此处文句译自英文）。并参看孟罗、斯密在其所著《欧陆法律发达史》（姚梅镇译，商务印书馆 1943 年版）第 54 页：“自古以来，无论何处，基于契约关系所生之人的债务，其发达恒较有体物之权利，为期稍迟。”

② 在切希尔和菲富特合著的《合同法》（第 10 版，1981 年英文版）中，作者指出，在 19 世纪以前，法学家们把合同法看作“财产法的附庸”。而到以后，有思想的法学家们觉得，“合同法在文明的法律规范的体系中具有主要意义”（第 11 页）。这种趋势，在 20 世纪仍在继续。日本的民法学家我妻荣称之为“债权在近代法中的优越地位”。

③ 参看《日本民法典》第 86 条第 3 款：“无记名债权视为动产。”

动产”的债权本身取得异常重要的地位。债权之所以重要，是因为占有债权就可以通过各种合同手段，得到任何一种生活上的利益，而不仅仅限于某种对物质财富的支配而已。

为了说明合同法在资本主义社会里的作用，我们就从合同法对资本主义社会的两大阶级的关系来说，资产阶级就是从商业贸易中产生的，最初的资产阶级——产业资产阶级要取得原料、出售产品、雇用工人（收买劳动力）都要通过合同制度。合同法不仅便利了资产阶级取得生产资料和销售产品，更重要的是维护了资产阶级对于劳动力的占有。奴隶主占有奴隶本身，奴隶和牲畜、物品一样，是奴隶主的所有权的对象。农奴是束缚在土地之上而被封建主所役使的，而工人不是资本家占有的对象，工人与资本家也没有身份上的依附关系，资本家却能通过雇佣法律关系占有工人的劳动力，所以产业资产阶级正是通过合同法来剥削工人取得利润的。

到了金融资产阶级，更是通过合同法来建立他们的统治，资本主义社会的整个信用制度是建立在合同关系上的，从简单的货币借贷关系到银行制度、票据制度，乃至交易所制度都是通过合同制度建立起来的。合同法正是促进并保障资本主义社会庞大而严密的信用网。合同法不仅保障资产阶级可以取得并享有现在的一切财富，并且使资产阶级可以取得并享有将来的各种财富。[①]

合同法还使资本家有可能延长并扩大自己的力量。最初，资本家利用委任、代理、商业代办等合同制度扩大自己的势力范围。但这还不够，资产阶级进一步通过合伙、公司等，一方面积聚资本，一方面

① 参看［日］我妻荣：《债权在近代法中的优越地位》，中国大百科全书出版社 1999 年版，第 6 页。

扩大组织，使资产阶级结成庞大的组织，可以占据和垄断整个市场。我们可以说，从最初的个别的资本家到现代的国际垄断集团，他们的活动，莫不受到合同法的保障。近代合同法这个资本主义社会的上层建筑，如何为它的经济基础服务，从这一点可以最明显地看到了。

另外，无产阶级也离不开合同法。无产阶级同奴隶和农奴不同，奴隶和农奴，都当然受其主人所供养，为其主人所役使。无产阶级却只能通过合同——雇佣——把自己的劳动力卖给资本家以换取一点生活资料，这就是资本主义社会里“自由劳动”的本质所在。这种“自由劳动”正是近代合同法的特点之一。无产阶级没有任何财产，土地这种不动产和任何生产资料都被剥夺了（在这一点，农奴和封建社会里的小农是与无产阶级不同的）。无产阶级只能通过出卖劳动力换取一点微薄的消费资料。所有权法对于无产阶级是无关紧要的。合同法对于无产阶级倒十分重要。我们在发达的资本主义社会里可以看到，无产阶级对资产阶级的斗争也正集中在合同法这一方面——改善雇佣条件的斗争。如果说合同法是资产阶级剥削无产阶级的手段，那么同时也是无产阶级对资产阶级进行斗争的地盘。劳动法这一法律部门正是从合同法中的雇佣合同发展起来的。

整个资本主义制度是建立在“所有权”与“债权”两大支柱之上的，其中债权的作用正是通过合同法发挥出来的。资本主义是高度发达的商品经济，这种经济如果没有合同法作为法律上层建筑，是不可能运转的。实际上，资本主义社会同封建社会不同，资产阶级同封建地主阶级也不同。封建地主阶级在封建社会里，以占有财产（土地和属于土地的农奴）和穷奢极侈的享受为主，封建社会常常是自足的闭锁式的社会。而资本主义社会则不然，资产阶级不能止于占有财产和积聚财产，还要不断扩大生产以增殖财富。资本主义商品经济这个庞大的机器如果一天停止运转，资本主义制度本身就要死亡。资产阶级的生存和发展，都有赖于通过合同法为自己谋求各种交易的方便、迅速与安全。所以我们说合同法在资本主义社会里，自始至终促成着资本主义经济的成长和发展。合同制度和合同法是资本主义（高度发达的商品经济）不可一日缺少的伴侣。这就难怪德国法学家马克斯·韦伯说，在私法领域里，近代社会是“合同社会”了。[①]

正因如此，合同法在整个资本主义法律中的地位随着资本主义的发展而日益显得重要。在资本主义国家的法律中，合同法所涉及的范围不断扩大，有关合同法规的数量也就日益增多。就拿各国民法典中的有名合同（典型合同）说，也越来越多，新的合同形式不断出现，而在各种特别法中，合同的领域也日益广阔。世界性的国际贸易使合同法又从一国的范围逐渐扩大到国际领域，国际合同法已逐渐形成。另外，合同法在维持并促进资本主义经济的发展方面所起的作用也越来越重大，资本主义正是依赖各式各样的合同把整个资本主义经济联为一体，维护了它的动的一面（相对于它的静的一面——所有权制度——而言）。资本主义社会号称人人自由平等的社会，但是资产阶级利用了合同法就使它取得支配他人（首先是广大的无产阶级）的力量，而成了实际上的奴隶主，成了比过去的剥削者——奴隶主和封建主——更有力量，更为凶恶的剥削者。而从全社会来看，资本主义社会里的人与人间的生活关系几乎没有不为合同法所包括的。除了经济生活外，人的家庭生活、亲属生活乃至继承关系都为合同法所影响（本文的论述，以财产法领域为限）。如果从资本主义社会中抽取了合同关系，整个社会即将陷于停滞，这句话不能算是过分吧。

① 参看《现代法与市民》（日文），岩波书店 1966 年版，第 211 页。

（三）资本主义国家合同法的基本原则——合同自由

资本主义国家合同法是资本主义的上层建筑，所以合同法的理论基础也就是资产阶级思想的一部分，而初期的合同法则是资产阶级初期思想的产物。资产阶级初期的思想就是反封建的自由主义、个人主义思想，这种思想在政治方面特别表现为卢梭等思想家的社会契约思想，在经济方面特别表现为自由放任主义，在法律方面，特别在私法方面，则是所谓“私法自治”的原则。

这些思想的特色，在于认为这个社会是由生而自由平等的个人依其自由意思组成的，每个人有独立的人格和完全的思考能力（意思能力），不受任何人的支配，每个人的行为只受自己的意思的支配。每个人也完全有能力（只有少数例外，例如幼儿和精神病人）认识自己的利害所在，从而决定自己的行动。甚至认为国家也是基于个人的意思组成的，政府是受各个人的委托而治理国家的，因此国家和政府只在极其有限的范围内才干涉个人的事务。国家对于个人的一切，特别是经济活动，几乎采取完全的放任主义。每个人在平等的地位上进行自由竞争，就可以使社会达到繁荣，也使每个人的利益得到满足。如果国家任意干涉，就足以窒息个人的创造力，阻碍经济的发展。国家的任务只在保护这种自由竞争而不在干涉这种竞争。这就是自由资产阶级的自由主义的基本思想。

这种思想表现在私法方面就是私法自治原则（公法方面也有公法自治原则，这是包括地方自治在内的民主政治的思想基础）。私法自治原则就是认为私法方面的一切法律关系，可以而且应该由每个人（或人与人互相地）自由地、自行负责地、按照自己的意思去决定。这种原则是私法中的一个总的原则，表现在私法领域的各方面，首先是承认人人平等，每个人有独立的完全的权利能力，每个正常的人（幼儿和精神病人除外）有完全自主的意思能力，这种能力应该受到尊重。因此每个人有法律行为自由（这里包括合同自由），每个人只对自己的行为负责（过失责任原则），每个人的权利（包括所有权）应该由每个人自由行使而受到尊重（所有权不可侵犯）。这些就是私法自治原则的主要内容。

私法自治原则的一个重要部分就是合同自由原则，这是近代合同法的基本原则，是近代合同法中的一切制度的核心。

合同自由原则是自由主义的自由竞争的经济的反映。其理论可以简要地概括为以下几点：

第一，在经济生活中，每个人是平等的。每个人对于自己参与的法律关系，有充分的自由加以选择，而人与人相互间有同等的机会可以相互竞争，竞争中人与人通过个人的意思结成各种各样的关系，对于这样结成的关系，他人以及国家都不得干涉。

第二，每个人都有他的自由意思，这种自由意思是他的行为的基础。一个人只有在自己的自由选择下，按照自己的意愿，才能受到拘束。因此，这种拘束也就是自己对自己的拘束。换言之，一个人在与他人的关系中作出了自由的约定，就应该遵守自己的约定。如果两个人都通过自己的自由意思而有了“合意”，这种合意就是合同。“合同必须严守”，这是从古罗马法传下来的一条格言，但是资产阶级赋予了这个格言新的内容。[①]

---

① 在古代罗马法中，合同之所以必须严守的根据在于固定的方式（例如某种言辞或某种信物）。在中世纪教会法中，合同必须严守的根据在于神的意旨。只在近代合同法中，根据才成为“尊重个人的意思”。

第三，对于每个人的自由意思，任何人，包括国家在内都必须尊重。双方意思合致而订立的合同，不仅具有法律上的效力，而且它本身就是法律。国家应该保护这种合同，也应该执行这种合同。

以上合同自由的理论具体表现在法律中，就是：

其一，订立合同的自由。合同的订立与否，是一方当事人的自由。因为合同是由一方当事人的要约与对方当事人的承诺组成的，因而订立合同的自由也就是要约与否的自由与承诺与否的自由。而订有期限的合同，到期限届满时即应当然终止。当事人也有终止合同的自由。

其二，选择合同对方的自由，任何人没有必须与某一特定人订立合同的义务。这一点从另一角度说，也就是任何人都可以作为合同主体而与他人订立合同。《法国民法典》第 1123 条规定："凡未经法律宣告为无能力的人，均得订立合同。"

其三，决定合同内容的自由。合同的内容，除了在很少的例外情形下（这一点，下面再讲），由双方当事人自由商定，合同的种类和方式可以由当事人任意创设。当事人不仅可以按照法律已经规定的各种合同的模式（例如买卖、借贷、租赁、雇佣等）订立自己的合同，也可以在法律所定合同种类之外，任意创立新的合同。这一点和近代物权法中所实行的物权法定主义完全相反。对于已订立的合同，当事人也有变更的自由。

其四，方式的自由。合同成立的唯一要件是双方当事人之间的合意（意思的合致），而不需要其他任何条件。古代法中所规定的各种方式（某些固定的言辞和某种象征的信物）都被排除。

以上四方面，又都贯穿着两点：

其一，尊重当事人的意思。真正的意思是合同成立的首要条件，因而欠缺真正的意思（例如当事人是无意思能力的幼儿和精神病人，或暂时丧失意思能力的酒醉人），或者意思上有缺陷（意思与表示不一致，意思的决定不自由），合同都不能成立。

其二，解释已经订立的合同时，也应该寻求当事人的真实意思，而不应该拘泥于书面的文句（《法国民法典》第 1156 条）。

这种理论，在自由资本主义时期，几乎为当然之理，正如“人权宣言”中所宣示的一样。所以在《法国民法典》中，并未一一加以规定。但是我们仍然可以在其中看到一些有关的规定，例如第 1101 条规定：“合同为一种合意，……”；第 1108 条规定，负担债务的当事人的同意为合同有效成立的第一个条件；第 1109 条规定，如果同意是由于错误、胁迫或诈欺的结果，不得认为同意已有效成立；第 1387 条后段：“夫与妻只须不违背善良风俗，并依后述各条规定的限制，可以随意订立合同。”等等。倒是以后的民法典，有一些明白的规定，例如《瑞士债务法》（1911 年）第 19 条第 1 款：“合同的内容，在法律限制内可以自由订立。”《意大利民法典》（1942 年）第 1322 条第 1 款：“当事人可以在法律与职业团体的章程所定限制的范围内，自由决定合同的内容。”《德国魏玛宪法》（1919 年）的第 152 条第 1 款也规定“在经济关系方面，依法实行合同自由原则”。在英国和美国的普通法中也有类似的判例。①

上面说的还只是合同自由的消极方面。合同自由还有积极的一面，这一面是说，在当事人之间有效订立的合同就对双方都有拘束力，这

---

① 1875 年，乔治·杰西尔爵士在印刷公司诉桑普森一案的判决中说：“如果有一件事比起其他事情来说是公共政策所更加要求的，这就是，成年并具有足够的理解力的人应该享有充分的订立合同的自由，并且，只要他们的合同是自由自愿地订立的，就应该严格受其约束并且应该由法院予以执行。”（参见［英］切希尔、菲富特：《合同法》（第 10 版），1981 年英文版，第 11 页）

种拘束力同法律的效力相同。国家保证当事人的合同可以通过法院而付诸执行，得到实现。这就等于是说，对于个人间的法律关系（主要指财产方面），国家授权给当事人自己去支配。这一点，《法国民法典》是有明文规定的，该法典的第 1134 条第 1 款规定：“依法成立的合同，在订立合同的当事人之间有相当于法律的效力。”第 2 款规定：“这种合同，只得根据当事人相互间的同意或法律规定的原因撤销之。”后一规定显然剥夺了法院任意不按照合同处理或不执行合同的权力。因此，在法国有的学者甚至把合同作为一种法的渊源（法源）。①

把上面的理论和原则推广下去，就有了两种情况：第一，在一定情况下，即使对某种事件，法律已有规定，也允许“合同优先”。这就是说，法律的规定只在合同没有约定（也就是当事人自己没有表示意思）的情况下才予以适用。法律只起补充的作用。②并且合同还可以排除法律的规定。这种情形极多，不胜枚举。例如《法国民法典》第 1627 条：“当事人得特别约定，增加或减轻出卖人依法所负担保的义务；……”第 1758 条：“如无相反的约定时，水井及水沟的修浚由出租人负责。”旧中国民法第 346 条规定：买卖合同中，“价金约定依市价者，视为标的物清偿时清偿地的市价。但契约另有订定者，不在此限”（旧中国民法中有许多“契约另有订定者不在此限”和“契约另有订定者从其订定”的规定，这都是“合同优先”的规定）。第二，把尊重当事人的意思这一说法倒转过来，就认为一切权利义务关系的发生都要求之于当事人的意思，甚至在法律有所规定时，也要把这种规定

---

① 参看《现代法与市民》（日文），岩波书店 1966 年版，第 226 页。

② 这类情形（法律只是对当事人意思的补充）极多，任举一例，如旧中国民法第 438 条规定：“承租人应依约定日期，支付租金，无约定者，依习惯。无约定亦无习惯者，应于租赁期满时支付……”这里的顺序是：约定、习惯、法律规定。

说成是（在法律上就是“推定为”）符合当事人的意思的。[①] 例如《法国民法典》第1122条规定：“订立合同的人应认为为自己并为其继承人或权利继受人而订立合同；但合同有相反的约定，或依合同的性质有相反的情况时，不在此限。”这种把法律的规定也说成是当事人意思的“推定”，可以说是合同自由原则的顶峰了。《法国民法典》把无因管理和不当得利列为“准合同”，也属于这一情况。

当然，即使是资本主义社会初期的“合同自由”，也不是毫无限制的自由。《法国民法典》中对合同自由的限制，有两种情况：第一，法律在某种情况下，设有“强制规定”，即规定当事人必须这样办。当事人间有相反的约定时，其约定无效。例如《法国民法典》第1628条规定：“即使依特约免除出卖人全部担保的义务的情形，出卖人对于因其个人行为引起的结果仍负担保的责任，一切相反的约定无效。”这是用法律规定排除当事人约定的典型例子。第二，关于公共秩序和善良风俗的原则。《法国民法典》第6条：“个人不得以特别约定违反有关公共秩序和善良风俗的法律。”不过，在初期的资本主义国家合同法中，这类限制合同自由的情形，实际上很少。这种情形只发生在极其特殊的情况之下。所以总的来说，在资本主义初期，合同自由是一个主要的、普遍的、在全部合同法中占支配地位的原则。

合同自由原则受到资产阶级和资产阶级法学家们的普遍拥护，是理所当然的。因为正是在合同自由的旗帜下，资产阶级可以任意订立各种合同，例如使用极其幼小的童工的合同，约定极其低微的工资的合同，约定严酷的劳动条件的合同。也正是在合同自由的原则下，资

---

① 有的学者把这一点称为“合同主义”。参看《现代法与市民》一书，岩波书店1966年版，第217页。

本家有随时解雇工人的权利。总之，合同自由给资产阶级保证了剥削无产阶级的自由。合同自由也使资本家可以任意抢购原料、任意抬高物价。资产阶级内部的吞并和竞争也是在这个原则之下进行的。总之，合同自由原则给资产阶级带来广泛的几乎无限的为所欲为的权利，即剥削的自由，自由地剥削工人和自由地竞争。在合同自由的作用下，资本主义的商品经济愈加发展，从而带来了资产阶级的财富和资本主义社会的繁荣。当然，客观上，建立在合同自由基础上的竞争也促进了科学技术的发达。但也是这个合同自由使自由资本主义逐步成为垄断资本主义，结果使合同自由不得不走向自己的反面。

（四）资本主义国家合同法的编制

资本主义各国的合同法，作为资本主义经济的上层建筑，其形成和作用都是一致的，其基本原则也是一样的，已如前述。只是合同法的编制，各国有所不同，主要是大陆法国家和英美法国家有很大的不同。大陆法国家指大陆法系（又称拉丁日耳曼法系或民法法系）的国家，包括法国、德国（以前是整个德国，第二次世界大战后则只指联邦德国[①]）以及处于这两个国家民法影响之下的国家。英美法国家指英美法系（又称判例法系）的国家，包括英国、美国和一些处于英国法律影响之下的国家。

在大陆法国家，没有一个独立的、完整的、自成体系的“合同法”，所有关于合同的规定都包括在民法典、商法典和各种单行法中。我们通常说的“合同法”，即指这种规定的总和。就在各国的民法典、商法典中，有关合同的规定也不是完全集中的。一般来说，在大陆法的各国，

① 现在又是整个德国了——2002 年作者注。

所谓合同法，大概由下列三部分组成：其一，关于合同与其他法律行为所共同的一些问题，如合同能力、合同的无效和撤销，因诈骗、胁迫或错误而订立的合同，关于代理、时效等，属于一类。这一类在《法国民法典》，规定于第一编和散见于第三编中；在《德国民法典》，规定于第一编（总则）中。其二，关于合同的一般问题（各种种类的合同所共同的），在《法国民法典》，规定于第三编第三章（合同或合意之债的一般规定）中；在《德国民法典》，规定于债的总则中。其三，各种不同类别的合同（如买卖、租赁等），各国都分节专门规定。以上三部分的分法及其编制在各国并不相同，以下举几个主要国家加以叙述：

《法国民法典》（1804 年）的第一编是“人”，其中与合同有关的有关于能力的规定。此外关于合同的规定主要在第三编“取得财产的各种方法”中。该编第三章为“合同或合意之债的一般规定”，第五章为“夫妻财产合同及夫妻间的相互权利”。以下各章分别规定买卖、互易、租赁、合伙、借贷、寄托及争讼物的寄托、赌博性合同、委任、保证、和解等各种具体的合同。在《法国商法典》（1807 年公布，1808 年施行，1955 年修改）中也包括有许多合同法的内容。商法典第一编“一般商事”中有关于运送合同的规定（第六章），第七章是关于商事买卖的规定。第二编（“海商”）中有关于船舶买卖、租船合同、海上运送合同、冒险借贷合同、海上保险合同等规定，都属于合同法。此外，法国还有许多关于合同的单行法，如关于仓库营业的法律（1945 年）、关于保险（陆上）的法律（1930 年）等也都属于合同法的范围。

以《法国民法典》为模式的旧的《意大利民法典》（1865 年）、《意大利商法典》（1882 年）、《西班牙民法典》（1888 年）等，在编制上都互相类似，因而其合同法也是分散在各编的。

《德国民法典》（1896 年公布，1900 年施行）的第一编“总则”中与合同有关的有关于能力、法律行为、时效的规定，总则的第三章中还有一节专门规定合同。第二编是“债务关系法”，其中第二章“因合同而生的债务关系”完全是属于合同法的。第三章“债务关系的消灭”、第四章“债权的让与”、第五章“债务的承担”、第六章“多数债务人及债权人”也多属于合同法范围。第七章“各种的债务关系”中大部分属于合同法的各论，其中依次规定了18种典型合同：买卖、互易、赠与、使用租赁、用益租赁、使用借贷、消费借贷、雇佣、承揽、居间、委任、寄托、旅店寄托、合伙、终身定期金、赌戏及赌博、保证、和解。在《德国商法典》（1897年公布，1900年施行）中有关于隐名合伙、商事买卖、行纪营业、仓库营业、运送营业、海上运送等规定，这些都属于合同法范围。把《德国民法典》和《德国商法典》中关于合同法的部分与《法国民法典》相比较，合同法的总论部分比较详细，而典型合同的种类也有所增加。

《日本民法典》（1896年）的第一编“总则”中也有关于能力、法律行为、时效等规定。第三编是“债权”，其中第一章“总则”中的规定大多属于合同法范围。第二章是一个专章，标题就是“合同”，分为总则、赠与、买卖、交换、消费借贷、使用借贷、租赁、雇佣、承揽、委任、寄托、合伙、终身定期金、和解14节。《日本商法典》（1899年）的第三编“商行为”中则有关于买卖、交互计算、隐名合伙、居间、行纪、运送、寄托、保险的规定，第四编“海商”中有关于海上运送的规定。《日本民法典》专列“合同”一章，是其特点，但这一章也并不是合同法的全部。

瑞士是实行民商合一制度的。关于人的能力的规定在民法典中，其他合同法部分都在债务法中。《瑞士债务法》（1911年）第一编为“总则”。其第一章“债的发生”的第一节为“因合同而发生的债”，其中包括有关法律行为与合同的一般规定。其他各章（“债的效力”“债的消灭”等）中也有关于合同的规定。第二编为“各种合同关系”，规定了买卖、互易、赠与、租赁、借贷、雇佣、承揽、出版、委任、行纪、运送、经纪人、指示、提存、保证、赌博、终身定期金等典型合同。

旧中国也是实行民商合一制度的。与合同有关的人的能力、法律行为、时效等，规定在民法典第一编“总则”（1929年公布施行）中。合同法的其他部分则规定在第二编“债编”（1929年公布，1930年施行）里。在第一章“通则”的第一节“债之发生”中有“契约”一款，以下债之标的、债之效力、多数债务人及债权人、债之移转、债之消灭各节，大多数涉及合同。第二章“各种之债”中，分为买卖、互易、交互计算、赠与、租赁、借贷（使用借贷、消费借贷）、雇佣、承揽、出版、委任、经理人及代办商、居间、行纪、寄托、仓库、运送营业（物品运送、旅客运送）、承揽运送、合伙、隐名合伙、指示证券、无记名证券、终身定期金、和解、保证共24节，都涉及合同。此外，《票据法》《公司法》《保险法》《海商法》等单行法中，也有关于合同的规定。

所有以上各国的民法典的物权编、亲属编、继承编中也有关于合同的规定。不过这些物权法中和身份法中的合同，一般都纳入物权法和家庭法、继承法中。一般所说的合同法则以债法中的合同法为限。

总之，大陆法国家的合同法，在下列几点是共同的：第一，一般指债法中的合同法，其法源主要是成文法（法典）。第二，其体系是比较完整的。第三，至于编制，有的比较分散，有的比较集中。这是大陆法国家的合同法在编制上的特点。

在英美法国家中，情况就大不相同了。英美法的合同法（以及整个民法）基本上是判例法（法官作成的法），既没有法典，也没有比较完整的成文法，只在个别问题上，有少数制定法（国会通过的单行法规）。至于理论上的“合同法”则是从判例中辑出的一些理论、原则、制度和规定的总和，是由法学家（学者、教授、律师）编集以供教学和研究之用的。因此，在英美法的合同法中，遇到某一问题，例如未成年人是否可以订立合同，只能到判例中去寻找解答，至于教科书中的一些原理或原则，则是法学者根据判例归纳出来的。所以说，英美法中的合同法的法源主要是判例。既然是判例，它本身就没有体系。这是它的特色。

在英国，关于一些特殊的合同有成文法，这就是国会通过的制定法。比较早期的有 1710 年的《赌博法》、1830 年的《运送人法》、1880 年的《雇主责任法》、1893 年的《货物买卖法》等。这类制定法一年比一年多。不过国会制定法大多数是为了解决新问题，并不是要把合同法成文化（例如许多租赁法、1973 年的《公平贸易法》、1977 年的《不公平合同条件法》等）。就现有情况看，制定法较多的大多在销售、雇佣、运送等方面。

在美国，合同法也主要由判例法构成，又由于美国是联邦国家，各州的法律也不一致，所以情形更加复杂。不过美国也有几个州有民法典，除路易斯安那州的民法典来自法国民法典外，其他的民法典只是判例汇编，这些民法典中都有关于合同的部分，另外在美国法学会编纂的《法律重述》中有《合同》二卷（1932 年），是根据判例加以整理编集的，也属于判例汇编性质。1892 年美国统一州法全国委员会与美国法学会合作，起草了一些统一法，其中有《统一买卖法》（1906 年）和《统一附条件买卖法》（1918 年），经一些州采用成为各州法律。1952 年该两会又将旧的各种统一法加以修订，重新起草了《统一商法典》（1958 年修订过，以后也小有修订）。现在《统一商法典》已为美国除路易斯安那州以外的各州所采用（各州有不同的修改），成为通行于美国全国的、类似于《法国商法典》的一部法典。在《统一商法典》中有很大一部分属于合同法，特别是其中第二编“买卖”完全规定买卖合同。不过美国虽有许多制定法，而且有像《统一商法典》这样比较完整的法律，但仍不能与大陆法国家相比，其合同法的主要法源还是判例。

其他属于英美法系的国家，情况与此类似。

总之，英美法国家的合同法的特点是：第一，以判例或判例的编集为主，以制定法为辅，不过现在制定法有日益增多的趋势；第二，合同法的体系是由法学家们把判例汇集编纂而成，不是一个成文法的体系。

（五）资本主义国家合同法的内容

资本主义各国的合同法，除了因分属大陆法系和英美法系，而在形式上有以制定法为主和以判例法为主的分别外，在内容上有一点很显著的不同，就是大陆法国家不论在法典上还是著书上都把合同法分为合同法总则（总论）和各种合同两部分。合同法总则是属于各种合同所共同的问题，例如合同的订立，合同的履行等。合同法分则分别规定或论述各种合同，如买卖合同、租赁合同等。英美法的著书中一般没有这种分别，只有总论部分，对各种合同不像大陆法国家那样详细地去分别论述。但有一些关于各种合同的制定法，如英国的《货物买卖法》、美国《统一商法典》的第二编“买卖”等。这些制定法由于没有编成法典，研究起来较为困难。

现在我们把合同法的内容扼要加以说明：

合同法总则（总论）部分所涉及的一般是下列一些问题：

1. 合同的定义。《法国民法典》给合同下的定义是，“合同为一种合意，依此合意，一人或数人对于其他一人或数人负担给付（作为或不作为）的债务”（第1101条）。在大陆法中，合同这个概念有广义和狭义之别。广义的合同是以发生一定的法律效果为目的的、双方当事人间互相对立的意思表示的一致（合意），是法律行为的一种。狭义的合同则是以发生债权关系为目的的合同，即债权合同。美国的《合同法重述》给合同下的定义是，“合同是一个允诺或一系列允诺，对于违反这种允诺，法律给予救济”。但是英美法中现在对合同的定义也逐渐转向于注重“合意”，例如《牛津法学必备》一书中的定义是“合同是二个或二个以上的人为要在他们之间创立法定债务并使这种债务在法律上可以执行而达成的合意”[①]。可见，二者已趋于一致了。

2. 合同的订立。大陆法中的德国民法由于认为合同属法律行为的一种，所以关于订立合同的能力、关于意思表示的瑕疵、不一致和错误等问题，都服从于关于法律行为的一般规定，都规定在民法总则中。在法国民法中，除能力规定在民法第一编中外，其余规定在第三编中。英美法没有“法律行为”的概念，所以这些问题都由判例分别解决。不过其内容与大陆法是一样的。

合同所特有的订立要件，即要约和承诺，大陆法和英美法中都是一样的，只在细微的地方有差异。例如英美法认为要约原则上无约束力，而德国法认为有约束力；关于承诺，英美法实行发信主义，大陆法一般实行到达主义。

另外，关于合同的订立，英美极注重“约因”，法国法讲“对价”，是其特点。但这些理论，现在已逐渐失去其重要性。

---

① 见《牛津法学必备》，牛津克拉伦顿书店1980年英文本，第284页。

3. 合同的方式和解释。大陆法中的合同，除少数合同（如土地买卖合同）法律规定须用书面形式外，一般不要求一定的方式。英美法中有所谓签字蜡封合同须依一定的方式作成，须要以书面形式订立的合同也较多。

4. 合同的解释。大陆法着重于探求当事人的真意，不拘泥于文字。德国法并要求按照诚实信用原则进行解释。英美法则强调“表示出来的意思”因而注重文句。

5. 合同的履行。《法国民法典》第 1134 条规定依法成立的合同，在合同当事人间有相当于法律的效力。这就是说必须严格遵守、确实履行。该法第 1147 条规定，如债务人不能证明其不履行系由于不应由其个人负责的外来原因时，即使在其个人方面并无恶意，债务人对于其不履行或迟延履行债务应负损害赔偿之责。《德国民法典》除此之外，增加了一个“诚实信用原则”作为履行合同的原则。英美法也认为应该严格按照合同履行，不履行即是违约。

6. 违约。违约包括履行迟延、履行不能和不完全履行。在大陆法和英美法各有不同的说法，但在实质上都是一样的。英美法中有一个“提前违约”的问题，即在履行期到来之前，债务人表示不履行的情形。

7. 违约的救济方法。对于违约的救济，一般有以下几种，即实际履行、损害赔偿、解除合同和违约金。大陆法着重于实际履行。英美法着重于损害赔偿。英美法中有一种特殊的救济方法，即由法院颁发禁令。

8. 合同对于第三人的效力。合同的效力本来只限于在合同当事人间，但商业的发达使合同有时涉及第三人，这就是为第三人利益订立的合同（向第三人给付的合同）。在这种合同里，第三人可以直接向债务人请求。这种合同在较早的法国法和英国普通法中都不被准许。但在较迟的德国法和美国法以及以后的法国法和英国法中都被准许了。

9. 合同的移转。这就是债权移转和债务承担的问题，原来各国法律有所不同，现在一般都准许。

10. 合同的消灭。大陆法中合同的消灭就是债的消灭，一般有五种情况，即清偿、提存、抵销、免除、混合。英美法中合同消灭的方式包括因当事人双方协议而消灭，因履行而消灭，因违约而消灭，因履行不能而消灭，依法律而消灭。在说法上与大陆法不同，实际上情况都差不多。

以上是关于合同“总则”（总论）方面的一些内容。至于各种合同，在大陆法国家分为两类。一类是民法典、商法典或其他单行法中有规定的，如买卖、互易、租赁、借贷等，称为典型合同或有名合同。一类是没有规定而由当事人依“合同自由原则”自行创设的，称为无名合同。典型合同的数目，起初少一些，随着社会的发展而逐步增多。有些是把新发生的无名合同加以规定，无名合同就变为有名合同了。但是合同的种类总是在增加的，这是合同自由原则的结果。所以资本主义各国的合同法总是不能把一切合同包括净尽的。前节中既已列举了大陆法国家所规定的各种典型合同，这里就不再一一论述了。

在英美法国家，没有像大陆法那样的情形，即把各种合同加以列举（不论在法规中、判例中或著作中）。只是有少数几种重要的合同，有制定法对之加以规定。首要的是买卖，对于买卖，英国和美国都专门有制定法。此外还有关于运送、雇佣等合同。至于其他的合同，散见于判例中，学者著述也没有把它收集罗列，这里就不详述了。

二、资本主义国家合同法在当代的发展

（一）垄断资本主义时期的合同与合同法

作为资本主义经济的上层建筑的合同法，必然要随着资本主义经济的发展而发展。当自由资本主义发展到垄断资本主义时，社会经济生活中出现了许多新情况，这些新情况也就反映在合同法里。资产阶级的法学家为了说明和解决这些新情况，就创立出新的原则、新的理论来，资本主义国家也就制定出新的法律来。所有这些新的原则、理论和法律就成为垄断资本主义时期的合同法。

1. 资本主义生产力发达后，商业、交通运输、金融业都随之发达，社会生活中运用合同进行交易的次数大大增加，人们无时无刻不在通过无数的合同处理生活中的各种事件，这样，原来个别人与个别人通过“要约和承诺”方式订立合同，例如每买一件东西都得讨价还价，就显得不胜其烦了，于是首先出现了“定价交易”，就是一切买卖都由卖方规定固定价格，实行“标价售货”。这种方式发展到各行各业，发展到复杂的交易，就出现了所谓“附从合同”。这就是，由合同一方（主要是企业）把各种条件预先设定好，对方当事人（主要是消费者）只能按照既定的条件订立合同，而没有“决定合同内容”的自由。再进一步，等到许多企业垄断了市场（例如一个电力公司垄断了一个城市的电力，一个铁路公司垄断了交通），消费者就只能同这个企业订立合同，而且必须同这个企业订立合同，消费者进一步失去了“选择对方”和“决定订立与否”的自由。于是，在交易迅速简易一点上，这时大大超过了前代，而“合同自由”则受到很大的限制，这是资本主义愈

加发展，就愈加普遍而不可避免的现象。

2. 生产和贸易愈是发展，在我们生活中就出现越来越多的新事物，需要我们通过合同去处理。例如原来一个简单的买卖合同就足以应付的交易现象，现在不够了，于是出现了继续供给合同、分期付款买卖合同、租售合同，以及售货机买卖等新的形式。还出现了旅游合同、科研合同、技术转让合同。又随着知识产权的发达，各种以知识产权为标的的合同也相继出现。在国际贸易中，新形式的换货、补偿贸易、成套设备买卖、技术转让与劳务供给结合的合同等大量出现。这些在传统的合同法之外的非典型合同，有些已为各国的制定法所规定，有些还没有规定而只能由司法机关（或仲裁机关）去处理。另外，资本主义国家局势的变化（例如通货膨胀、战争等），使旧有的一些合同理论已不足以应付现实，旧有的一些原则也不能解决问题，各国的法官和学者不得不寻求解决的途径。于是有的对传统的原则赋予新的解释而加以应用，有的制定了新的原则，创立了新的理论，力求达到解决问题的目的。这些都使合同法有了新的内容、新的发展。

3. 大企业愈是发展，企业与被雇用的劳动者之间的对立日益加剧。随着雇佣合同变为附从合同，这种矛盾更加尖锐，工人阶级不得不改变与资本家进行斗争的方式，就是组织起来与资本家谈判订立合同，力图打破资本家单方面决定合同内容（主要是工资）的局面；资本家方面也联合起来。这样，就逐步形成了劳资双方的“团体协议”。由个别工人订立的雇佣合同到由企业主订立的附从合同，再到劳资双方的团体协议，这是垄断资本主义时期雇佣合同制度的一大发展。在第二次世界大战后，团体协议已成为各资本主义国家宪法上和劳动法上的一个问题，远远超出了合同法的范围。

4. 垄断集团形成后，力图通过各种卡特尔合同独占市场，以达到更大规模的垄断。这种情况使代表整个资产阶级利益的资本主义国家不能不出来干预，加上第二次世界大战后新出现的各种因素（如为了应付经济危机，为了对付工人阶级的斗争，为了缓和大垄断集团与中小企业间的矛盾，以及资本主义国家间进行斗争），资本主义国家都运用国家权力对原来的“自由经济”进行干预，这种干预在很多方面是通过合同进行的。例如资本主义国家利用预购、收购等方式鼓励生产和出口，利用停止收购以限制生产等。有的国家甚至利用所谓“计划”的方式，通过政府与企业间的合同来限制或促进企业的生产和经营，甚至收购企业（所谓“国有化”）。这种国家干预已经超出了传统民法的范围，成为“经济法”研究的对象。

5. 国际贸易日趋发达，要求资本主义国家间（甚至资本主义国家与社会主义国家间）的合同法逐步接近，原来大陆法与英美法在合同法上的某些差异逐渐缩小甚至消失了。国际统一的贸易制度，合同制度逐渐形成，这也是当代引人注目的现象。

以上几点，反映到合同法上，就使垄断资本主义时期的合同法较之自由资本主义时期的合同法，具有如下的特点：

1. 原来贯彻在合同法中的意思说，即注重当事人的意思的理论，逐渐发生动摇。因为只是注重当事人的内心意思已不足以保护交易的安全和第三人的利益，于是表示说的理论逐渐受到重视。这种倾向，很早就已存在，例如在对契约进行解释时，《法国民法典》只在第1156条规定：“解释合同时，应寻求订约双方的共同意思，而不拘泥于文字。”《德国民法典》就在类似的条文（第133条）之外，又增加了一条：“合同应依诚实信用的原则及一般交易上的习惯解释之”（第

157 条），以后德国的判例和学说更加着重于表示说。[①] 在英美法中，表示说固然很早就已出现，但这种理论越到后世越受到重视，现在更是强调它，甚至达到改变“合意”的含义的地步了。[②] 现在不论在哪个国家，一方面独立于当事人意思之外的无因行为的理论与实践（例如在票据中）大为发展，另一方面法官完全可以根据诚实信用原则或情事变更原则去调整合同的内容和双方当事人的权利义务关系，都是从这一点发展出来的。

2. 合同自由已经失去其基本原则的地位。本来在自由资本主义时期，对于合同自由只有很少的一些限制，以后这种限制越来越多了，原因是随着垄断企业的兴起，各种附从合同出现之后，合同自由在许多情况中已经实际不存在。再加之资本主义国家在垄断资本的控制下，从各方面对经济进行干预，其中主要是对于合同的干预，这种干预使合同自由原则的作用范围更加缩小。原来在德国，合同自由被作为经济关系的原则而订入魏玛宪法，到第二次世界大战后，在联邦德国的基本法中，这一规定已被取消了。当然，合同自由仍然存在于今天的资本主义国家中，但同自由资本主义时期比较起来，已经大大逊色了。

3. 垄断资本主义时期的合同法，其内容较原先的合同法更为丰富，

---

① 《现代法与市民》（日文），岩波书店 1966 年版，第 245 页。

② 英国法学家切希尔和菲富特在其所著《合同法》中论及“合意”时说：“合同的当事人是因为他的同意而受约束的。但是合意并不是一种心理状态，而是一种行为，并且，作为一种行为，是从行动里推断出来的，要判断当事人，不是看他心里有什么，而要看他说过什么，写过什么，做过什么……，普通法特别着重于外部表示。”（第 25 页）作者还说，就是因此，他把他的书中论述合同的成立的那一章的标题不写作“合意”而写成“合意的表现”。详见［英］切希尔、菲富特：《合同法》（第 10 版），1981 年英文版。

不论在合同的种类还是合同的表现形式方面都有了与原先不同的情形，雇佣合同已经发展为以“团体协议”为主的劳动合同，从合同法中独立出来成为劳动法的对象。买卖合同现在已经发展为许多不同的样式，使其在合同法中的地位日益突出，成为许多制定法的内容（买卖合同在美国的《统一商法典》中占有极重要的地位），其他还有许多新的合同。现在研究合同法已远远不能局限于《法国民法典》和《德国民法典》中的十几种典型合同了，不论在大陆法还是英美法中，一些新的理论已经取代了旧的理论。①

以上几点使垄断时期的合同法的面貌大为改观，理论上的变化当然是法律上的变化的反映。例如英美法中，关于“约因”的理论，是在英美法中根深蒂固的理论，近几年来已大为改观，美国的《统一商法典》甚至明文规定，在一定情况下，约因可以不再是合同的成立要件。②合同法理论的改观甚至使美国的法学家格兰特·吉尔莫发出“合同法的死亡”的呼声，③这是十分引人注目的。对于这许多变化，本书限于篇幅，不能一一叙述，以下只就最主要的几点作一论述。

（二）对合同自由的限制

合同自由原则，到了垄断资本主义时期，成为一个十分引人注目的问题，对于这一原则的怀疑和批评，从各方面发出来，这一方面是由于社

---

① 例如大陆法中德国的“行为基础的丧失”的理论，法国的“不能预见”的理论，英国法中的“买卖中的默示条件”的理论等。

② 《统一商法典》第 2–209 条明文规定，关于改变现存合同的合意，即使没有约因也有约束力。

③ 格兰特·吉尔莫，美国耶鲁大学教授，于 1974 年出版他的著作《合同法的死亡》。

会生活中出现了许多新的现象无法用传统的原则去说明，另一方面是贯彻传统的原则发生许多始料不及的后果。我们先从这两方面来加以观察。

前面讲到在发达的商品交易和服务交换的市场里出现了一种附从合同，这种合同越到后来越是普及于社会的各个方面，最后，在人们的生活中所接触到的完全是这种合同，像原先那样双方当事人立于对等地位“自由”订立的合同几乎绝迹了。例如人们购买日用消费品，乘坐交通工具，受雇于工厂企业主，到保险公司买保险，向银行申请贷款，所遇到的都是现成的合同条款（称为普通合同条款），人们只有签约与否的选择，而实际上，不签约是不可能的（就无法在这个社会里生活下去）。至于在企业与企业之间的各种合同，现在也采取定型的普通合同条款的形式，自由约定的范围已经大大缩小了。这种情况的出现，不能不使人们想到，究竟还有没有所谓“合同自由”？“合同自由”还存在吗？这是一方面。另一方面，例如雇佣合同中，大企业雇用工人时，在合同自由的借口下，遇到经济不景气就任意解除合同解雇工人，并且迫使工人“自愿”地接受种种苛刻条件。工人想要组织起来增强自己的力量谋求抵制，例如组织工会，不许企业主雇用非工会会员的工人，这种行为就成为违反合同自由而违法。[①] 这种情况能说是合理吗？另外，资本家们订立协议垄断（或抬高）一种产品的价格，垄断一个地区的市场，使成千上万的消费者受到损害，这是资本家们的“合同自由”，这是合理的吗？从这两方面来看，现在资本主义社会中，实际上只存在资本家一方的合同自由，实行合同自由的受益人只是大企业主、大资本家，只有他们才享受到合同自由的好处。也只有在他们之间，还存在所谓合同自由。这样的合同自由，对于广

① 1947 年美国的塔虎特·哈特莱法就禁止过这种行为。

大的人民，不仅没有好处，反而成为受剥削的一种原因。

在这种情况下，广大的人民不能不起来反对这种“合同自由”，资本主义的国家也不能不出来进行干预。资本主义国家干预合同自由是从两方面进行的，一方面对于大企业主大资本家滥用自由，肆意订立各种合同条款以攫取利润或推卸责任的情况加以限制，即对于附从合同加以限制和管理以保护广大消费者的利益。另一方面对于大企业主大资本家通过合同限制竞争实行垄断加以禁止，以保护中小企业和消费者的合同自由。这两方面的干预表现在当代资本主义国家的法制中就是关于“普通合同条款”的立法，关于反垄断的立法，关于保护消费者的立法。这种法制在当代资本主义国家中已远远超出了合同法（民法）的范围而进入“经济法”“劳动法”的范围。我们在这里对于“经济法”和“劳动法”范围内的问题不拟论述，现在只对传统的合同法范围之内的问题予以论述。

关于普通合同条款的问题是合同法的一个重要问题。在各种附从合同中，各项条款（合同的条件）都是由企业主单方制定、单方提出的。至于合同的对方当事人，即消费者，对于合同只有全部接受与否的选择，而没有对于个别条款进行协议的自由，甚至不问对这种条款知与不知，都要受其约束。[①] 这种情况逐渐被认为是不合理的。各国大都通过立法、司法、行政各种方式对普通合同条款加以限制：第一，立法方面，例如联邦德国的《普通合同条款法》（1976 年），英国的《货物供应默示条款法》（1973 年），美国《统一商法典》中的第二节

① 日本大正四年（1915 年），大审院有一个判决说“当事人双方订立合同时既没有特别表示不遵守保险条款的意思，在没有反证的限度内，就推定其有遵守该条款的意思”。

第302条以及各国许多种单行法中的规定，都规定在普通合同条款中，“不公平的”“不能按照诚信原则妥善安排双方当事人利益的”或“违反公共秩序善良风俗的”“违反公共政策的”条款都无效。第二，司法方面，各国法院都有不同的判例，运用各种原则（权利滥用、违反公序良俗、违反诚实信用等）限制不公平的条款的效力，特别是对普通合同条款中的免责条款加以限制。第三，行政方面，各国大都由行政官厅对重要事项的条款作出规定。甚至实行批准制度，即大企业所制定的某些普通合同条款，应经主管官厅的审查批准，以事先防止不适当的条款。例如日本对于普通保险条款、运送条款、仓库寄托条款、供给条款都采取这样的措施。①

至于其他关于合同自由的限制分别表现在：

1. 对订立合同的自由的限制。在普通情况下，当事人一方提出要约后，对方是否承诺有其自由。但是对于某些特定的人或企业，国家规定在其业务范围内有承诺订约的义务。这主要适用于一些公用服务业（如医生、助产士、护士、旅店业、饮食业、运送业等）和一些从事公共职务的人（如公证人、会计师等）。这方面各资本主义国家的法律差不多已经普遍有此类规定。又如各国法律规定，在各种不动产使用合同中（如土地房屋的租赁合同），为保护使用人，如在合同期满后，使用人提出继续使用（租赁），出租人原则上必须承诺②等。

另外，在某些资本主义国家里，规定某些物资的生产者必须将产

---

① 日本的《保险业法》第1条、第10条，《道路运送法》第12条，《航空法》第106条，《海上运送法》第9条，《仓库业法》第8条，《电气事业法》第19条，《水道法》第14条，《瓦斯事业法》第17条等。

② 例如日本的《借地法》第4条，《借家法》第2条，《农地法》第19条、第20条，又如英国的《房屋租赁法》。

品出售给国家。又如日本《农地法》规定农地的买卖须经官厅批准，都是限制订约自由的例子。

2. 对选择合同对方的限制。这一类与前一类有时是相同的，不过着重于对特定人的关系，例如有的国家规定企业不得雇用非工会会员的工人或者规定企业必须雇用工会会员。又如有的国家规定，出卖农耕地时，只能卖给经营农业的人。英国很早就有法律规定，公开营业的公用马车不得拒绝顾客上车。英国的《种族关系法》（1968 年）还规定店主和雇主不得因肤色不同而歧视顾客，都属这类情形。

3. 对合同内容的限制。属于这方面的有各国禁止垄断法令（反托拉斯）中所规定的禁止订立垄断合同、禁止订立不正当限制竞争的合同、禁止企业合并或转让的合同、禁止不公平的经营方法的合同等。前述限制普通合同条款的规定也属于这一类。此外又如各企业所订劳动合同，必须以团体协议的条款为标准，限制借贷利息的规定等都属于限制合同内容的。这方面的规定最多，现在资本主义国家里的所谓“经济法”几乎主要是限制合同内容的自由的。

4. 对合同方式自由的限制。现在各资本主义国家又对许多种合同规定了一定的方式，主要规定以书面形式订立，严格的还规定要向主管官厅登记或经主管官厅批准。这种趋势被一些学者说成是现代法中形式主义的复兴。

对合同自由的限制，现在在各资本主义国家中已经成为一个普遍的事实，所以英国法学家切希尔和菲富特说，在 20 世纪的合同法中，“最普遍而重要的变化就是把 19 世纪对于合同自由的优点的确信予以摈弃的倾向……”[①] 但是，这并不意味着合同自由就在当今的资本主义

① ［英］切希尔、菲富特：《合同法》（第 10 版），1981 年英文版，第 15 页。

社会中已经消失或将要消失了，事实上也不是这样。从本质上说，合同自由是资本主义经济的无政府状态和自由竞争的反映，资本主义即使到了垄断阶段，也并不消灭自由竞争。这种情况反映在法律中，对合同自由的限制也并不消灭合同自由，只是使合同自由采取了另一种形式而已。事实上，在合同自由原则之下，受到损害的是广大人民，至于大资本家则是合同自由的受益者，因而合同自由在大资本家还是需要的。今天在大企业之间，在国际贸易中仍然是实行着合同自由的。而对于劳动人民，在某种意义上，合同自由也还是存在的。所以归根结底，合同自由并没有消灭。今后，合同自由也不会消灭。

（三）当代合同法中的几个重要原则

20 世纪的资本主义国家民法中有一个显著的趋势，就是对于各种原则日益重视。各级法院在办案中日益求助于民法典中的所谓“一般条款”。这种情况的发生可以这样理解：随着社会情势的变化和复杂化以及新情况的出现，民法（特别是已有很长历史的民法典）中一些具体规定已越来越不够应用，于是法官不得不把一些具有高度灵活性的原则规定，即所谓“一般条款”拿来应用，这些条款或者是早已存在而过去没有必要去引用它（因为一些具体规定已经够用），或者是由法官为适应新的需要而逐渐制定的。这种情况在合同法中特别重要，因为这些“一般条款”即原则，几乎都是与合同有关的。这里，我们就几个主要的原则来加以论述：

1. 诚实与信用的原则。诚实与信用的原则，在法国民法中就已存在。《法国民法典》第 1134 条第 3 款规定：“履行合同应依信义原则为之”，这时只把信义原则作为对债务人的要求。《德国民法典》第 242 条规定：“债务人负有按照诚实信用并考虑交易上的习惯而为给付的义务”，仍是对债务人规定的。但又规定了一条（第157条）：“契约，应考虑交易上的习惯，依诚实信用的要求而解释之。”到《瑞士民法典》就规定：“无论何人行使权利履行义务应依诚实信用原则为之。”（第2条第1款）这时诚信原则已成为全部民法的一个原则了。第二次世界大战后修订的《日本民法典》也有了同样的规定（第1条第2款）。有的法学家甚至说，诚实信用原则不仅是债权法的最高原则，并已超出了私法范围进入公法领域，是具有“永久的价值”的人类文化规范。①

为什么诚实信用原则在现代民法中占有如此重要的地位呢？这是因为，资本主义发展到垄断阶段之后，社会发展得很快，旧的法律不可能随时修订，新的法律也不可能随时制定，要靠现成的法律规定解决瞬息万变的事实，是不可能的。但是这样的一些原则具有很大的灵活性，可以按照各种具体情况加以利用。于是“《德国民法典》第242条的一般条款就成为使合同法适应于那个社会已经改变了的社会态度和道德态度的绝妙方法了”②。什么是诚实信用原则？每个法学家有一个定义，因为这本来就是极其灵活的。一般来说，合同是建立在当事人互相信赖的基础之上的，把相互信赖作为基础，按照具体情况公平衡量双方的利益，被社会上一般人认为不公平的，就是不符合诚信原则的。这样的原则当然是随时代和地点（国家）而不一致的。不过正是这样，它才有广阔适用的余地。

具体地说明诚信原则的适用，可以举出下列几种情况：（1）在订立合同时，不论合同有效成立与否，一方有过失而使他方受损害时，

① 参看［日］石田文次郎：《契约的基础理论》，有斐阁昭和16年版，第78—81页。

② 见［德］康·茨威克特、海·克茨：《略论德国民法典及其世界影响》，译文载《法学译丛》1983年第1期，第37页。

应负损害赔偿义务。举一个著名的判例，房屋所有人甲明知其南边邻地将要建筑高层楼房，但将此事秘而不宣，将其房屋出售与乙，乙迁入房屋一年后，南边大厦建成，使其房屋照不到阳光，乙遂以甲违反诚信原则在合同订立前没有履行告知义务请求损害赔偿。（2）在合同存续中，如果发生当事人一方不可预见的情事变化，当事人可以请求修订合同或解除合同。这就是所谓“情事变更原则”，这个原则也是从诚信原则出发的。（3）在解除合同方面，如果在长期的房屋租赁中，承租人偶然一次欠交租金，出租人立即解除合同，即属违反诚信原则。又如数十万元的债务人，已清偿其债务的绝大部分，只有很少数未能按期偿清，债权人立即解除合同，这也属于违反诚信原则。

2. 情事变更原则。情事变更原则是在第一次世界大战后，因通货膨胀而开始广泛应用的一个原则，也可以纳入诚信原则的范围，但一般把它作为一个独立的原则。

例如在定期较长的借贷合同中，因通货膨胀，币值贬低，如仍照原币额清偿，债权人显受不利，此时法院认为原合同应予改订，另订清偿额。这就是情事变更原则的适用。在大陆法国家，适用情事变更原则一般有五个要件，第一，作为合同成立的基础的事情有了变化[①]。第二，这种变化是当事人不可能预见的。第三，这种事情的变化是不可归责于当事人的（例如因可归责于债务人的事由，债务人破产时，不能援引情事变更原则。又如在债务人迟延中发生了情事的变更，判例不准援引这个原则）。第四，仍然维持原来的合同，显属不公平。第

---

① 例如甲因有两所住宅而将其闲置的一所出卖给乙，但甲所住的一所房屋在战争中被炸毁，于是甲必须将已卖出的房屋留下自己居住。日本最高法院准许某甲解约（日本最高法院昭和29年判例）。

五，要由当事人自行提出。至于实行这一原则的效果不外是改订合同内容或解除合同。

在英美法中有一个类似的原则名为“合同落空”原则。就是说，合同订立之后，由于发生了意外情况，当事人原来订约的目的不能达到，当事人可以免除债务。这个原则在英国是从 19 世纪下半叶逐渐形成的，现在已经成为一个普遍的原则。合同落空原则大体上与情事变更原则相同，美国用合同基础的落空来免除当事人的责任，美国的《合同法重述》第 288 条说：“凡以任何一方应取得某种预定的目标或效力的假设的可能性作为双方订立合同的基础时，如这种目标或效力已经落空或肯定会落空，则对于这种落空没有过失或受落空的损害的一方，得解除其履行合同的责任，但当事人另有相反的意思时不在此限。”美国《统一商法典》第二节第 615 条也规定卖方在下列情形可以不负违约责任，第一，如果发生了某种意外事件合同实在难以履行，而这种意外事件按当事人订立合同时的基本假定是不会发生的。第二，由于卖方恪守外国政府或本国政府的规定而使合同实在难以履行。这都是根据合同落空原则所作的规定。

情事变更原则和合同落空原则只是一个抽象的原则，在实际应用中总容易引起争论，所以现在资本主义国家的企业主们在订立合同时常常约定一个“不可抗力条款”，规定在发生意外事件时，双方都可以延迟履行合同或解除履行义务，任何一方不得请求损害赔偿。至于不可抗力条款的详细内容，可以由双方自行商定。

3. 严格责任原则。这是当前在产品责任法上的一个新的原则。所谓产品责任是指在流通过程中的产品如果有缺陷，致使消费者或使用人或其他人受到损害时，产品的制造人、贩卖人等应该对受害人直接负责。依照传统的买卖法的原则，任何产品的出卖人对其产品的缺陷应负担保责任，这只是出卖人和他的直接买主之间的直接合同关系。如果产品到了第三人手中，原出卖人与第三人间没有直接合同关系，因而也不对之负任何责任。近几年来，最初在美国，逐渐形成一种原则，即产品的制造人应该对因其产品的缺陷而受到损害的人，不论他们之间有无直接合同关系，均负责任。这就是所谓“产品责任法”中的严格责任，属于消费者保护法的范围。这种责任的特点在于：第一，从产品制造者说，不问它有无过失均应负责，所以是一种无过失责任；第二，产品制造者与受害人之间不存在直接的合同关系，所以是一种严格责任。这种责任不以直接合同关系为必要，所以许多学者认为它已不属于合同法的范围，应该归入侵权行为法的范围。但是这既然是对于传统合同法的原则的突破，我们在论述合同法时也讲到它，还是必要的。①

把合同关系加以扩大，这在英国法院 1958 年的一个判例中也发生了。该判例打破了传统的合同仅在当事人间有效的原则，确认了商业上关于信用证的习惯，这也是对传统合同法的一种发展。

以上三个原则，有的是在合同法的历史中存在已久而在近几十年又被广泛应用的，有的是在近些年来逐渐形成的。我们从这些原则的广泛应用和形成中，可以看到，当今各国已经感到仅靠立法手段，已不足以应付社会的需要，所以依靠一些灵活的原则，通过法院的判决来解决新发生的问题。这种趋势使得判例的地位，在大陆法国家里（英美法国家当然不待说）也日益重要，这就又是一个值得注意的情况。

---

① 美国的产品责任法，主要是州法，没有联邦的制定法。美国商务部为了统一各州法制，曾于 1979 年提出《统一产品责任法草案》，供各州采用。

（四）资本主义国家合同法的发展趋势

资本主义发展到今天，已经到了高度垄断时期。在这个时期里，建立在高度发达的商品经济之上的资本主义国家的合同法也呈现了一种奇异的情况，一方面，就其法律本身说，它已成为一个极其精巧的、细微的法律体系，处于高度发展的状态；另一方面，其内部矛盾也发展到相当激化的状态。我们要了解资本主义国家合同法的发展趋势，必须先深入理解它的这两方面。什么是资本主义国家合同法的内在矛盾呢？这就是合同自由与反合同自由的矛盾。垄断时期资本主义经济里，自由竞争同垄断的矛盾反映在合同法里就是合同自由与反自由的矛盾。本来，合同自由是资本主义国家合同法的灵魂，是它之所以异于以前社会（特别是封建社会）的合同法的特点。但是合同自由发展的结果，却走到了自己的反面，合同自由受到极大的限制。现在，实际享有合同自由的只是大资产阶级，而广大的人民甚至中小资产阶级很少享有合同自由。就是大资产阶级也是既反对合同自由又要求合同自由，对于合同自由采取一种矛盾的态度。这就使当代的资本主义国家合同法陷于一种极端的矛盾之中，现在资本主义国家的合同法正是在这种矛盾中继续发展。我们可以看到，这种矛盾在资本主义制度下是无法解决的，只有随着资本主义经济向社会主义经济的过渡，合同法才可能发展到一个新的、更高级的阶段——社会主义国家合同法。

资本主义国家合同法在起初阶段是比较粗糙、简单的，特别是在英美法国家，只有一些零散的判例。这是因为当时着重合同自由，有关合同的一切都任凭当事人自己去确立，当事人的意思就是法律。就算大陆法国家有比较齐全的成文的合同法体系，其详略、粗细的程度也是不同的。拿《德国民法典》和《法国民法典》相比，可以看到合同法愈往前发展，就愈详细、愈精微，体系愈完备。在20世纪里，不论在大陆法国家还是英美法国家，合同法都朝着更详细、更精致、更完备的方向发展。在大陆法国家里，在民法典、商法典之外，单行法规和法院判例都一天比一天繁多。在英美法里，在原来的判例法之外，各种制定法也日渐繁多。这是因为一方面，各种新的合同关系层出不穷，对于新的合同关系要用新的法律去规定；另一方面，对于旧的法律，也要通过单行法和判例去补充修订，给以新的内容，这种情况在所有资本主义国家都是一样的，可以说是一种普遍的趋势。就以买卖合同来说，在《法国民法典》里，还规定得比较简单，以后在资本主义各国里逐渐发展，现在已成为一个庞大复杂的体系。买卖的种类增多了，买卖的规定更加细微了。就在英国，向来注重判例法，也不能不把买卖这一部分首先制定为成文法（1893年的《货物买卖法》），美国也是一样（1906年的《统一买卖法》）。现在不论在德国、日本这些大陆法国家，还是在英国、美国，各种特种买卖的单行法与日俱增（例如关于分期付款买卖的法律、关于租售的法律、关于继续供应的法律等），而且规定得愈来愈细致。再以租赁合同来说，《法国民法典》中的租赁到了《德国民法典》就分化为租赁、雇佣、承揽、运送几种合同形式了。现在，资本主义各国关于租赁、承揽、运送，都有很多单行法规。雇佣则已发展成为劳动法。而且买卖与租赁又结合为一种新的合同形式——租售。[①] 这些是原有的典型合同的发展情况。至于随着社会的发展而出现的一些原来所没有的合同形式，例子也很多。例如关于各种知识产权的合同、关于旅游的合同、关于技术转让的合同、关于信用供给的合同等。新出现的合同形式常常是比较复杂的（例如

① 英国称为 Hire-Purchase。英国的《租售合同法》最初制定于1938年。

旅游合同就比较复杂)。因此关于这些合同的法律也规定得十分细致,而在没有法律规定时,就需要用判例去补充,因而现在在一些国家里,在合同法中都形成了大量的判例。此外,在许多资本主义国家,还有关于各种不同类型的合同的共同条款的法律,即所谓标准合同条款,则是使一种合同形式趋于标准化、统一化的做法(这也可以说是通过立法的方式把一种合同形式制定为附从合同的形式)。在有的合同,现在还采取了集体合同形式,合同的当事人组成一个集团而订立合同。① 所有这些都是资本主义国家合同法中的新现象,也说明资本主义国家合同法日益向着更加复杂、更加精细的方向发展。

资本主义国家合同法的另一发展趋势是国家对于合同实行行政管理。本来在合同自由原则的支配下,国家对于合同关系,除了在已发生纠纷之后,国家应当事人的请求(起诉或申请调解)而进行司法处理之外,基本上不予干涉。以后进一步,国家通过立法方式对合同关系进行干预。例如在英美各国,近几十年来制定了许多单行法,对各种合同关系加以规定。② 再发展下去,立法方式也不够用了,于是对

---

① 在资本主义国家,除了劳动合同采取集体订立的方式外,在买卖方面还有两种不同的"集体合同"。一种是买方组成一个集团。例如一个团体或学校的全体人员,由其领导人为代表与卖主订立合同,进行各种形式的买卖,该团体的会计员负责收受价金,领导人或该团体立于保证地位。或者全体成员连带负责。一种是卖方组成一个集团,例如某一地区的百货店组成一个集团,发行购货券,消费者先购买购货券,然后凭券向属于该集团的百货店购物,也有预先发售购货券,事后收款的。

② 仅就英国说,关于运送的合同关系,在19世纪还只有一个《运送人法》(1830年),到20世纪以后,就分别制定了《运输法》(1962年、1968年)、《陆路及铁路运输法》(1933年)、《陆路运输法》(1930年、1934年、1960年、1972年)、《海上货物运送法》(1924年、1971年)、《空中货物运送法》(1932年)、《空运法》(1961年)等。

合同进行行政管理也是几十年来在资本主义国家极为普遍的现象。所谓对合同关系的行政管理是指行政机关对合同的订立、合同的内容以及合同的执行进行审查、批准、监督，并在发生纠纷后进行调处。这种现象在资本主义初期是不可想象的，因为这种做法既侵犯了当事人的合同自由，又破坏了“三权分立”的原则，但是现在资本主义国家不得不采用这种做法。这种行政管理又分以下几方面：第一是行政机关对各种合同关系制定许多“标准合同格式”或“通用合同条款”[①]，强制当事人在订立合同时按照或参照这些格式或条款订立。对于违反这种格式或条款的合同，政府不予保护，不予承认。这种“通用条款”除了由各国政府制定外，也有由非官方组织——主要是商会——制定的。其中，有适用于一国之内的，也有在国际通用的。著名的例子是英国伦敦保险协会制定的各种“协会条款”，这种条款已为各国保险公司所采用。第二是规定某些合同，在订立前应经一定的行政机关审查批准，在执行过程中应由行政机关监督。[②]第三是发生合同纠纷时，由这些行政机关进行调处，这些行政机关也就具有司法权力了。[③]这种行政管理的方式在各个资本主义国家都很盛行，再加上仲裁制度（特别是国际商事仲裁）的盛行，真正司法机关对合同纠纷的关系越来越

---

① 这种例子不胜枚举，仅就建设包工（承揽）合同来说，英国有《建筑与机械的政府通用合同》，联邦德国、法国都有类似的政府条款，美国有《政府建筑合同通用条款》，日本有《公共工程标准包工合同条款》等。这类条款，现在各种合同里都有。

② 在英国，1976年的《限制贸易惯例法》和1973年的《公平贸易法》都规定有对合同的一套行政管理制度。又如美国为执行反托拉斯法，也建立有一套行政管理制度。

③ 例如美国的联邦贸易委员会，英国的公平贸易总监（及其前身限制贸易协定注册处）。

疏远了。

合同法中的这种行政管理制度现在已经在合同法学家之间引起注意和讨论。有人认为现在“合同”的概念已经有些变化。在“私法合同”之外出现了所谓“公法合同”。有人甚至认为这种由行政当局决定的合同已经不是传统意义上的合同，而近似于一种行政行为，属于行政法的范围。不管这些理论上的讨论会得出什么结论，这种合同的行政管理还会在资本主义国家发展下去。

资本主义国家合同法的另一个重要趋势是国际化。合同法与物权法不同之处就在于它在国际有统一的趋势，这是随着国际贸易的发达而发生的一种各国间共同的需要。国际贸易发达后，各种合同不限于只在一个国家内部适用，如果专靠国际私法里的一些规则是不足以解决由国际贸易产生的一切问题的，于是如何建立一种统一的合同制度就是很重要的事情。最早在这方面做出努力而且得到成果的是海商法方面，特别是在海上保险方面。前面提到的英国伦敦保险协会制定各种“协会条款”，供各国海商企业采用，就是一个例子。以后国际的商务组织，特别是国际商会，在这方面做了很多工作，最主要的是国际商会在 1935 年制定的《国际贸易术语解释通则》（IN CO-TERMS）。这个文件现在已经修改为《1980年国际贸易术语解释通则》，对国际贸易的各种制度和规则作了统一规定，现在已成为国际贸易中通用的准则。又如国际法协会制定的《1932 年华沙—牛津规则》，对国际贸易中的 CIF 合同（成本加保险加运费）的性质和双方当事人的权利与义务都作了具体的规定。国际商会还有《跟单信用证统一惯例》（1975 年）等，也是重要的文件。但是国际商会究竟是非官方组织，所以它制定的文件只能由当事人自由采用。因此，各国为了进一步适应国际贸易的需要，就共同订立对各国都有拘束力的公约，责成各国政府根据公约制定或修改本国的国内法，以达到合同法的国际统一。这是合同法国际化中一个很重要很有效的步骤。在 19 世纪末已经有关于国际铁路运输的伯尔尼公约（1890 年）。进入 20 世纪后，公约逐渐增多，其中主要的有四个关于票据的日内瓦公约（1930 年关于统一汇票和本票的日内瓦公约，1930 年关于解决汇票与本票若干法律冲突的公约，1931 年关于统一支票法的日内瓦公约，1931 年关于解决支票的若干法律冲突的公约），关于提单的三项公约（1934 年的海牙规则，1968 年的维斯比规则，1978 年的汉堡规则）等。这一类公约比前一种由国际商会制定的文件，当然是大大进了一步。近年来，这一工作由联合国组织继续进行，又有较大的发展。联合国的国际贸易法委员会就是专门从事这个工作的组织。由其主持制定的重要公约有《国际货物买卖公约》（1980 年）、《国际货物买卖时效公约》（1974 年）、《海上货物运输公约》（1978 年，简称汉堡规则）、《国际货物多式联运公约》（1980 年）等，还有关于票据的统一法也在准备中。由于国际贸易法委员会是联合国的一个机构，这项工作是能继续发展下去的。另外，现在还有各种区域性的合同法统一工作，主要的有由欧洲理事会和欧洲经济共同体进行的工作。总体来看，合同法国际化的趋势方兴未艾，今后不仅在资本主义国家里，就是在资本主义国家和社会主义国家间，由于联合国组织的促进，也会有合同法统一化的地方。

以上资本主义国家合同法的发展趋势是就其最普遍最主要的而言，至于在各个国家范围之内或属于一个法系的国家范围之内（例如在英美法国家），不论在合同法的理论上还是法规上，也都有一些重要的发展趋势，就不一一论述了。

【后记】本文写于 1984 年，系法学研究所民法研究室诸同志的集体著作《合同法》中的一部分。这是该书的第三编（第一编导言，第二编古代合同法，第四编苏联及东欧社会主义国家合同法，第五编我国社会主义合同法）。《合同法》一书是我国的第一本专门论述合同的书，由中国社会科学出版社于 1986 年 6 月出版——2002 年作者记。

评新公布的我国票据法

目　次

《中华人民共和国票据法》（以下简称《票据法》）于 1995 年 5 月 10 日公布，将于 1996 年 1 月 1 日起施行。这是我国第一个关于票据制度的法律。我国在计划经济时期，不存在真正意义上的票据制度。改革开放以后，在极其有限的范围内恢复了票据的使用，但仍谈不上真正的票据制度。而作为规范这种票据制度的文件，也只有由人民银行发布的规章（如 1985 年的《商业汇票承兑、贴现暂行办法》、1988 年的《银行结算办法》等）[①] 和地方政府发布的地方法规（如上海市人

① 对《银行结算办法》中有关票据的规定的介绍和评价，参见谢怀栻：《票据法概论》，法律出版社 1990 年版，第 88—89 页、第 199—212 页。

民政府于1988年发布、1989年修正的《上海市票据暂行规定》)，没有关于票据的法律。《票据法》的公布，使我国的票据制度有法可依，对使用票据的人和审判票据案件的法院都大有好处。

《票据法》较之《银行结算办法》有了很大的改进，摈弃了《银行结算办法》中的一些陈旧过时的、落后的、不适合于市场经济的内容，这是值得称赞的。不过前面说过，《银行结算办法》本来就不是关于真正票据制度的法规（它只是银行内部的结算办法），我们不应该拿它来与《票据法》比较。评价《票据法》的标准，首先是我国实行社会主义市场经济的需要，其次是现在世界各国的通行的惯例。如果以这两点标准来看票据法，《票据法》与我国已公布的《海商法》《保险法》等比起来不能不说其不足的一面实在太重要了。甚至可以说，较之《海商法》等，《票据法》是一部令人失望的法律。

本文想就管见所及，提出票据法中一些带原则性的问题来，并由此进一步探讨几点更深一层的问题，供法学界讨论研究，以引起司法界和立法界的注意。

一、关于票据的使用范围

我国在计划经济时期，汇票和本票没有了，支票的使用被限制在极其狭小的范围内，80年代后期的《银行结算办法》仍然对票据的使用作了很大的限制。90年代中期，我国的社会主义市场经济已经有了很大的发展，票据法理所当然地应该以促进市场经济的发展为主旨，在票据使用方面采取更加开放的方针。但实际上怎样呢？

《票据法》第2条第2款规定："本法所称票据，是指汇票、本票和支票。"这一规定，乍一看来，是与国际惯例一致的，似乎是说，只要是汇票、本票和支票，在我国都是法律所承认的。但实质上不然。根据该法其他条文的规定，票据法对汇票和本票都有很大的限制。

1. 汇票 《票据法》第 19 条第 2 款规定，“汇票分为银行汇票和商业汇票”。依照这一句话的字面意思，特别是把这一句与第 73 条第 2 款比较起来，这句话似乎不是对汇票的限制。但是如果这句话只是说明汇票包括这两种，这一款就是没有意义的。因为在票据法里再没有对于这两种汇票分别对待的规定。[①] 我们只好说，这一规定是对汇票的限制。即票据法只承认“银行汇票”和“商业汇票”，不承认其他的汇票。

《票据法》对银行汇票和商业汇票未作解释，我们只好到《银行结算办法》里去找解释。根据该办法，银行汇票是银行签发的汇票，商业汇票则是“在银行开立帐户的法人之间根据购销合同进行商品交易”而使用的汇票。[②] 再根据《上海市票据暂行规定》，银行签发的汇票称银行汇票，企业、事业、机关、团体等单位签发的汇票称商业汇票（第 4 条）。这两种解释的共同处都是对汇票加以限制的。虽然现在我们还不敢说，对票据法也应该如此解释，但也没有人敢说票据法中的汇票不是这样。[③] 因此，我们可以初步地说，至少从票据法的文字看来，我国的汇票仍然限制在：（1）汇票的发票人限于银行和“单位”，个人是被排除在外的；（2）汇票限于在有“真实的交易关系和债权债务关

---

① 在 1993 年 12 月中国人民银行根据国务院审批的《票据法送审稿》中，区分银行汇票与商业汇票是有实际意义的。该稿的第 26 条（时效）、第 29 条（发票地）、第 30 条（记载）、第 31 条（付款人）、第 45 条（承兑）都有对两种汇票不同的规定。但票据法没有类似的规定。

② 《银行结算办法》第 14 条第 2 项。

③ 现在已有讲述票据法的书这样去解释这一点。

系”时使用的。

前面说过的1993年12月中国人民银行拟订的《票据法送审稿》在这一点上要比票据法开放一些。该稿第4条第2款规定：“银行签发的汇票，称银行汇票；银行以外的人签发的汇票，称商业汇票。”所谓“银行以外的人”可以包括个人，从而可以说，该稿对汇票的使用，没有作很大的限制。票据法不采用这样的规定，显然是别有用意的。

如果说，在我国改革开放初期，限制汇票的使用，不许可个人签发汇票，更不许可个人因非商业目的而签发汇票，还说得过去的话，[1]现在制定票据法还要这样，就有点说不过去了。签发汇票、使用汇票，完全是一种民事活动，法律有什么必要去加以限制呢？如果说，不许可个人签发汇票是防止欺诈行为，“单位”签发汇票就不会有欺诈行为吗？

实际上，个人签发汇票，甚至非因商业目的而签发汇票，完全有此必要，并不是没有意义的，也并不是有害于社会经济的。例如一个北京人的儿子在上海上学，这个北京人在上海的一个公司有资金，他要叫他的儿子每月到该公司去取一笔钱作生活费，他就可以签发几张汇票，以他的儿子为收款人，以该公司为付款人，几张汇票上的到期日不同。他的儿子持有这几张汇票可以在每次到期日去取一次款。这对于他们父子二人不是很方便的吗？法律何必不准许他们这样做呢？又何必一定要通过银行呢？

汇票，依其性质，是支付工具和结算工具。在市场经济里，支付和结算是所有人都能参与的事，而不仅仅是银行和企业的事。银行和企业固然需要使用这种工具，个人也需要使用这种工具。我国

---

① 笔者在《票据法概论》中就说：“我国现在个人仍不能签发汇票……是我国现在商品经济不发达、票据制度也不发达的标志。”（第89页）

过去实行计划经济时，一切支付和结算活动都必须由银行去进行，不准许企业间直接进行。现在放开了，准许企业相互间进行支付和结算活动，但是不准许个人进行这种活动。把个人排除在市场之外，是没有理由的。

2. 本票 《票据法》第 73 条第 2 款规定：“本法所称本票，是指银行本票。”这一款明显地表明，我国只承认银行本票，不承认其他的任何“本票”。第 75 条又规定：“本票出票人的资格由中国人民银行审定，具体管理办法由中国人民银行规定。”

把本票限制为银行本票，而签发银行本票的银行又要经中国人民银行审定。这是对本票范围的一种严格的限制。

对本票的发出作某种限制，在理论上和实务中都有一定的根据。[①]但是票据法只承认银行本票，并且对银行签发本票也要再限制（须经人民银行审定），则是一种不合理的规定，是值得研究的。

首先，只许银行发行本票，不许其他企业发行本票（《上海市票据暂行规定》还准许商业本票），这是只承认银行信用，不承认商业信用。这是我国在计划经济时期的做法，现在还保留这种做法，不仅已无必要，而且是不利于市场经济的发展的。现在在我国，除人民银行以外的银行都是商业银行。商业银行的地位与一般企业基本上相同。这时再对银行信用和商业信用区别对待，容许前者而排斥后者，是不合理的。何况在我国，有一些国有大企业，在信用方面不会比某些银行差，不准许这些大企业发行本票是说不过去的。

其次，就是个人，不许其发行本票，也没有必要。个人如果没有信用，发行本票根本不会被人接收，也不可能在市场里兴风作浪，个

---

① 参见谢怀栻：《票据法概论》，法律出版社 1990 年版，第 214—215 页。

人如果有信用，不许其发本票，他可以用其他方式进行信用活动。

在一个开放的市场经济社会里，要搞活经济，应该开放多种信用渠道，而不应该堵塞各种渠道。我国过去曾经为了堵塞商业信用渠道而严格禁止企业预付款，禁止企业间进行贷款，但实际上禁而不止，反而导致企业间经济关系的混乱和纠纷，就是一个经验。

关于限制汇票和本票的问题，提高到理论上和政策上，这是对票据的认识问题，特别是在市场经济里票据行为和票据活动的性质问题，也是我国现在要建立一个什么样的票据制度的问题。

汇票和本票作为支付工具、结算工具和信用工具，起初只是在商人之间使用，所以在德国商法和日本商法里，“有关票据的行为”，都属于“绝对的商行为”（《德国商法典》第 1 条第 2 款，《日本商法》第 501 条）。以后随着市场经济的发达，票据逐渐不限于由商人使用，而为全社会的人（市民）所使用。我国在计划经济时期，汇票和本票的使用范围极其狭小，甚至不许使用。在进入市场经济时期以后，票据的使用才逐步放开。在现代市场经济国家里，汇票和本票的使用已不受任何限制。这表现在，各国的票据法对汇票和本票上的当事人（出票人、付款人、收款人）不加任何限制。对本票的限制表现在其他方面，如表现在金额上而不表现在当事人上（参看我国台湾地区“票据法”第 120 条第 6 款）。我国现在既非欧洲初期使用票据的时代，也非我国实行计划经济的时期，对当事人加以限制，实在没有什么理由。如果说，使用范围太广容易发生流弊，因而加以限制，则系因噎废食，毫无必要。

再从票据行为、票据活动的性质说，票据行为（主要指出票）完全属于民事行为（商事行为也属于民事行为），票据活动属于民事活动。在现代国家里，人民（自然人）和法人（企业）的民事行为和民事活动，除了有害于公共利益（公共政策）的以外，国家不应干预，不应限制，更不能剥夺公民进行民事活动的权利。对人民的民事行为和民事活动滥加干预和限制，是违反市场经济原则的。我国现在实行社会主义市场经济制度，要搞活经济，更不应对人民的民事活动滥加限制。限制汇票出票人的资格，剥夺银行以外的当事人签发本票的资格，都属于这种性质的事。

关于汇票本票的这种限制规定，票据法没有从《银行结算办法》向前进。这对于我国的市场经济是“促进”呢，还是“促退”呢，值得三思。

关于本票，由于《票据法》第 73 条第 2 款已经订死了，除非修改法律，已无法补救。关于汇票，由于《票据法》第 19 条第 2 款的文字和第 73 条第 2 款不同，希望我国的有权机关能利用有权解释来澄清这个问题，说明这一款的规定不是限制性规定，以资补救（至少是消除误解）。

二、票据关系与基础关系

票据是无因证券，票据关系与其基础关系相互独立，这是现代票据法的原则，已经没有人再否认了。当然在初期的票据法里，也有将基础关系订入的。例如日内瓦统一支票法（1931 年）也曾将支票的资金关系订入第 3 条，但同时在但书中规定“未依此规定而发出的支票仍有支票的效力”。再说，这是 60 余年以前的规定了，没有供我们采用的价值。①

① 参见谢怀栻:《票据法概论》，法律出版社 1990 年版，第 249 页。

对于票据关系与基础关系，我国在改革开放初期，是将二者联系在一起的。1988 年的《银行结算办法》（第 14 条第 3 项）规定："签发商业汇票必须以合法的商品交易为基础，禁止签发无商品交易的汇票。"《上海市票据暂行规定》（第 7 条第 3 款）规定："商业汇票和商业本票的签发，以合法的商品交易为限。"这些规定对票据关系与基础关系不划分开，搅在一起，破坏了票据的无因性，在过去几年里，曾经在我国的票据使用中造成了许多混乱和纠纷，给法院的审判工作也带来不少困难。经过长时间的曲折和徘徊，我国法院不得不坚持票据的无因性，委婉地排除了上述规定对审判工作的干扰。最高人民法院在一份判决书中说："中国人民银行颁发的《银行结算办法》虽然规定签发商业汇票必须以合法的商品交易为基础，但这并不是对汇票的效力的规定。票据关系的存在并不以原因关系的成立和有效为前提，票据关系与其原因关系各自相对独立。"[①] 我国法院的这种做法完全正确，令人赞佩。

就是中国人民银行在草拟票据法草案时，也认识到原来《银行结算办法》的规定不适于市场经济的需要，所以在草拟票据法送审稿（1993 年 12 月）时，虽然保留了《银行结算办法》中的某些规定（如银行汇票可以记载两个金额），却没有保留《银行结算办法》关于商品交易的规定。在 1994 年 12 月，国务院向全国人大常委会提请审议的票据法（草案）中，也没有上述的规定，而且在中国人民银行副行长周正庆向全国人大常委会所作的《说明》中，他代表国务院特别就票据的无因性一点指出："票据属于无因证券。根据这一特征，草案没有

① 《中华人民共和国最高人民法院民事判决书》，（1994）法经提字第 1 号，1994 年 7 月 11 日，载《最高人民法院公报》1995 年第 1 期。

沿用现行银行结算办法关于签发商业汇票必须以合法的商品交易为基础的规定。这是因为……票据关系成立后，即与其原因关系相分离。票据关系与票据原因关系是两种不同的法律关系，应由不同的法律进行调整和规范。……因此，签发票据是否有商品交易或者交易是否合法，不属于票据法规定的内容，应由其他有关的法律加以规范。”①

但是，票据法在这一点却大步后退了。票据法在几个地方，不顾票据的无因性，把票据的基础关系（原因关系和资金关系）拉扯进来。其具体条文有：

1. 第 10 条第 1 款：“票据的签发、取得和转让，应当……具有真实的交易关系和债权债务关系。”这个规定较《银行结算办法》是更为落后的。《银行结算办法》第 14 条第 3 项只是关于商业汇票的规定，至于对银行汇票则没有类似的规定。现在票据法把这个规定扩大到整个“票据的签发、取得和转让”。这样，把三种票据的票据关系和原因关系混在一起了。也就是说，完全否定了票据行为的无因性。

2. 第 21 条第 1 款：“汇票的出票人必须与付款人具有真实的委托付款关系，并且具有支付汇票金额的可靠资金来源。”这个规定把汇票出票人与付款人之间的资金关系拉扯进来，在理论上是错误的，在实践中也是无法贯彻的。难道法院在办理汇票案件中，还要去审查出票人与付款人之间的资金关系，还要去审查出票人的资信情况吗？这恐怕是任何国家的法院都无法承担的任务。

3. 第 83 条第 2 款：“开立支票存款帐户和领用支票，应当有可靠的资信，并存入一定的资金。”这里说的是领用支票的人与银行的关系，

---

① 国务院法制局财政金融法规司编：《〈中华人民共和国票据法〉讲解》，法律出版社 1995 年版，第 31 页。

属于资金关系。所谓“开立存款帐户，应存入一定的资金”，等于说“存款应存入一定的款项”，是毫无意义的。难道有这样的银行吗？没有收到存款就给人存款单？再说，这完全是银行自己的事，不是票据法上的事。支票出票人与银行之间的资金关系也不限于“存入一定的资金”（支票合同关系），还有透支合同关系、交互计算合同关系等。[①] 所以就以资金关系说，这一款的规定也是不全的。

4. 第 88 条第 1 款：“支票的出票人所签发的支票金额不得超过其付款时在付款人处实有的存款金额。”支票出票人在付款人处有无存款属于资金关系。支票出票人与银行（支票付款人）之间的资金关系也不限于存款关系，还应包括透支关系（垫款关系）等。如果出票人与银行订有透支合同、交互计算合同，即使他签发的支票金额超过其付款时在银行实有的存款金额，也是可以的。所以这一款与前面的第 83 条第 2 款一样，是不必要的也是不全的。

5. 第 90 条第 2 款：支票的“出票人在付款人处的存款足以支付支票金额时，付款人应当在当日足额付款”。这一款如果是规定付款人（银行）不得延期付款（必须当日付款），不得分期付款（必须足额付款），还没有问题。如果是说付款人有付款义务，也就涉及资金关系，值得研究。旧中国票据法第 137 条有与此类似的规定，即：“付款人于发票人之存款或信用契约所约定之数足敷支付支票金额时，应负支付之责。”（我国台湾地区“票据法”第 143 条同）。有的台湾学者甚至说此时支票付款人倘不付款，持票人对付款人得行使直接诉权。[②] 这种

---

① 参见谢怀栻：《票据法概论》，法律出版社 1990 年版，第 38—39 页。

② 梁宇贤：《票据法理论与实用》（下），五南图书出版公司 1980 年版，第 739 页。

说法显然是有问题的（详细理由，在此不论）。日本的判例与通说都认为支票持票人对银行没有付款请求权，[①]因而付款人（银行）不负支付义务。银行即使在出票人有足够存款时拒绝付款，也只对出票人负违约（资金关系里的合同）之责，而对持票人（付款请求人）不负责任。

总之，票据是无因证券，票据关系与基础关系相分离，这是现代各国票据法的共同原则。在 19 世纪以前的法国法系票据法里，票据关系与基础关系并未截然分离，“致妨票据之流通及信用，无法适应现代社会经济生活之需要”，[②]所以法国以后也改采日内瓦统一票据法，修订其商法中有关票据的规定。

这个问题不仅是理论问题，更是一个重要的实务问题。前面说过，《银行结算办法》中的规定给我国的审判工作造成困难，最高人民法院不得不设法解决。人民银行也认识到这一点，于是在票据法草案中否定了《银行结算办法》中的规定。现在票据法在这么多条文中作出这些规定，其后果又将如何。

具体地说，法院在审判票据案件中，根据第 10 条第 1 款，要不要去审判原因关系？根据第 21 条第 1 款，要不要审判汇票里的资金关系？根据第 83 条第 2 款、第 88 条第 1 款、第 90 条第 2 款，要不要审判支票里的资金关系？如果要这样办，将造成多么大的混乱！

总之，在《票据法》施行后，法院在票据案件中，如何处理票据关系与基础关系，将是一个难题。由于在这些条文中，用的是“应当”“必须”“不得”这样的文字，表面上这些都是强行规定。当事人

---

① ［日］服部荣三等编：《票据・支票基础（实用编）》，青林书院新社，第 312 页。

② 梁宇贤：《票据法理论与实用》（下），五南图书出版公司 1980 年版，第 9 页。

一定会援用来为自己服务，法院怎么办呢？《票据法》与《银行结算办法》不同，《票据法》是法律，法院能同对待后者一样去解释认定吗？如果法院这样做（不顾这些条文，甚至否定这些条文），这些规定又有何意义？有何作用？法律的严肃性何在？

三、空白支票问题

《票据法》第86条规定的是空白支票，第87条第1款在字面上规定的也是空白支票。这两处的规定都有要研究的问题。

1.第86条

这一条的规定是："支票上的金额可以由出票人授权补记，未补记前的支票，不得使用。"

空白票据问题，在各国票据法中都存在。日内瓦统一票据法、英国票据法、美国流通证券法及统一商法典均有规定。我国票据法虽只规定空白支票，现在也是必要的，应该的。

空白支票在我国实际早就存在。最常见的，如单位派采购员出去购物，因出票时不能确知能采购到的货物的数量与价格，遂将签章后的空白支票交与采购员。在购货完成后，采购员填写金额后，或采购员将空白支票交由卖货方填写，然后该支票成为完全的支票，即可由卖方（收款人、持票人）持以向银行请求付款或背书转让与他人。还有一种常见的，某机关干部患病住院。入院时，该机关签发支票，不填写金额与出票日，交给医院，俟患者出院结算住院的一切费用后，再由有关人员（或为患者本人或其家属，或为机关来人，或为医院人员）填写金额与出票日，医院持以向银行请求付款。

在理论上，这种票据又称为空白授权支票。其特点如下：（1）已由出票人签章；（2）出票人有意地不填写某种事项，通常为金额与出票日；（3）出票人有意使（授权）他人填写，即授权他人将空白支票补充成为完全支票。

空白支票与不完全支票不同。前者在出票时，或者在使用过程中，是不完全的，但在揭示付款时则一定是完全的，即已补充完成的。后者不仅在出票时是不完全的，即在最后提示付款时仍然是不完全的。因此，在前者，揭示付款后，付款人（银行）可以根据票面记载付款，持票人取得款项，与支票自始就是完全一样的。在后者，揭示付款时支票上仍欠缺（未记载）法定必要事项，依《票据法》第85条第2款，该支票无效。付款人（银行）当然拒绝付款。

因此，在空白支票，法律应就此规定，也就是法律应该明确的是：（1）出票时可以不记载的事项；（2）出票人的授权行为；（3）有权补充的人；（4）补充的最后时间；（5）付款人付款前的抗辩权与付款后的责任；（6）出票人的责任，特别是在补充人未遵守出票人的授权（指示）时的责任；（7）对善意持票人的保护。

《英国票据法》第20条特别就第（2）点、第（7）点作了规定。《日内瓦统一支票法》第11条特别就第（5）点、第（7）点作了规定（《日本支票法》第11条同）。《美国统一商法典》第3—115条特别就第（2）点、第（4）点作了规定。

在空白支票中，最重要的问题是前述第（6）点、第（7）点两点。我国票据法恰恰对这两点没有规定。而对可以补记的事项只限于金额一点，与我国已行之多年的习惯不合。这种规定将来能否实行得通，是值得怀疑的。至于第86条中的“未补记前的支票，不得使用”一语，并无意义。因为“使用”如指出票人将支票交付与人，显然不是；如指将支票转让与人，也行不通；如指最后持票人请求付款，则不必规定（因为如持未补记的支票请求付款，此时的支票即为不完全支票，亦即无效的票据，用不着再规定“不得使用”）。所以这句话是不必要的。

2. 第 87 条第 1 款

第 87 条第 1 款也用“经出票人授权，可以补记”，未记载收款人名称的支票，依第 85 条是允许的（该条并未以收款人名称为必须记载事项），这里也只说“可以补记”，当然也可以不补记。如不补记，那就是无记名支票。如允许发出无记名支票，“补记”又有什么意义呢？如允许发出无记名支票，关于转让的方式（交付转让）就也应该规定。

四、其他问题

票据法里，除上述三个带原则性的问题外，还有一些不明确、不合理、不完善的地方。举例如下：

1. 第 15 条规定失票人可以向人民法院提起诉讼，而无详细规定，这是一个欠缺。如果要把这一点交给第 110 条里的“票据管理的具体实施办法”去规定，是不应该的。因为失票人应该（可以）以谁为被告去提起诉讼，是票据当事人之间的实体权利关系问题，不属于“票据管理”的问题，而法院对这种诉讼应如何审判，更不是可以由人民银行规定（即使经国务院批准也不行）的问题。如果任令失票人自己去决定，也是不行的。失票人在自己遗失票据后，不论对票据上的付款人（包括汇票的承兑人）还是出票人抑或背书人，都没有起诉的权利。所以这个问题必须以法律专门规定。

票据法施行后，如这个问题还不解决，失票的当事人无所遵循，法院也无所遵循，那么，这种规定就毫无作用。

2. 第 18 条把“因票据记载事项欠缺而丧失票据权利”作为“票据利益偿还请求权”的发生原因之一。票据欠缺法定必须记载的事项，依《票据法》第 22 条第 2 款、第 76 条第 2 款、第 85 条第 2 款，应为无效。既然无效，又赋予持票人“利益偿还请求权”，就是不合理的。因为“利益偿还请求权”是票据法上对票据的严格技术性（要式性）起调和作用和缓和作用的一种救济性规定，[①] 所以这种权利只给予因未遵守票据法上的严格技术性规定而失去权利的人，而不给予原来就未享有票据权利的人。取得无效票据的人，自始就未曾享有票据权利，也就无所谓“丧失票据权利”可言，又怎能享有“利益偿还请求权”呢？所以一般票据法书上均以“票据上之权利有效存在”为利益偿还请求权要件之一。[②]《票据法》第 18 条把不应该列入的“因票据记载事项欠缺”列入，而对一些大陆法国家票据法中的“因手续之欠缺”[③] 一点却不列入，这是不对的，成为“当保护的不保护，不当保护的去保护”的不当立法。

在第 18 条中有“仍享有民事权利”数字，这几个字是多余的，反而足以引起混乱。这个“民事权利”如指利益偿还请求权，有了下文（“可以请求……”）就够了，不需要这几个字；如另有所指，即应指明是什么权利。事实上，第 17 条已规定，票据权利在时效届满时“消灭”，这里规定“仍”享有民事权利，适足引起混乱。

3. 第 39 条规定定日付款或者出票后定期付款的汇票，持票人应当

① 参见谢怀栻：《票据法概论》，法律出版社 1990 年版，第 83—84 页。

② 参见梁宇贤：《票据法理论与实用》（下），五南图书出版公司 1980 年版，第 382 页。

③ 《德国票据法》第 99 条、《德国支票法》第 58 条；《日本票据法》第 85 条、《日本支票法》第 72 条；我国台湾“票据法”第 19 条等。

在汇票到期日前向付款人提示承兑。这里用“应当”，似乎持票人有提示承兑的义务，用语不确切。这两种汇票的到期日是确定的，请求承兑与否是持票人的自由，法律强制其承兑，完全不必。

4. 第 62 条第 2 款规定，持票人提示承兑或者提示付款被拒绝的，承兑人或者付款人“必须”出具拒绝证明，或者出具退票理由书。未出具拒绝证明或者退票理由书的，应当承担由此产生的民事责任。

依此规定，似乎拒绝承兑或拒绝付款的人有出具拒绝证书的义务，这是没有根据的。承兑或付款本身是付款人的自由而非义务，拒绝承兑或拒绝付款亦是自由的，怎么会有出具拒绝证书的义务呢？作成拒绝证书是持票人的义务，而非拒绝付款人或拒绝承兑人的义务（参见我国台湾地区“票据法”第 86 条、第 107 条第 2 项）。[①] 正因如此，各国或各地区的票据法才有由公证人或其他人作拒绝证书的规定。票据法把作成拒绝证书规定为拒绝者的义务而没有由公证人作拒绝证书的规定，在法理上是讲不通的。[②]

该款进一步规定，拒绝承兑或拒绝付款的人如“未”（不是“不”）出具拒绝证明，应当承担“由此产生的民事责任”。不知这里所说的“民事责任”是指什么。

5.《票据法》第 65 条规定，“持票人不能出示拒绝证明……，丧失对其前手的追索权。但是，承兑人或者付款人仍应当对持票人承担责任”。

本条的问题在于，承兑人是汇票上的主债务人，如果他不付款，

---

① 《日内瓦统一汇票本票法》第 44 条虽未规定拒绝证书应由持票人作成或请求作成，但第 46 条第 1 款则明文规定“持票人得不作成（或译免除作成）拒绝证书”。

② 第 63 条中的“依法”，实际上“无法可依”。

持票人不必请求作成拒绝付款证书，持票人也不必去“追索”，而可以直接向承兑人行使付款请求权（可以直接起诉）。

至于付款人本来不是汇票上的义务人，如果他拒绝付款，他对持票人本来就没有什么责任，怎么能要他对持票人“仍”承担责任呢？

所以承兑人和付款人都没有什么“仍承担责任”的问题（至于承兑人的利益偿还义务则属另一问题），因而本条中的但书可以不要。

五、票据法的立法政策

《票据法》里的问题，除了纯法律问题（包括立法技术问题）外，更重要的是立法政策问题。

上面讲的限制票据使用范围的问题，除了涉及对票据的认识问题外，主要是在立法政策上对票据的态度问题。在我国，由于计划经济的影响，有些人总在担心，放开使用票据会引起通货膨胀和信用膨胀，引起货币总量的增加而导致金融危机。关于这个问题，应该由经济学界去研究，这里不能详论。但是有一点可以肯定，我国的通货膨胀问题，绝不能归咎于使用票据。因而限制使用票据是无助于解决我国的通货膨胀和信用膨胀问题的。

从立法政策方面说，我国的《票据法》，应该主要从其对市场经济的作用去要求。对社会主义市场经济，是促进呢，还是促退呢？像现在这样的一部票据法，很难说它会促进我国市场经济的发展。

这里顺便提到另外一个问题。这次票据法的立法，有一个令人注意的现象。有几点重大原则问题，如限制票据使用问题，否定票据无因性问题，都是在人大常委会讨论阶段对国务院所提草案修改的结果。把《票据法》与国务院提请人大常委会审议的票据法草案比较一下，就可看出，《票据法》第 10 条第 1 款中“具有真实的交易关系和债权债务关系”的话，第 21 条（关于汇票出票人与付款人的资金关系），第 83 条第 2 款（领用支票应存入一定资金），第 73 条第 2 款、第 74 条、第 75 条关于限制本票的规定，都是原草案中没有而由人大常委会加上的。又如有的条文，原草案的规定是对的而被改错了，如第 18 条关于利益偿还请求权的规定，原草案（第 16 条）中“超过本法规定的行使票据权利、保全票据权利期间”的话是对的，被改成“因票据记载事项欠缺”，反而错了。读一读人民银行副行长周正庆关于《票据法草案》的说明，就更看出这一点。这提出了一个很重要的问题，我国的立法机关和立法工作是否有需要改进的地方呢？

【后记】本文刊载于《法学研究》1995 年第 6 期（1995 年 12 月出版）。值得一提的是，对于这部存在很多错误的法律，立法机关一直未加修改，而司法机关不得不采取补救措施。最高人民法院于 2000 年 11 月 15 日发布《最高人民法院关于审理票据纠纷案件若干问题的规定》，对《票据法》中许多问题（包括本文中提到的一些问题）作了补充、修正乃至纠正。例如该规定的第 14 条规定：“票据债务人以票据法第十条、第二十一条的规定为由，对业经背书转让票据的持票人进行抗辩的，人民法院不予支持。”这样就等于是把票据法第 10 条、第 21 条给否定了。其他类似情形还有不少——2002 年作者记。

经济法·知识产权法

从经济法的形成看我国的经济法

目　次

一、前言

现在很多同志探讨经济法问题，都是首先从理论上论证经济法应不应该成为一个独立的法律部门，而不论主张和反对经济法是一个独立法律部门的又都是从经济法的调整对象说起。本文不拟走这一条路，而准备从法律的发展过程着手讨论经济法。任何事物的存在和发展都有它的必然性，这种必然性首先表现在它是历史发展的产物，是时代的需要。

法律和法学是随着历史的进程而发展的。这种发展总是由简单到复杂、由低级到高级的过程。古代和中古时期的法律不用说了，即以资本主义国家的法律来说，在资本主义国家建立之初，法律（当然是资产阶级的法律）的结构远没有现在这样复杂，法律的部门远没有今天这样多。19 世纪初期的第一部资产阶级大法典——拿破仑法典，包括民法典、商法典、民事诉讼法典、刑法典、刑事诉讼法典五个法典，[①]这就是当时的几个主要法律部门。当时宪法、行政法和国际公法都还没有成为独立法律部门而与政治学、公共行政、外交、各部门混在一起。[②]至于法学则发展得更为缓慢，19 世纪初法国大学法律院系的课程只有民法、罗马法和刑法。[③]那时根本没有劳动法。[④]至于像我们今天熟悉的企业法、环境保护法，一些资本主义国家所有的社会法等，更是以后逐渐形成的。为什么原来所没有的法律部门到后来会形成、会发展，以及它们是怎样形成的，这是研究这些后起的法律部门时应该注意的一方面。

不仅如此，任何法律部门也不是一下子就形成一个独立的、完整的有体系的法律部门的，而总要有一个相当长的过程。通常最先有一个孕育阶段，在这个阶段里，只存在一些某一方面的法律规定，有时是包含在已有的其他法律部门中。以后这一方面的规定逐渐多起来，成为一部分相对独立的法规。这一部分法规常常又与其他已存在法律部门中的法规相结合，加上一些新的法规，逐步发展成为一个独立的法律部门并进一步完善起来。我们从资本主义国家劳动法的形成和发展中可以清楚地看到一个新的法律部门的这种发展过程。19 世纪初法

① 一般只把《民法典》称为拿破仑法典。但广义的拿破仑法典包括5个法典。参看《大英百科全书》第 15 版，缩编本卷 2，第 1034 页。

② 参看《法国法》一书，路易斯安那大学出版社 1972 年英文版，第 127 页。

③ 参看《法国法》一书，第 111 页。

④ 参看《法国法》一书，第 137 页。

国民法典的起草人根本不知道有什么劳动法。[①] 他们只在民法典中规定了雇佣关系（当时还称为“劳动力的租赁”）。那时就在资本主义劳动关系发展较早的英国，也只有个别的劳动法规，[②] 并没有“劳动法”这个概念。以后工厂多起来，有关工厂的劳动法规被称为“工厂法”或“工厂立法”。20 世纪初的德国民法典详细规定了雇佣劳动关系，但劳动法的规定同时存在，于是劳动关系有一部分由民法调整，一部分由工厂法（德国称为“劳动者法”）调整。20 世纪中期以后，有了“劳动立法”（这是个总称，但对于这个新兴的法律部门还没有一致的名称，当时有“劳动者法”）、“劳动保护法”、“产业法”、“劳动关系法”等名称。法国于 1910 年制定了“劳动法典”，于是在第一次世界大战后，各国才普遍使用“劳动法”这个名称。这个独立的法律部门才为人所公认而固定下来。随着法律部门的建立，独立的劳动法学也建立起来（日本于 1921 年才在东京帝国大学设立“劳动法制”课程，以后才改为“劳动法”课程。法国大学里原来设有“产业立法”课程，直到 1954 年巴黎大学才改为“劳动法”课程[③]）。直到今天有些国家已把劳动法和民法划分开。有些国家仍然没有把二者划分清楚，或者只从程序法上划分而没有从理论上划清。

这是资本主义国家劳动法形成的情况，行政法的发展也有类似情况。[④]

苏联的一些新的法律部门的形成也是经历过一个相当长的过程的。集体农庄法原来被当作民法的一部分，以后经过很长时期的讨论才被

① 参看《法国法》一书，第 137 页。

② 公认的最早的劳动法规是英国 1802 年关于徒弟的规定。

③ 参看［日］石井照久：《劳动法总论》，有斐阁日文版，第 112 页、第 116 页。

④ 参看《法国法》一书第 127 页关于行政法发展的叙述。

公认为一个独立的法律部门。[1]家庭法，就是在苏俄分别公布了民法典（1922 年）和婚姻家庭及监护法（1926 年）之后，仍然被当作民法的一部分。[2]很久以后，家庭法才成为一个独立的法律部门。

这样看来，任何法律部门的形成都有其一定的规律性，不是由人们任意决定的。大体来说，只有在社会发展（主要是社会经济的发展）提出一定的需要后，才会在已有的法律部门之外形成一个新的法律部门，然后与之相适应地形成一个新的法律部门。这个法律部门总是在已有的（大量的）法规的基础上形成的；甚至可以说，只有在旧的法律部门无法容纳这些新的法规时，才必然形成一个新的法律部门来容纳新的法规。如果不是这样，要想按照一个主观设计的方案去“建立”一个新的法律部门，常常会出现各种问题。

我们之所以在这里对其他法律部门的发展情况作一简要的回顾，是想以此对照来讨论经济法的问题。既然每个新的法律部门都要经过这样的过程，那么，在它最终形成之前，我们很难立刻对这个法律部门进行全面的概括，更难给它下一个抽象的定义，就不足为奇了。

下面我们就来看经济法的情况。

二、资本主义国家经济法的形成

在资本主义社会里，调整经济关系的法主要是民法中的财产法部分和商法，二者都是调整资本主义商品经济中的生产和交换关系的。

---

① 参看司法部编印：《苏联法律工作者访华代表团演讲及问题解答汇集》（1957 年），第 103 页。

② 参看［苏］谢列布洛夫斯基：《苏联民法概论》，赵涵舆译，人民出版社 1951 年版，第 3—4 页。

在自由资本主义时期，适应于经济上的放任政策和自由经济的要求，民商法中贯彻着私法自治原则。国家对于社会里的经济活动以不干预为原则，一切放任私人自由决定。就是在特殊情况下，国家有必要干预时，其干预也为最小限度。关于这一方面，本文不拟多谈。要谈的是另一方面，这就是，在自由资本主义时期，国家的放任（不干预）在各方面也是不同的。例如从很早起，商法中就存在一些干预的因素，例如关于商业账簿的设置和公开的规定就显露出国家干预的痕迹。至于对各种企业的态度，国家更不是完全放任的。对股份公司的设立由许可主义到准则主义，表面上好像是更放任了，实际上股份自始就是在国家（由法院代表）的监督和控制下发展起来的。不过在自由资本主义时期，私法自治在民商法领域中还是占主要方面，因而资产阶级法学家才把民商法作为典型的私法部门。

资本主义进入垄断时期以后，情况就大不相同了。私法自治原则受到越来越多的限制，国家干预逐步加强。在民法方面，对所有权的各种限制，对借贷利息的限制，对契约自由的种种限制，对房屋租赁的管制，处处使人看到国家的干预。在商法方面更甚。对股份有限公司的管理日趋严密，对票据的发行和流通，对保险业、对各种运输业都有严格的控制。商法中的强制规定和刑罚规定突出地表现了国家干预深入到私法领域。[①] 另外，国家还通过一些行政法规间接地对私法关系实施影响。这些情况表明，在传统的私法中正酝酿着一种新的因素。

就是在这个时期，过去由民法调整的雇佣关系，随着大工厂的设立成为一种新的法律关系而逐步脱离了民法范围。一种新的法律部门——

① 在法国的新《公司法》（1966年）里，刑罚规定（共46条）大约占了全部条文（共509条）的1/10。

劳动法——形成了。劳动法并不完全是由民法规定转化的，可是由于劳动法兼具公法性质，因而劳动法的形成使民法的一部分（尽管是很小的一部分）脱离了私法领域，而进入公法领域，民法的分化开始了。

垄断资本主义逐步发展，又有一些新的情况出现。第一个新情况是垄断本身所引起的变化。资产阶级对垄断的态度是矛盾的。资产阶级既要求垄断，又要求限制垄断以维持自由竞争。首先在美国出现了反垄断的法制（反托拉斯法），反垄断法是国家对私法关系的严厉的干预。第二个新情况是资本主义的经济危机。资本主义为了缓和并解救其经济危机，就加强经济方面的国家干预。这种政策表现在法律方面又是对私有经济的种种管制（著名的例子是美国的“新政”）。第三个新情况是战争。资本主义国家为了备战和进行战争，对国民经济进行了全面的干预，例如管制物资，管制劳动力等。第一次世界大战中各个资本主义国家（尤其是德国）在这方面的法规如雨后春笋，终于得到“经济统制法”（或“战时经济立法”）这个总的名称。第一次世界大战后，只经过了很短时间，又发生了第二次世界大战。这次战争中，经济统制法得到更大规模的发展。这时，在法学研究方面，就在经济统制法最发达的国家——德国，出现了《战时企业论》（1921 年）、《战时军事经济的法律形态》（1921 年）、《战时经济法原理》（1918 年）等较有体系的著作。法学研究随着法规的数量增多而展开了。[①]

“经济统制法”的形成，标志着资本主义国家对经济的法律调整进入一个新的阶段。劳动法的形成只影响到民法的很小一部分——雇佣关系，经济统制法则影响到民商法的各个部分。经济统制法所影响到

① 参看［日］菊地春雄：《经济法入门》，东洋书馆昭和 18 年日文版，第 50 页、第 55 页。

的地方，许多私法关系受到公法手段的调整（干预），有的甚至变为公法关系（私人间的关系变为国家与个人之间的关系）。通过经济统制法，国家的强力干预遍及整个国民经济乃至个人经济生活的各方面。例如在两次世界大战期间，自由市场的经济大大缩小。只就物资的分配来说，民法的作用已经显著地缩小了。经济统制法与民法间的消长关系充分说明，传统的民法的地位和作用遇到了严重的挑战。

第二次世界大战结束后，许多国家废除了战时的一些统制法令，经济统制法似乎应该消失了。实际上其中一部分却以另一种形式存在下来。这是因为战后资本主义各国，特别是作为战败国的德国和日本都面临着如何恢复经济的问题。要解决这个问题，如果任由国民经济自由发展，是不大容易的，只有运用和集中国家的力量，加强对经济的干预，经济复兴才能迅速进行。另外，第二次世界大战后，国家间的经济竞争和垄断都更剧烈，每个国家为了维护本国资产阶级的利益，都一改过去在经济方面的放任政策和一般的保护政策，而运用国家权力去指导、管理各种经济活动。这样，不仅一部分战时经济统制法令保留下来，各国又根据新的需要制定了许多法令以实现国家的经济政策。于是，例如在德国，出现了如同《经济稳定与增长促进法》这样规制宏观经济的法律。在美国也出现了不少干预私人经济的法律（例如禁止美国公司出口某些战略物资和高精尖产品的法令，禁止本国企业与某些国家进行贸易的法令）。这些法令大多涉及私法关系（如美国的一些法令涉及的是私营企业之间的买卖关系），而规制的手段是公法手段（禁止或要求批准，违反了要处罚）。这些法令在性质上与战时立法不同，也就不再被称为“经济统治法”。这些法令也不是旧有的民法和行政法两个部门法所能容纳的。于是一个新的独立的法律部门便逐渐形成并被赋予“经济法”这个名称。特别在德国和日本，经济法已为人们所乐道。经济法学也成为一门重要的学科，关于经济法的著作也出现了。在英美，虽然没有“经济法”这个名称，但仍有一些著作，以“经济与法”这样的书名论述类似的法令。

不过，直到现在，虽然各国都有关于经济法的专著，各国大学里也有经济法这门课程，但是关于经济法的概念和内容，仍没有统一的说法。还有的人（如日本的田中诚二）把经济法分为广义、中义和狭义而给予不同的定义。就在经济法的故乡——德国，有人对经济法并不作概括的定义而只采取列举的方式，指出经济法包括一些什么法律。① 还有的人说，因为现代各国，国家干预经济越来越全面且积极，其调整的对象、方向、目的与方法都是多方面的，因而对经济法很难用一个抽象的原理加以概括。② 这一切说明，就是德国、日本这些国家，经济法虽然得到公认，但远未达到成熟的地步，不仅不能与民法相比，就是与劳动法相比，也差得很远。

这种情形并不足为奇。前面说过，一个新兴的法律部门和学科，总有这样一个过程。但有一点可以肯定，经济法作为一个部门法，在一些资本主义国家已经站住脚跟，正在发展。这是因为它是适应于当代垄断资本主义经济的需要而产生的。今天民商法虽然仍是调整资本主义市场经济的主要法律，但民商法不能完成垄断资产阶级对自由的

---

① 德国卡尔·克莱菲茨编“法律词典”（慕尼黑 1978 年版）对“经济法”的说明是：“这个概念的范围并不统一。按照最优势的意见，经济法包括限制和管理工业、商业、手工业、农业、交易以及自由职业（依经济政策的不同而程度不同）中的独立营业行为的规范的总和。属于经济法的有关准许职业和营业的规定（职业自由、营业规则），国家管理经济的规定（经济管理、市场管理、价格法）以及国家促进经济的规定（国家补贴制度）。经济法还指限制竞争法，经济组织法以及管制对外贸易的法律。”（第 1369 页）

② 参看《现代法的展开》，岩波书店 1965 年日文版，第 99 页。

市场经济加以指导、促进和管制的任务，于是资本主义国家在民商法之外需要另一种法律，这种法律就是经济法。

从内容上说，资本主义国家的经济法包括企业法、竞争法以及由国家直接指导、促进和管制各种经济活动的法律。经济法的范围在各种著作中虽有广狭不同，但都包括企业法和竞争法（英美的反托拉斯法）则是一致的。这就说明，资本主义国家的经济法的核心部分已经逐步固定了。至于经济法和其他部门法的界限和关系，各国的一致见解是，经济法的出现并不能取代或消除任何其他部门法（特别并不否定民法[①]），而只是法律部门的增加。这一点完全符合前面说的法律部门由简单向复杂发展的规律。

从资本主义国家经济法形成和发展的过程，可以看出：（1）在资本主义国家经济发展需要的基础上产生了各种新的、非原有各法律部门包容得了的法规，再在整理综合这些法规的基础上形成了经济法这个法律部门，进而建立了经济法理论，这个过程是完全合乎法律和法学的发展规律的。这个过程的特点是从客观的实在情况出发，并不是从抽象的理论出发，更不是先建立一个抽象理论，再按照自己的理论去划定框框。因此，德国和日本早期的经济法著作，叙述法规的较多，而抽象地讨论理论——如调整对象、调整方法等——的较少。直到近年的著作中才逐渐出现“总论”。但就在现在，如前面说过的那样。学者们仍不企图立即给经济法定下抽象的定义。（2）起初的经济法虽然是对传统民法的修正，但以后发展的经济法就与民法分道而行，各自

---

① 经济法的形成当然大大影响到民法中的一些原则和规定（和劳动法形成后的情形相同），并使民法的作用发生变化。这方面的问题不属本文范围，当另行讨论。

循着一定的方向发展，互不妨碍。研究经济法的人从来不企图以经济法去取代或取消民法，主张经济法不是独立部门法的人，也并不反对对于各种经济法规的研究。（3）就是现在，研究经济法的人们仍直言不讳地承认经济法尚不成熟，尚未定型，甚至有人说，从实用法学的观点，对经济法作统一的说明是不可能的。① 但这种情况一点也不妨碍对经济法的研究。

三、苏联的经济法

十月革命建立了第一个社会主义国家。在新建立的苏俄，由于经济中的重大变化，作为上层建筑的法律部门也发生了重大变化。有些传统的法律失去存在条件而自然消失了（如土地私有制的废除影响到物权法），有些法律在性质上和作用上发生了变化（如外贸由国家管制而引起外贸法的变化），也有适应于新的经济需要而形成的新的法律和法律部门（如集体农庄法）。苏联的经济法也是在经济基础变化的条件下（这种变化与资本主义国家情况完全不同）产生和发展的。

苏维埃政权建立后，紧接着面临一个资本主义国家在建国后所没有（也不可能有）的任务，即领导、组织和管理整个国民经济。这个工作，随着国营经济的扩大而愈益繁重。早在 1917 年 12 月，苏俄就设立了最高国民经济委员会来统一管理全国经济工作。许多有关经济工作的法令由苏俄人民委员会发布出来，这种情形一直持续下去。

1922 年制定了第一部苏俄民法典（1923 年 1 月 1 日施行）。由于当时还存在多种经济成分，所以这部民法典中还有不少关于私人经济

① 参看《现代法的展开》，岩波书店 1965 年日文版，第 100 页。

的规定。不过很快苏俄就进入一个新时期，私人经济逐渐消失，国营经济取得统一地位（集体农庄除外）。

国营经济在经济活动中的加强，引起一个法学上的问题。苏维埃的法律和法学应该如何对待不同的经济成分。在 20 年代末期，出现了所谓“两成分法”的理论。以斯图奇卡为代表的一派主张划分民法与经济行政法。经济行政法调整那些社会主义经济成分中各社会主义组织之间的关系。民法调整私人成分之间和其他各种成分之间的财产关系。这一主张和这一派后来受到批判，在政治上受到打击。不过，从这时起在苏联就一直进行着民法和经济法两派的争论。几十年来争论不断进行，此起彼伏。当然现在苏联经济没有多种成分了。于是就在经济活动主体方面来争论民法和经济法的范围。经济法派主张应该从主体上划分民法和经济法的范围。直到现在，这种争论也没有得出什么结论。

对于苏联几十年来的民法与经济法的争论，我们撇开其中所掺杂的政治问题（主要在 20 世纪 30 年代），只就其在法律方面的争论说，有几点可以注意：

第一，所谓民法派，也称为民法行政法学派，并不完全否定经济法这个概念。他们反对的是把经济法当作一个独立的法律部门，[①] 更反对制定一个与“民法典”并立的经济法典。他们中有人认为所谓经济法等于经济法规，就其广义而说，是包括民法、劳动法、财政法与部分行政法在内的所有调整经济活动的规范（A. R. 米茨克维奇）。民法学派所反对的只是把经济法当作一个独立的法律部门，而那些客观存

① 很有意思的是，民法学派写了一本反对把经济法当作一个独立法律部门的著作，其书名却是《经济法》（国立莫斯科大学、斯维尔德洛夫法学院合编。我国有译本，中国人民大学出版社 1980 年出版）。

在的经济法规是无法否认的。所以他们主张把这些经济法规或者纳入民法范围，或者放在行政法里去。至于民法和行政法在调整经济关系方面怎样划分呢？他们认为“在民法所调整的财产关系和行政法所调整的财产关系之间不能划出一条永远不变的界限”，只能“在某一时期中把一定种类的财产关系划归行政法调整，而在另一时期中则划归民法调整”[①]。可见民法学派的人一方面反对把经济法当作一个独立的法律部门，另一方面对那些经济法规如何与民法划清界限感到很棘手。50 年代出版的《苏维埃民法》一书就把许多行政法令（例如 1923 年的国家工业托拉斯法令，1927 年的《国家工业托拉斯条例》等）算在民法范围里面。[②]

第二，苏联几十年来进行的民法和经济法的争论，一直涉及民法的“命运”问题。50 年代里民法学派批判 20 年代的经济法派时还说：他们“提议取消民法这个名称，而代之以调整社会主义成分的、包含管理社会主义经济的行政技术规范的经济法这一名称”。“这种理论企图以经济法来代替民法，宣扬民法的死亡”。[③] 就是现在两派的争论也常常提出这个问题，一方说经济法学派是要“取消”民法，而经济法学派呢，也想要从民法中拿过一些东西去（如经济合同）。这样做，就被认为“破坏”了民法的完整性。针对经济法派主张对国民经济中经济组织之间的关系与公民所参与的关系分别由经济法和民法调整一点，

① 参看［苏］坚金主编：《苏维埃民法》第一册，法律出版社 1956 年版，第 27 页；布拉都西于 1956 年在中国演讲时虽然指出民法与行政法中有关经济部分可以从调整方法去划分。同时仍说：“把民法同行政法和财政法区别开来是最困难的一个问题。”（见《苏联法律工作者访华代表团演讲及问题解答汇集》第 87 页）

② 参看前引《苏维埃民法》第一册，第 78 页、第 87 页。

③ 《苏维埃民法》第一册，第 35 页。

1961年苏联联盟院法案委员会主席波利扬斯基在苏联最高苏维埃会议上说："主张经济法的人是标新立异，……采纳这种意见，将意味着由整个社会主义经济的统一性所决定的苏联财产关系体系，成为被人为分裂的财产关系，从而破坏了社会利益同个人利益的结合。"[①]这是站在官方立场对经济法学派的指摘。由此可见，在苏联，民法和经济法被人们当作互相对立的、互相排斥的。这也是可以理解的，因为经济法派的主要人物拉普捷夫就认为经济法完全是从民法中分出来的。[②]这样当然使民法学派的人认为经济法的成立就是民法的"分解"。这一点是一种很特别的现象。

第三，就我们所看到的有限的资料来说，苏联民法学派和经济法学派的争论一直是围绕着那么几点进行的，这几点是：调整对象和调整方法、横向关系和纵向关系、财产关系和经济关系等，而很少或并不重视对一些具体的经济法规的研究。可是这种概念上和"抽象"理论上的争论是谁也说服不了谁的，因而也是无休止的。既然两派对于现有的经济法规的处理都没有提出很好的意见，最后只好由官方出来表态，暂时把问题搁下去（例如前引波利扬斯基的话），一到适当时机，争论就又发生。

以上三点是在苏联进行了几十年的民法与经济法争论的特点。这些特点之发生和存在当然与某些具体条件有关，对此我们无须分析。现在，在苏联占优势地位的仍是民法学派。这一派得到政府的支持（见上述波利扬斯基的话）。经济法派提出的制定一个《经济法典》或《经

① 转引自王正泉：《苏联法学界关于经济法问题的争论》，载《法学杂志》1981年第6期。

② 参看［苏］拉普捷夫：《论苏维埃经济法》，载《国外法学》1979年第4期。

济立法纲要》的主张迄今未被采用。因此，我们有必要来看看苏联的经济立法（指民法以外的）的状况。

几十年来苏联为了建立和发展社会主义计划经济，特别是领导、组织和管理国营经济，发布了极大量的法令，这些法令一直被包括在“经济立法”（也可译为经济法规）的概念里。这个概念的范围极广，包括许多小的部门，而在每个小的部门里又有许多法令。即以“企业法”这个小的部门法说，从 1923 年的国家工业托拉斯法令，到 1965 年的《社会主义国营生产企业条例》，1974 年的《生产联合组织（联合企业）条例》以及其他法令，数目也真不少。这一切经济法令都由民法来囊括显然是不可能的。虽然有的民法书籍尽量把性质与“平等互利原则”大相径庭的一些经济法规都网罗进去，但仍不能使民法包罗一切经济法规，于是不得不把一部分让给“经济行政法”。不论把这一部分叫作“经济法”，还是叫作“经济行政法”，都只说明经济法规在苏联已经成为一个亟待研究处理的问题，不是一个《民事立法纲要》可以解决了的。这就迫使政府也注意到这个问题。1975 年 6 月，苏共中央和苏联部长会议作出《关于进一步完善经济立法的措施的决议》，首先说：“社会主义经济发展的现阶段和社会生产规模的扩大，对经济活动的法律调整提出了新的、更高的要求。”决议说，虽然苏联已经制定了各种立法纲要和其他法令，但“经济立法尚未适应现阶段我国经济发展的任务”[①]。这个决议公布后，民法学派和经济法学派就应否制定“经济法典”或“经济立法纲要”又进行了争论，仍无定论。1976 年 9 月，苏共中央、苏联最高苏维埃主席团和部长会议作出《关于筹备出版苏联法规汇编》的决议。依照汇编的编制，第二编为“关于社

---

① 这个决议的全译文见《苏联经济法论文选》，法律出版社 1982 年版。

会发展和文化的法规，公民的社会经济权利”。其中第一章是“民事法规”。第三编则是“关于国民经济的法规”[①]。这种编制方法意味着把民法和“经济法规”分开。这种情况不能不使人感到，苏联今天对于“经济立法”如何处理的问题，仍在继续谋求解决之中，也可见得这确实是个不那么简单的问题。

通过对苏联经济法问题的探讨，我们看到，虽然经济法这个独立的法律部门在苏联没有得到公认，但客观发展的经济关系确实需要在民法之外还有一个法律部门来调整。不论这个部门称为“经济行政法”还是“经济法”，它总会逐渐形成起来。法学家应该重视从现实中产生出来的经济法规的研究，而后在这个基础上去建立一个适合客观需要的法律部门。这一点我们应该注意。

四、我国的经济法问题

从前两节知道，各国的经济法都是在社会经济发展的基础上，适应于社会经济发展的需要而形成的。所不同的是，在资本主义国家，由于其社会经济制度没有发生根本的变化，由此形成的经济法仍是在原有的法律（民法、行政法）基础上生长起来的。苏联有所不同。苏联的社会发展的需要是建立一个新的法律部门以调整公有制经济。因而在苏联有人要取消民法，在捷克斯洛伐克，是在民法之外另立经济法。两者都没有成功。因此，我们现在要解决这个问题，还没有现成的经验可以利用。

对于一个国家的经济，可以从两方面进行分析。一方面从所有制

① 参看《法学译丛》1979年第3期，第81页。

方面，另一方面从管理体制方面。管理体制是依赖于所有制的，是由所有制决定的，但又是相对独立的。我们既不能忽视前一方面，也不能忽视后一方面，也不能把这两方面混为一谈。我国现在的经济，从所有制说，是以社会主义公有制（全民所有制与集体所有制）经济为主，多种经济成分并存的经济。至于在管理体制上，则是在公有制基础上实行计划经济，同时发挥市场调节的辅助作用。我国的计划经济是由公有制决定的，是依赖于公有制经济的（因此，资本主义国家不能实行真正的计划经济），但又不是与公有制经济完全合一的。因为在公有制经济范围内，也有市场调节起作用的地方，而在个体经济里，也有计划经济起作用的地方。这就是我们不能把所有制问题同管理体制问题混为一谈的原因。

苏联在关于经济法问题的讨论中，有时谈到“经济主体”问题，区别经济组织和个人，所涉及的是所有制问题。有时又谈到“纵向关系”和“横向关系”，区别“领导关系”和“平等关系”，所涉及的是管理体制问题。这样把两个方面搅到一起就很难说清。我们现在应该避免这个缺点。所有制问题在法律上表现为所有权问题和经济活动的主体问题。我国现在存在国营经济、集体经济和个体经济。就国营经济来说，其中有社会主义的国家所有权问题，其中的活动主体是社会主义经济组织；就个体经济来说，其中有个人所有权，其中活动主体是个人。在苏联，国家所有权和个人所有权，经济组织的和个人的经济活动，都由民法调整。但经济法学派主张把二者加以划分，经济组织的活动由经济法调整，个人经济活动由民法调整。这种划分方法仍是苏联20年代“两成分法”的方法，也是捷克斯洛伐克所实行的方法。前者已受到批判，后者则并未被其他国家所采用。可见这种办法并不是很好。从理论上说，把同一个所有权问题划分为二，把同样性质的经济关系（经济组织间发生的经济关系和个人间发生的经济关系，有许多是相同的，例如所谓“经济债”与“个人间的债”）划分为二，实在没有必要。所谓划分民法和经济法的主体论，实际上就是依所有制来划分民法和经济法。这条路是走不通的。就以我国的情形说，要从一般合同法（属于民法）里划分出“经济合同法”来，使后者专门调整组织（法人）间的合同关系，并没有什么必要（实际上这种划分本身就有困难，因为还有“组织与个人间的合同”。因此，我国经济合同法才规定了第 54 条）。而把经济合同法归于经济法，把其他合同归于民法更是没有必要，只是治丝益棼。再说，苏联民法施行数十年的经验表明，民法是调整商品经济即市场经济的法，而参加商品经济的既有国营经济成分也有个体经济成分，因而把二者的经济活动都用民法来规定，是完全可以的，也是适当的。反之，如果要按照所有制而把二者分开，一个继续由民法调整，一个由一个新的法律部门（经济法）调整，不仅无利，反而有许多不便。这正是苏联经济法学派的主张一直占不到上风的原因。总之，按照所有制来分解民法或者在民法之外建一个部门法，在理论上和实践上都是不成功的，因而是不能采取的。

再从管理体制方面来说。公有制经济建立后，国家就有了一个新的、为私有制国家所没有（也不能有）的任务。这就是领导、组织和管理整个国民经济。公有制国家运用两种方式去实行这个任务。一个是计划管理的方式，一个是市场管理的方式，以前者为主，后者为辅。由此，公有制经济就包括计划经济部分和市场经济即商品经济部分。由于市场经济是在私有制国家就已存在的，私有制国家原来就有一套调整市场经济的法，就是民法。公有制国家既然保留了商品经济，就可以仍然运用民法调整它。所以对于商品经济部分，没有另行建立一个新的法律部门的必要。勉强建立了，那也只会与民法相差无几，没有什么好处。但是在计划经济方面，情况就完全不同了。公有制国家在全国范围内，在整个国民经济的规模上，运用计划方法来领导、组织和管理经济，这是一切旧社会里所没有的事。公有制国家建立之初，并没有一个现在的法律部门来调整关于计划经济的各种关系，而这个法律部门又是必不可少的。因此，苏联在建国之初，就不得不制定一些经济法规，同时还运用大量的行政方法来管理经济。

新中国成立之初，我国就建立了计划经济，但主要也是运用行政办法去管理经济，虽然也逐渐制定了一些必要的经济法规，却总是不够用。近几年来更感到用行政办法管理计划经济这个重要领域是不适当的，于是加快了经济立法的步伐。近几年来已制定了不少经济法规，而一些基本性的法律，如计划法、基本建设法等正在加紧起草中。这方面的法规既然都是调整计划经济里的各种关系，从性质上说就组成了一个新的法律部门。这个法律部门与调整商品经济的法律是相互分开的（当然不是说其间没有任何联系），在社会主义的现阶段是并存的。而且从长远看，随着社会主义计划经济的发展，这方面的法规还将日益增多，这些法规所包括的范围以及所起的作用都将日益扩大。虽然目前我国正在进行经济体制改革，在某些方面要促进商品经济的发展，但按照社会主义经济的发展规律，我国不仅不能因此而削弱计划经济，而且必须加强计划经济。这样，一个调整计划经济的法律部门是绝对必要的，这个法律部门的形成也是社会经济发展趋势的结果。这个新的法律部门正是我们所说的经济法。

以上是从我国的经济的实质说，我国的计划经济需要一个与之相适应的法律部门。再从我国现在的立法情况说，在我国现在庞杂的经济法规中，也正存在这样一部分法规，这部分法规都是调整我国的计划经济关系的，而又是原有的各法律部门所不能容纳的。我们亟须建立一个新的法律部门来包容这部分法规。

这部分法规就是我国已有的和正在或即将制定的计划法、基本建设法、企业法、物资供应法、价格法等。像这些法规，在性质上与调整建立在商品货币关系的基础上的民事法规完全不同，当然不能归之于民法中去，这个道理十分清楚，无须多说。这些法规也不能归属到行政法里去（虽然有的同志主张就在行政法内部建立一门经济行政法，把我国的许多经济法规划归其中，但我们认为这样做是不恰当的）。这是因为：第一，这些法规都是调整计划经济关系的，这一本质上的特点就使它有独立成为一个部门法的必要，而不能使之与其他的行政法规一同隶属于行政法之中。正如财政法在苏联早就脱离了行政法而成为一个独立的部门法一样。第二，行政法这个部门起源于资本主义国家的三权分立制度（因而有所谓立法法、司法法和行政法的划分），包括资本主义国家行政部门所执行的各种法规（例如“不动产登记法”，虽然就其性质而论，完全不是“司法”的法，但因在有些资本主义国家由法院执行而不由行政部门执行，所以不属于行政法）。我国今天不仅在政府体制上与资本主义国家有所不同，而且经济法，即如其中的计划法，也不完全是由行政部门执行的。因此不宜划入行政法。第三，行政法是一个内容庞杂的法律部门，其范围并不是一成不变的。随着社会的发展，行政法发生分化是必然的现象，例如劳动法、环境保护法、企业法，原来都有一部分是属于行政法，而那些部分都从行政法中分化出来了。苏联的财政法原来也是行政法的一部分（所谓“财务行政法”），现在已成为一个独立部门。所以我们现在完全没有必要把经济法再划到行政法里去。第四，即使经济法存在于行政法之外，也还可以保留行政法中的经济行政法这个分支部门。我国有一些法规，涉及计划经济和商品经济两个领域，而其在国民经济中的作用又不足以与经济法或民法并立，例如企业登记法、商标法、（自由）市场管理法等，可以划归经济行政法这个部门，作为行政法的一个分支部门，另行存在。总之，调整计划经济关系的这一部分法规既不能纳入民法也不能纳入行政法（像有些苏联学者所主张的那样），当然就应该由一个新的法律部门来容纳它。

总括起来，我们的结论是：不论从我国国民经济法律调整的需要看，还是从我国经济法规的情况看，我们都需要在已有的各法律部门（这里指的主要是民法和行政法）之外，建立一个新的法律部门，作为调整国民经济中计划经济关系的一个部门。这个法律部门，就是经济法。

我们可以对于这个在现实中形成的、建立在客观经济基础上的新的法律部门，作如下的表述：我国的经济法是调整我国社会主义经济中建立在计划经济基础上，不通过商品货币关系，直接通过计划关系而形成的各种经济关系的法律规范的总和。

这个经济法的特点是：第一，它是调整我国社会主义经济关系的法。凡是纳入我国社会主义经济里的各种成分和部门，都属于它的调整范围。这样当然不以全民所有制的国营经济为限。第二，它所调整的经济关系是建立在计划经济基础之上，直接通过计划关系而不通过商品货币关系形成的。这样它与民法就有区别。民法里的有些经济关系固然也建立在计划的基础上，但并不是直接通过计划关系而是要再通过商品货币关系才形成的。即以现在最引起争论的经济合同来说，许多同志主张把经济合同从民法中划出来归入经济法，是从两点出发：或者是从经济合同是社会主义经济组织之间的合同出发，这一点不能成立，前面已经说过；或者是从经济合同是依计划而订立的这一点出发。殊不知经济合同（更确切地说，是计划合同）虽然是依计划订立的，但计划只是订立合同的原因或依据，至于合同关系本身仍是在计划关系之外独立存在的商品货币关系。合同双方当事人间权利义务关系（这是一种商品货币关系）的发生是由于合同的订立而不是直接由于计划的规定。我们如果把物资的直接调拨分配和依计划订立物资供应合同两种情况加以比较，就可看到其间的区别。这正是经济法关系和民法关系的不同。

这个经济法的体系如何，也就是说，应该包括哪些法规呢？就我国现在的情况来说，应该包括下面一些部门（或法规）：

第一是计划法。这是规定国家对国民经济（以及建立在国民经济基础之上或由国民经济发展所决定的社会发展）实行计划管理的方式、权限和程序等的法律。我国正在制定一个完整的《计划法》，不过现在已经有许多这方面的法规和文件，例如《国民经济计划编制暂行办法》（1952 年）等。

第二是企业法。这是规定我国各种企业性经济组织的组织、法律地位（权利义务）和活动的法律。在我国现阶段，除了极少数的个体劳动者之外，一切经营各种经济活动的企业（不仅包括国营企业、集体企业，还包括中外合资企业、个体劳动者联合组成的合作企业等）都只能在国家计划指导下设立或活动，这是我国和资本主义国家的本质区别。我国在这方面存在大量的法律、法令和法规。例如由全国人大通过的《中外合资经营企业法》（1979 年），由国务院颁发的《国营工业企业暂行条例》（1983 年）、《关于推动经济联合的暂行规定》（1980 年）以及现在正在制定的《公司法》等。

第三是基本建设法。这是规定我国进行基本建设的程序和原则的法律。我国原已存在大量的关于基本建设的法规和文件，现在正在制定《基本建设法》。属于经济法的基本建设法和属于民法的基本建设合同法应加以区别，不能把二者混在一起。

第四是物资供应法。这是规定国家物资管理部门根据计划对物资进行管理、分配和直接调拨的法律。我国早已存在大量的有关法规。这一类法律同规定属于民法的物资供应合同的法律有区别，已如前述。

第五是价格法。这是规定国家对各种物价和服务费用进行管理的法律。我国过去已有许多管理价格的法律，近年又公布了《物价管理暂行条例》（1982年国务院公布）等。

此外，属于经济法的还有国民经济拨款和贷款法等。因为经济法是一个正在逐步形成和逐步完善的法律部门，不可能立即定型，所以它的体系还不能立即固定下来。它还要随着我国社会主义经济的发展而发展。我们今天不能给它划定一个固定的范围或建立一个不变的体系。

以上是从正面说明我国经济法的客观基础（在经济方面和立法实践方面）和它的形成。现在还要从反面作些说明。

经济法既然是适应于经济中新的需要而建立的一个新的部门法，那么，已有的一些部门法，即使它在某些方面与计划经济有密切关系（在我国，只要是涉及国民经济的法，恐怕没有不与计划经济有关系的），只要它另有自己所独有的调整对象和调整范围，就不应该改变它在法律体系中的原有地位而划到经济法中来。例如劳动法和财政法，都是早已成立的有自己的调整对象和调整范围的部门法，而且从性质上说，与我们所说的经济法也有区别，所以不应该把它们划到经济法中来。

至于经济法和民法，是性质完全不同，在我国现在不可或缺的两个法律部门。二者之间，完全不存在一点水火不相容的关系。我国受苏联的影响，过去在这二者上的一些争论（特别是争夺经济合同的争论），今后可以停止了。总之，我国的经济既不是纯粹的计划经济（像苏联那样），也不是纯粹的市场经济，我国既有民法又有经济法完全是合理的和必要的。

还有一种误解，就是把经济法和经济法规混为一谈。而在我国，经济法规的范围又有扩大（膨胀）的趋势，这样就把经济法也说成是个广泛的没有一定调整对象和范围的部门。有些同志根据这一点反对把这样的经济法作为一个独立的部门法或者只承认它是一个综合的法律部门，不是没有道理的。当然，法与法规，一个部门法与该部门法里的法规是密切联系的，不可分的，例如民法和民事法规、刑法和刑事法规的关系就是这样。但是经济法规和经济法之间的关系有点特殊之处。因为在我国，经济法规已经被当作一个极其广泛的概念，把一切与经济有关的法规（甚至某些与经济并无本质联系的法规如环境保护法规）都包括进去了。这样，并不是一切经济法规都属于我们所说的经济法的范围。例如财政法规、税务法规、工商管理法规等，说它们是经济法规还可以，把它们列入经济法这个部门法中，显然是不行的。再例如民法中的财产法部分的法规，当然也属于经济法规，但显然不属于我们所说的经济法这个部门法。至于有的同志把“经济法”定义为“经济法是一切经济法规的总称”，这样的经济法是个广泛而庞杂的法规的堆积，实际上取消了作为一个独立的部门法的经济法，而这样的经济法又怎能作为一个特殊的研究对象呢？

当然，还要看到，我国今天整个法律体系还是一个要研究的问题。经济法的问题也不能脱离这个总的问题。要解决这个总的法律体系问题，也同解决经济法的问题一样，我们必须从我国的立法实践、从我国的法制实际出发，而不能从概念和定义出发。我们应该从我国的法制建设的实际中去建立我国的立法体系，再在立法体系的基础上建立我国的法律体系和法学体系，而不应该与此相反。具体到经济法的研究中，我们不能再走苏联的老路，更不能陷入他们的那个迷宫之中。

我们应该先从事于对我国各种法规的研究，先研究我国的计划法、企业法、基本建设法等，再进而综合这些研究成果，建立我们的经济法体系和经济法学体系。

这样的经济法的建立将有助于我们进一步运用法律去调整社会主义计划经济领域内的各种关系，使我国的社会主义计划经济实行得更好、更加完善。计划经济是我国社会主义经济的主导，它的完善就能使整个社会主义经济趋于完善。现在，我国的经济法已在实践中逐渐形成，法学者的任务是要一方面总结经验，一方面从理论上去研究，使我国的经济法和经济法学日趋完善，使它们在我国的社会主义经济建设中发挥日益巨大的作用。

【后记】1983年，在我国法学界，民法和经济法的讨论（或曰争论）正在进行。法学所筹备召开“经济法讨论会”，邀集了各方面的学者参加。我于11月写了一篇《从民法到经济法》，作为在会上的发言。12月1日到4日，会议在北京举行。我在最后一天发言。我的声音——算是第三种声音——简直引不起人们的兴趣。后来我把发言稿加以紧缩增补，写成《从经济法的形成看我国的经济法》一文，发表于《法学研究》1984年第2期（1984年4月23日出版）。现在我国的经济形势和法律情况都有很大的变化：正式提出了“社会主义市场经济”，当年拟议中的“计划法”被搁置了，“经济合同法”已成为“合同法”，人民法院里的经济庭改为民事庭了，大学里的经济法系也没有以前的特色了。但是，我国还需不需要“经济法”呢？我认为应该继续研究，因此把上面说的发言稿和文章合并成本文，保留在这里——2002年作者记。

经济法的意义和特点

经济法是一个新的法律部门，或者说是一个新的部门法。第一次世界大战期间和战后，德国法学家在研究该国的各种战时经济统制法规的基础上，逐渐建立一个新的部门法，称之为经济统制法。以后，特别是到了第二次世界大战之后，资本主义各国经济有了新的发展，各国虽然解除了战时的经济统制，却实行了各种各样的对经济的干预。就连实行所谓“自由经济”的美国，也制定了“反垄断法”（反托拉斯法）这样的法律。国家对经济的干预包括消极方面，即对经济进行限制和管理，也包括积极方面，即对经济进行促进和引导，总体来看是对经济的发展加以指导。这样的法律和法规的总体构成一个新的部门法，即经济法。

经济法的建立，为法学增加了一个新的门类。过去法律被划分为公法和私法，前者是国家运用其公权力直接干预社会生活，直接规范人民行为的领域；后者是私人（自然人和法人）行使自己的权利处理私人相互间的关系，国家只在私人有所请求时才加以干预的领域。属于公法的有宪法、行政法、刑法、诉讼法等；属于私法的有民法、商法等。经济法（以及劳动法等）则兼具公法与私法的性质。一方面，它所涉及的大多是原来属于私法的私人经济关系和行为；另一方面，它所采用的规律手段（调整方法）却是国家的直接干预。这是经济法的一个重要特点。

具有这种性质的法律和法规虽然存在于各个国家，但由于法学传统的差异，各国法学家对这类法律和法规的处理则有很大的不同。在大陆法国家，尤其是在德国和日本，法学家们把这些法律法规组合成一个整体，加以系统化，使之成为一个新的部门法，称之为“经济法”，又在法学研究中建立这样一个新的学科，称之为“经济法学”（并在大学中设立“经济法”课程）。这样，经济法首先在德国，后来在日本等国也建立起来了。

至于在英美法系的国家，不论在法律的分类上，在法学的研究上，都没有“经济法”这个部门或学科。对于这一类法律法规的编纂和研究，都在其他的名目下进行。①

在苏联和其他东欧国家，也有“经济法”这个名称，但对于它的理解，法学家们各持己见，没有统一的认识。其情形和大陆法国家极不相同。

就是在德国和日本，对于经济法的研究，也没有像对于民法、刑法那些传统的法学部门一样，达到成熟和定型的地步。关于经济法的概念和范围（内容），仍然是众说纷纭，莫衷一是。②

在旧中国，这一类的法律法规虽有一些（如土地法），但数量不多，起的作用也不大，没有引起注意，未能形成一个部门法，也就没有对这些法律法规的集中的研究工作。

在我国台湾地区，经济法成为法学者注意和研究的对象，只是近

---

① 在美国，类似于“经济法”的书称为“法律与经济”。

② 关于经济法的问题，参看［日］金泽良雄：《经济法概论》，满达人译，甘肃人民出版社 1985 年版，第 1—4 页。

20 年内的事。但直到现在，研究经济法的人仍然很少，关于经济法的著作也只有几本。而且这些著作只限于泛论经济法的性质，没有全面地系统地研究经济法的著作。因此，对经济法不免仍存在一些不确切的认识和说法。

对经济法的误解，主要是把“经济法”等同于“经济法规”，即把一切有关经济的法律法规都归属于“经济法”。例如说，经济法是指“所有工业、商业、手工业、农业、运输业等，与企业或产业有关的职业以及其他自由职业中，所有规范经济活动的法律总体而言”[①]。或者说：“凡规范经济活动之法律及规章均属之（经济法）。因此依经济活动的事项而将经济法分为工业法规、商业法规、矿业法规、商标法规、专利法规、奖励投资法规、经济管制法规、金融法规、农林法规、渔牧法规、水利法规、国际贸易法规等。公司法系商业（事）法规之一，故亦为经济法之一部门。”[②] 这些都不是对经济法的正确说明。

我国台湾地区学者施启扬与苏俊雄在其所著《法律与经济发展》一书中对经济法的意义有较详细的论述，甚为正确。特引述于下：

“经济法是国家干预经济活动的法律手段。现代国家必须保有这些手段，虽然有时备而不用（尤其是管制方面的法规），但却是必要不可缺的手段。

“经济法的对象（标的）是国家对经济活动的干预，也就是对于经济活动的规制。干预或干涉是经济法的重心。国家对于经济的干预或干涉，在经济法上一般称之为‘规制’（Lenkung）。规制的目的在于

---

① 苏俊雄：《经济法论》（华欣学术丛书），台北华欣文化事业中心 1975 年版，第 1 页。

② 梁宇贤：《公司法论》，三民书局 1980 年版，第 7 页。

把经济导向一定的方向（例如奖励输出或限制物价）。规制是中立的概念。对于经济的干预从消极方面看是一种统制（管制、禁止），从积极方面看可能是一种辅导（奖励、补助）。规制具有这两种性质，所以含义较广。……

“现代国家对于经济都不敢放任其自由发展。不论是防止经济力量的过分集中或滥用，或促进经济发展，国家都须指导经济。在国家指导经济的范围内，私人（国家或公营事业也一样）就受到限制或辅导。国家如何指导经济，希望经济朝向哪一个方向发展，这是一种政治决定，也就是国家的政策。……

“国家对于经济活动，依据法规以公权力方式加以指导、规制，这些法规，我们笼统称为经济法。……”①

我国台湾地区学者廖义男还在德国学者研究的基础上，对经济法定义如下：“经济法系在一定之经济基本体制下，调节经济之活动，以促进社会整体经济之平衡与发展，并达成公平合理目的之法律规范体系。”②

我们在这些说明的基础上，可以对经济法的意义更明确地说明如下：经济法是一个国家或一个地区的政府，在其基本的经济体制下，为实现其在一定时期的经济政策，对社会经济活动进行直接干预的法律和法规的总和。

经济法同民法、商法等比较起来，在以下几点是不同的：

（1）经济法的目的在于贯彻政府的经济政策，而不仅仅是调整经济关系。例如政府要发展经济，要鼓励投资、要吸引外资，就制定这

① 施启扬、苏俊雄：《法律与经济发展》，正中书局 1976 年版，第 11—13 页。

② 廖义男：《经济法之概念与内容体系》，载廖义男：《企业与经济法》，台北 1980 年版，第 31 页。

方面的政策，相应地制定鼓励投资、吸引外资的法律。又如一些发展中国家实行土地制度改革，就制定土地改革法。这样的政策和法律显然与一般民事法律不同。这种法律也是发达的资本主义国家不需要的。

（2）经济法调整的经济关系一般地原属于民事关系，如土地改革法所调整的是土地占有（和所有）关系和土地租赁关系，反垄断法所调整的是企业合并关系，这些关系原由民法调整，或原由公司法调整。到政府要实现其一定的经济政策时，想要在民法和公司法范围内去调整这些关系就有困难，不得不超出民法和公司法的范围去调整。[①]

（3）经济法的调整方法是政府运用公权力的直接干预。例如民法也有关于限制土地租赁关系的规定，但是要把公权力过分施用到民事关系中去是与民法的原则相违背的。在经济法中就可以大量采用公权力的强制手段，如对土地的没收或征收，对租金的限制等。

因此，经济法与“经济法规”这两个概念就必须区分开。经济法中的各种法律法规，因其是调整经济关系的，可以说都属于“经济法规”。但反过来，不能说一切经济法规都属于经济法的范围。例如民法中的财产法部分（物权法和债法）、公司法等，说它是“经济法规”未尝不可，却不能说它属于经济法。又如《商业登记法》也是一种经济法规，一般把它列入行政法，也不划入经济法中。

从上面所说经济法的意义来看，经济法具有如下特点：

（1）任何国家的经济法都是由那个国家的经济体制所决定的。在经济体制不同的国家，其经济法也不同。例如社会主义国家的经济法是在社会主义经济体制的基础上建立起来的，资本主义国家的经济法

---

① 德国将有关公司合并的一般性问题规定在《股份法》（股份公司法）中，将涉及垄断的合并问题规定在《反对限制竞争法》（反垄断法）中。

是在资本主义经济体制的基础上建立起来的。就是在资本主义国家里，德国的经济法与美国的也不尽相同。有些经济法学者把规定一个国家的经济体制的那部分经济法称为经济宪法，作为经济法的第一部分。但是在研究民法时，这个问题就没有那么大的意义。

（2）经济法的任务是实现经济政策，经济政策不是固定不变的，因而经济法的内容也不是固定的、一成不变的。经济政策常常是随着一个国家的经济的发展而变化的，经济法也就随着经济的发展而变化。例如一个国家或地区在经济还不发达的时候，常常实行管制外汇、鼓励储蓄、限制消费、吸引外资的政策，也就要制定这方面的法律，当这个国家或地区的经济发达后，上述各种政策都会变化，因而经济法的内容也会变化。又如现在在一些高度发达的资本主义国家，反垄断法是经济法中的重要一环，而在一些发展中国家里，反垄断法的地位就不那么重要，甚至不受重视。至于其他某些法规，如促进某一产业发展的法规，更是只在一个时期内存在或受到重视。这和民法的情形大不相同。民法在千百年的长时期中，其内容是基本一致的。一个国家的民法典可以在百年内基本不变，经济法就不可能如此。

（3）经济法以政府（代表国家）直接干预经济活动为调整方法。对经济活动的干预，或为消极的禁止与限制，或为积极的保护、鼓励与促进，都与民法上的自由放任主义和意思自治原则不同。因此才说经济法具有公法性质。当然，民法中也有许多强行规定和限制性规定（如对契约自由原则的限制），但经济法的特点在于政府的直接干预，并不通过市场机制，例如管制物价、管制外汇等都是如此（当然也有通过市场机制的）。

（4）经济法中政府的干预是主动的，因而执行经济法中各种法规的机关，除司法部门外，还有行政部门，有时甚至是以行政部门为主。

经济法中除了一些基本的法律外，还有大量的行政法规。就是在基本法律中也有很多委任立法的规定，这些法规的作用都是辅助法律。

因此，在论述经济法时，很难对之作出确定的、包括无遗的叙述。不同的学者所概括的经济法的内容（范围），和经济法的体系，也不可能完全一致。任何国家更没有，也不可能有一个完备的称为“经济法”的法律或“经济法典”（正如没有一个称为“行政法”的法律或“行政法典”一样）。同时，经济法与其他部门法互相交叉、互相渗透的情形也很多。

经济法具有上述一些特点，所以在研究经济法时，也有几点与研究民法等法律时不同：

第一，民法这样的法律，经过长期的发展，基本上业已定型，各国的民法的内容大致也相同，因而研究民法的论著，内容也大致相同。经济法则大不相同。经济法现在尚未定型，各国之间、各地区之间，经济法的内容很不相同。在经济法的研究中，就必须注意各个国家、各个地区的特点。甚至要注意当时当地的特点。

第二，研究经济法必须结合当时当地的经济政策，研究经济法中各个法律和法规的制定背景、制定目的，这些在研究民法时几乎是不必要的。也因为这样，研究经济法常需涉及经济问题。在这里，法律与经济的关系表现得非常密切（在美国，研究相当于大陆法国家的经济法时，就有以“法律与经济”为标题的）。

第三，由于经济政策会变化，经济法中的一些法律法规也常会修改，甚至废止。所以经济法论著的内容不像民法论著那样可以长久不变。一本经济法的论著常常随着有关的法律的制定和废止而增删。研究经济法要不断地研究新法律，淘汰旧法律。但有时为了明了过去，也要研究旧法律。

【后记】1990年，法学研究所港澳台法律研究室编辑了一套“台湾法律丛书”，旨在向大陆人民介绍台湾民商法律。丛书中有一本是《台湾经济法》，由我撰写。我在这本书的后记中说：“著者在主编‘台湾法律丛书’时，深感要向大陆同胞介绍台湾法律，除了一般的民商法律外，必须把40年来与台湾经济发展具有密切关系的一些法律加进去。这些法律就是本书所论述的各种法律。根据著者的研究，这些法律正是‘台湾经济法’的内容，因而写了这本书。”这本书共分七章，除第一章为“绪论”外，其他六章是：“土地法、土地改革法与土地利用法”“农业法”“‘国有’财产法与‘国营’事业法”“企业法”“投资法”“公平交易法”。本书由中国广播电视出版社于1993年8月出版。

本文是该书第一章“绪论”的前半部分。本文是作者对“经济法”的看法。本文中说：“经济法调整的经济关系一般地原属于民事关系，……（而）调整方法是政府运用公权力的直接干预。”这一点在土地法中表现得最为典型。除了土地改革之外，在本书叙述的“都市土地重划”和“农业重划”中都是极为典型的。我国近年来在城市实行的“危房改造”“旧区房屋改造”也有相似的意义，值得研究——2002年作者记。

联邦德国调控宏观经济的法律

——《稳定法》

一、概说

联邦德国在第二次世界大战中战败后，经济濒于崩溃，民不聊生。如何恢复并发展经济，成为举国上下考虑的根本问题。有人主张恢复完全的自由经济（自由市场经济），这对于饱受“二战”期间统治经济之苦的德国人民有一定的吸引力；有人主张实行计划经济，这对于战败后向往社会主义的人民也有号召力。最后，联邦德国决定走社会市场经济的道路。这种制度的特点在于，一方面，在微观方面，实行市场经济，即实行生产资料私有制，维护企业经营自由和竞争，尽量发挥个人和企业的生产积极性和经营积极性；另一方面，在宏观方面，国家通过货币、信贷、税收、投资等经济政策以及职工参与企业管理等社会政策对国民经济实行适当的计划调节和规制，[①]使整体经济朝有利于国家的方向发展，防止经济危机，避免国家发生动荡和不安。

所谓“社会市场经济”，依照倡导这种制度的德国新自由主义经济

① 规制（Lenkung）兼指国家对经济的限制、引导和促进。

学家缪勒·阿尔玛克（Müller-Armack）的说法，这种制度“不是放任不管的自由主义的市场经济，而是有意识地加以指导的，也就是在社会指导下的市场经济”。

在这种经济政策和经济制度下，从20世纪50年代到60年代初，联邦德国的经济不仅得到恢复，而且有了很大的发展，被称为“经济奇迹”。60年代中期，资本主义世界发生经济危机，联邦德国也受到很大的冲击。但联邦德国能较快地度过危机，国民经济又持续增长。为了使社会市场经济制度固定下来，得到举国上下的认可，联邦政府在多年经验的基础上，总结过去的一些政策和分散的法律，制定了一个全面规定社会市场经济的目标和方针以及各种措施的法律，即《稳定法》。

联邦德国注重法律的作用，在经济方面，不论在宏观方面对整体经济的调控，或者在微观方面对企业经营自主的保护，都全面地用法律去规定。这样，既充分保持国家政策的严肃性和透明度，明确国家和企业的权利和义务，又使人民和企业都能对国家的一切措施有所遵循。在经济正常发展时，企业能放心地发挥自主权、大胆经营，不必担心政府的行政干预；在发生经济危机时，政府通过法定程序对企业活动进行干预。不论处于哪种情形，企业都受到法律的保护，政府都依法行事。即在政府干预时，实际上也对企业有利，企业也乐于接受干预，遵守政府的一切指导。这是联邦德国作为一个法治国家的特点。

社会市场经济既然包括宏观调控经济和微观发展经济两方面，那么这种经济中的法律也包括这两方面。在微观方面调整经济的法律即在一般市场经济中原有的民商法律，为德国所固有；在宏观方面调控经济的法律大多是实行社会市场经济以后新制定的。这后一类法律，在德国属于“经济法”一类。《稳定法》则是其中最具全面性和根本性的一种法律，被称为“经济宪法”。

二、《稳定法》

《稳定法》的全称是《经济稳定与增长促进法》,[①] 于 1967 年 6 月 8 日公布，是规定社会市场经济的目标、总方针和一些重要措施的法律。其主要内容如下。

（一）社会市场经济的目标和总方针

本法第 1 条规定社会市场经济的目标和总方针。这一条是对社会市场经济的总的描述。条文是：“联邦和各州应该通过各种经济的和财政的措施以达到总体经济的平衡。这些措施的目标在于：在市场经济体制下促使经济持续地适当地增长，同时保持物价水平的稳定，高度就业和对外经济平衡。”

西方经济学家凯恩斯曾提出物价稳定、对外支付平衡和充分就业为经济繁荣的三个主要标志，被称为“凯恩斯三角”。联邦德国经济学家又加上经济适当增长而使之成为四点，被称为“魔术四角”。这里把这四点作为社会市场经济追求的目标而规定在法律里。[②] 在这四点中，经济增长是核心，总体经济的平衡是总的目标。

法律要求各级政府（联邦、各州、地方）的一切施政都必须以这

① 德国的法律大多有一个“简称”和一个“全称”。

② 以后德国经济学家又加上“公正分配”和“生态平衡”，作为宏观调控经济的六大目标。

几点为总目标、总方针。这里要注意的是，要求“总体经济的平衡”而不是某一方面的平衡，要求经济持续地适当地增长而不是一时地过快地增长，要求物价水平的稳定而不是某一种物价的稳定，要求高度就业而不是充分就业，要求整个对外经济的平衡而不仅仅是对外贸易的平衡。

总之，促进国家经济的稳定和增长，在稳定中求增长，在增长中又要保持稳定。

（二）经济决策民主化

为实现上述的目标，政府必须根据国家的经济形势，作出经济决策。这里有两个步骤，先要对过去和现在的经济形势（经济情况）作出判断（鉴定），然后作出对策。在这方面，联邦德国有一套行之有效的办法，规定在《稳定法》第2条。

德国于1949年把全国五个大的经济研究机构联合起来，组成德意志经济研究所联合会，专门对国家经济情况进行定期的研究。1963年8月14日，德国公布了一个法律：《组织专家委员会就总体经济发展提供意见的法律》。这个法律规定，政府选任五名有权威的经济学家组成一个独立于政府机构的、纯民间性质的委员会（因而被称为“五贤人会”）。这个委员会每年对国家经济进行总结，作出鉴定和预测，并提出政策性意见。

《稳定法》第2条规定，联邦政府应在每年1月向联邦议院和联邦参议院提交一份年度经济报告，报告应包括：

（1）对于上述专家委员会的年度意见书提出政府的意见；

（2）政府应提出经济年度计划，说明联邦政府在本年内要致力争取的经济上和财政上的目标；

（3）说明本年内政府要采取的经济政策和财政政策。

这一条规定联邦政府针对国家经济情况作出决策的程序：（1）先由非政府的专家委员会提出意见；（2）再由政府发表意见；（3）政府作出决策，制定政策。这种决策过程的特点在于：（1）结合非政府专家组织和政府双方面的意见；（2）根据前一年的经济情况作出今年的对策。

联邦议院和参议院最后作出决定（批准或不批准政府的年度经济报告）。

《稳定法》第 2 条的这种规定表现决策的民主性和公平性。

（三）危机发生时的全国“一致行动”

只要发生危及第 1 条规定的一种情况，就是“危机”。政府应立即制定对全国的“指导方针”，全国各级地方政府、各同业公会、各个企业乃至人民都应该遵照“指导方针”的要求，在联邦政府统一领导下，采取“一致行动”，以克服危机，恢复第一条所要求的“总体经济平衡”（第 3 条）。

前一条规定的是政府每年（在任何时候）应该做的事；这一条规定政府在“危机”发生时应该做的事。什么是危机？只要“发生危及第 1 条规定的各项目的之一的情况”就是经济面临危机。这时政府就应对国家经济进行调控，即干预。政府把要采取的各种干预措施和要求企业做到的事规定在“指导方针”里，向全国发布。全国就应该按照指导方针的要求进行“一致行动”，以对付危机。

这一条规定赋予了联邦政府以领导全国共同克服危机的权力，全国（包括地方政府与企业等）就有服从政府领导的义务。这就是说，这时政府取得干预企业的权力。平常时期的自由市场经济就应该置于政府的调控之下。

（四）本法的协调机构

本法第 18 条规定，联邦政府设立一个“国家经济平衡发展委员会”，由联邦经济部长、财政部长，每州 1 名代表，乡镇与县的代表 4 名，作为讨论和制定“为达到本法的目的所必需的一切经济平衡发展措施”的常设机构。

（五）保障措施，各种计划

本法第 5 条规定在联邦财政中设立“经济协调储备金”，供经济发生衰退时动用。此项储备金的筹集、存储和动用分别规定于第 15 条、第 7 条和第 5 条等。

本法第 9 条还规定联邦财政部应制定财政五年计划与各年度计划。

本法第 10 条规定联邦各部应逐年制定投资计划，由财政部编制联邦的投资总计划。

第 17 条规定，联邦与各州相互间应该提供为贯彻经济平衡发展的财政管理以及制定各自财政计划所必要的情报。

（六）其他措施

本法规定了为保持经济平衡发展的其他各种措施，如动用财政补助、促进企业的生产（第 12 条），调整或控制各种支出、信贷、投资（第 6 条、第 11 条、第 19 条等）等。

《稳定法》中规定的许多措施都要经过联邦议院和联邦参议院的批准。这是联邦德国作为法治国家的表现。

三、其他配套规定

联邦德国对国民经济实行宏观调控，除了《稳定法》中所规定的国民经济的总目标与达到总目标的调控措施之外，还有许多配套的法律。这里只举出两方面的法律。

一方面是执行货币政策的《联邦银行法》。德国的联邦银行（中央银行）是一个自主性极高的机构，在执行“保卫货币”的任务时，不受政府的指挥，也不受议会控制。为了完成这一任务，可以不支持政府。联邦银行只在完成这一任务的前提下应支持政府。

另一方面是维持劳资关系的《参与决定法》（1976年）、《企业委员会法》（1972年）以及《工资契约法》（1969年）等。依照这些法律，工人参与企业的管理、监督企业的经营，对企业各种事务有讨论、建议甚至参与决定的权利。工人的工资每年由工会、企业和政府三方面会商决定。早在1966年，政府就采纳专家委员会的建议，以法律规定工资应随生产增长而增加。在每年三方协商时，政府向劳资双方提出上一年经济情况和下一年经济形势，指导双方协商决定下一年的工资，然后劳资双方订立工资协议。这样，就提高了企业职工的积极性和稳定性，减少了劳资纠纷。

总之，联邦德国实行社会市场经济制度，通过经济法律在宏观和微观两方面管理经济，又通过社会性的各种法律维护劳资关系，这样就收到经济稳定，社会安定的效果。

【后记】1988年，我国实行改革开放已有多年，政府有关机构努力研究外国调控经济的法律规定，作为他山之石，以资参考。

是年 11 月，我应邀在国家计委演讲《运用法律手段调节经济》，主要介绍了德国和日本的一些法律。随后又专门介绍了德国的《稳定法》（法的全文和介绍均刊载于 1988 年 12 月 5 日国家计委体制改革和法规司的《计划体制改革与法规研究资料》第 16 期）。本文是当时所写的文章——2002 年作者记。

西方国家税法中的几个基本原则

“以法治税”，这是我国近年来提出的一个重要问题。“以法治税”就是说，税收工作（税务工作）要完全建立在法律的基础上，也就是说要在税收工作中贯彻法治原则。税收工作有两方面，一方面是国家向人民（包括企业）征税，另一方面是人民向国家纳税。要把法治原则贯彻到这两方面，就是国家要依法征税，人民要依法纳税。只强调一方面是不全面的。但是在世界各国，原来就只强调后一方面，即要求人民依法纳税。直到资产阶级推翻封建统治者，建立了近代国家，才注意到前一方面。现在各国宪法中，多数都有一条，规定人民有纳税的义务；只有一部分国家，同时也规定政府（国家）应该根据法律向人民征税。

西方国家的法学家，特别是税法学家，原来也只注重研究人民依法纳税一面，以后逐渐注重到前一方面。从历史上看，这种情况是不奇怪的，可以理解的。在封建专制国家，皇帝或君主向人民征税是不受任何限制的，不需要任何法律依据，当时只要求人民服从，要求人民依法纳税。以后资产阶级建立了近代国家，要求政府征税也要依照法律办事。但是政府是统治者，是掌握权力的，人民是被统治者，必须服从于政府的权力，所以要求人民依法纳税就容易些，要求政府依法征税就不那么容易。因此，近代的法学家、税法学家研究税法时就特别注重政府依法征税一方面，至少是同时注重两方面。在一些西方国家，为了保证做到这一点，建立了一些制度，制定了一些法律。研究税法的学者，根据这些制度和法律，归纳总结出一些原则来。我们研究西方国家税法里的一些原则，也可从中得到一些借鉴。

以下介绍西方国家税法中的四个基本原则：（一）税收法定主义，（二）税收公平主义，（三）实质征税原则，（四）促进国家政策的实施的原则。在这四个原则中，第一个原则即税收法定主义是最主要的。对这个原则也就要讲得多一些。

（一）税收法定主义

税收法定主义又称为税收法律主义。在近代刑法中有一个罪刑法定主义，这是近代刑法中的一个主要原则。这两个主义有密切的关系，因为这两个主义都是近代人民反对封建统治者争得的。在封建社会，封建统治者即国王对人民有无限的权力，既可以任意践踏人民的人身权利，对人民可以随意杀戮，也可以任意侵犯人民的财产权利，对人民的财产可以任意掠夺。人民在人身和财产两方面都得不到保障，都没有安全可言。在封建社会末期，以新兴资产阶级为代表的人民起来用各种方式同封建统治者进行斗争，其目标就是要争取这两方面的安全和保障。当时提出两个口号，一个是人民的人身自由不容侵犯，一个是人民的财产权利不容侵犯。以后资产阶级革命成功了，资产阶级建立了近代国家，也把这两点巩固下来，规定在宪法里。现代各国宪法里仍然有这两方面的规定。关于保护人身权利方面，各国宪法都规定：政府非经法定程序不得任意逮捕、关押人民，非经法院依法审判不得任意定罪处刑。而法院又只能按照刑法的规定才能对人民判罪处刑，这就是刑法中的罪刑法定主义。至于在财产权利方面，现代各国宪法都规定对人民的财产要依法保护，不得任意侵犯（例如没收、征收、剥夺等）。向人民征税也必须依照法律的规定进行，必须有法律根据（国王向人民横征暴敛，是无须有什么法律根据的）。如果没有法律根据而要向人民征税，就是侵犯人民的财产权利。现在许多国家的宪法规定政府非依法律不得向人民征税，这就是“税收法定主义”或称“税收法律主义”。所以税收法定主义和罪刑法定主义是近代国家保障人民权利的两大手段，一个保障人民的财产，一个保障人民的人身。

税收法定主义在各国都是通过长期的斗争（人民同封建君主的斗争）而确定的。例如在英国，贵族同国王进行了长期的斗争，在1215年双方订立了“大宪章”，国王承认未经全体贵族同意不得任意收税，这是世界历史上第一次对国王征税权的限制。限制国王的征税权，也就是使国王不得任意侵犯人民的财产。到1689年，英国建立了国会，国会制定了“权利法案”，其中规定，国王不经国会同意而任意征税，就是非法。这样，国王就不能任意征税，只有国会才能通过法律向人民征税。这个制度在英国固定下来了。再如美国，美国在1776年宣布独立时，在独立宣言中指责英国“未经我们同意，任意向我们征税”，把这一点作为反抗英国的原因之一。以后美国独立了，在宪法中也把这一点加以规定。再如法国，1789年法国发生大革命，发布“人权宣言”。其中虽未直接规定征税问题，但规定人民财产不得任意侵犯，也就包括了征税问题。

在现在各国宪法里，如美国宪法第1条就规定征税的法律必须由众议院提出。就是说，只有众议院提出并通过了法律后，政府才能向人民征税。法国宪法第34条规定“征税必须以法律规定”。日本宪法第84条规定：“征收新税或改变现行税收，必须以法律定之。”意大利宪法第23条规定：“不根据法律，不得规定任何个人税或财产税。”这些规定都表现了税收法定主义的原则。

详细地说，税收法定主义的内容有以下几方面：

（1）税种必须由法律规定。一个国家向人民征什么税，征哪几种税，应由法律规定。每开征一种新税就要制定一种法律。法律所未规定的税不能向人民征收。

（2）每种税的征税要件必须在法律中明确规定，不得由行政机关（包括税务机关）自行规定。征税要件是指纳税人（纳税义务人）、征税对象、征税标准、税率。征税要件如未在法律中明确规定而任由税务机关自行确定，即给予税务机关自由裁量权，是不对的。例如个人所得税，哪些人应该交税，应该按什么税率交税，都必须在法律中规定明确，不能由税务机关决定。

（3）无法律规定，行政机关（税务机关）不得任意减免税收。

（4）征税程序也应由法律规定。

（5）法律应该规定税务争议的解决办法，也就是说，人民在不服税务机关的决定时，有权依一定程序求得解决。税务争议不能只由税务机关处理，必须由法院处理。现代各国，有专门设立税务法院的（如联邦德国），有由普通法院处理的。

关于以上几点还要说明两点：第一，这里所说的法律是指立法机关制定的法律，即狭义的法律，不包括行政法规。第二，对税务法律，解释应该从严，不得扩大解释，不得类推适用。在这方面，税收法定主义也同罪刑法定主义是一样的。

以上是关于税收法定主义的一些问题。

（二）税收公平主义

又称为税收平等主义，不过“公平”比“平等”更进一步。

在封建社会，人民在法律上是不平等的。贵族可以不纳税，平民要纳税。资产阶级革命后提出“法律面前人人平等”，其中也就包括了人民在纳税方面要平等。1789年法国大革命后发布的“人权宣言”中规定“税收应在全体公民间平等分摊”。现代各国都在宪法中规定了公民平等的原则。随着时代进步，税收方面不仅要求一般的平等，还要求公平。因为每个人（企业）的具体情况不同，仅仅要求形式上的平等是不够的，还必须要求公平，即实质上的平等。

如何算公平呢？税法学者有主张“利益说”的，即，凡从国家得到的利益多的人应该多纳税。财产多的人要求国家用更大的力量去保护他的财产，就从国家得到较大的利益。享受国家的福利设施较多的人从国家得到较大的利益。但谁能从国家得到较多的利益是难以确定的，而且许多从国家享受利益的人（如领养老金的人、受救济的人）是不能纳税的。所以有的税法学者主张“负担能力说”，即按各人的负担能力纳税。现代各国征税，不仅要考虑各人的负担能力，还要考虑其他一些政策上的因素。总之，要根据一些不同的因素使税收负担在全体国民（包括自然人和法人）间分配得公平合理。

一般来说，衡量国民的负担能力（纳税能力）可以有三个标准。第一是财产。税是国民向国家缴纳的金钱（纳税人也包括外国人），也就是纳税人的财产。所以有财产的人应该纳税，财产多的人应该多纳税。所以要看一个国家的税收制度好不好，是否公平合理，就看在那个国家里，财产多的人是否多纳税。封建社会里的税收制度不合理不公平，就因为在那里财产多的人不纳税，没有财产或财产少的人反而要多纳税。所以在现代国家里，财产税是一个重要的税种，也是一种比较合理的税种。财产税包括土地税、房产税、遗产税等（征收遗产税还有其他政策上的理由）。第二是所得。所得就是个人（包括自然人和法人）的纯收入。现代国家主要的税是各种所得税。所得愈多的人，其负担能力愈大，纳税愈多。在各国实行所得税的初期，对于所得税是否合理，甚至对于所得税的累进税率是否合法（是否符合税收平等原则）都曾有过争论。在有的国家还曾引起过所得税累进税率是否合宪的争论。现在大家都认为，征收所得税，实行累进税率是合理的，形式上似乎不公平而实质上是公平的。当然，所得税要做到公平合理，有许多问题，如费用扣除问题（对个人所得税来说，扣除纳税人与其被扶养人的生活费用）、免税问题（如所得用于慈善事业的部分免予计入所得额）、应税所得额的计算问题等。所得税的问题在现代各国税法中都是很复杂的问题。第三是消费行为。从一个人的消费行为来决定一个人的负担能力，应该多纳税还是少纳税。对普通人的一般消费行为不征税或少征税，例如盐税，越少越好。对一些特种消费行为（如烟酒、跳舞、打高尔夫球等）要征税。因为能从事这种消费行为的人就有负担能力，要他们多纳税是公平合理的。

以上是在税收公平主义之下，税法中应注意的几个问题。

（三）实质征税原则

征税应该注重纳税人的实质，审查征税要件要从实质上去审查，而不能只从形式上去看，这是实质征税原则。也就是说，决定纳税人的负担能力要求实质上的真实，而不能只看行为的外观。

联邦德国《租税通则法》第 42 条规定："纳税义务人不能借民法之形式而规避税收……"日本所得税法也有类似规定，例如房产税通常按租金多少征税。如果一个人出租房屋，每月收租金 200 元，为了逃税，他在租约上只写每月租金 100 元，这样他就可以逃税。依照联邦德国和日本的法律，税务机关遇到这种情况，如果认为其租约上所订租金显然低于市价，显然不合理，就可以不按租约而另行合理估价，据以收税。又如各国遗产税法有这样的规定，被继承人在死亡前 3 年内赠与配偶、子女、子女之配偶的财产，仍计入遗产总额中征收遗产税。又如各国公司所得税法中规定，母公司与子公司之间的经济行为，关于成本、费用、损益摊派等之计算，如有不合常规之情形，税务机关可以改按常规征税。所以实质征税原则既是保证税收公平合理的一种手段，也是防止纳税人偷税漏税的一种办法。现代跨国公司为了逃税，常常玩弄一些花样，税收机关为了防止其逃税，就利用实质征税原则。各国税法中也有很多是贯彻实质征税原则的。

在外国还有过这样的事例，企业纳税人故意迟延缴纳所得税，而把应缴的税款移用去经营牟利，赚了很多钱，这样他再纳税，即使加上 3‰的滞纳金，仍然是赚了钱。这个企业就是钻了税法的空子，实施了损害国家而有利自己的行为。税务机关查实之后就对企业这样赚的钱再征税。当然，税务机关这样做也是要有法律根据的。

（四）促进国家政策的实施

国家向人民征税，其目的在增加国家的收入，供国家支出之用。这是近代国家征税的主要目的、直接目的。

在封建国家，税收的目的是供应封建统治者享乐，这种历史早已过去了。近代国家征税的目的就在维持国家的支出。随着国家职能的变化，现代国家利用税收政策以实行国家的一些政策，达到国家政策上的各种目的。

第二次世界大战后，许多国家利用税收以调节国民收入，进行社会财富的再分配。特别是在一些号称福利国家的国家里。例如在瑞典，实行高额遗产税，其目的就在于使有大量财产的人死后不能将大量遗产留给后代而将遗产的一部分纳入国家，这样，增加了社会财富，限制了个人财产的增加。在继承人方面，这样也可以减少其不劳而获，鼓励人不要依赖遗产生活，使人不要依赖先人遗产而挥霍无度。所以征收高额遗产税可以起到多方面的作用，特别是可以为社会积累财产，限制私人财产的增加，对于社会发展是极其有利的。

所得税也有这种调节收入的作用。绝大多数国家在所得税（特别是公司所得税）方面实行高额累进税率，目的就在于抑制个人财富的无限增加，抑制公司财富的无限增加。

通过所得税的减免也可以调节国民收入，譬如对某种行业、某种职业的人减免其所得税就可以促使这种职业的人有较多的收入，使这些人逐渐富起来。

所得税还能发挥多方面的作用，以协助国家实行各种各样的政策。

例如人口政策。在限制人口的国家可以在征收个人所得税时对多子女家庭少扣除费用，对少子女家庭多扣除费用（例如对第一个子女扣除费用较多，对以后增加的子女扣除费用少），以鼓励少生子女。鼓励人口增加的国家可以用相反的方法鼓励多生子女。

例如教育政策。有的国家和地区对教育工作者在所得税方面给予优惠以鼓励人民从事教育工作。我国台湾地区征收个人工资所得税时，对幼儿园教师、小学教师、初中教师的工资收入都不计入应税所得征税。这样可以鼓励人到这些地方去当教师，可以使人宁愿当初中教师而不当高中教师。这样可以使愿到小学和初中去当教师的人多，小学和初中可以择优录用，可以提高小学和初中的师资质量。这样还可以鼓励人开办幼儿园，开办小学，使社会上的幼儿园增加，解决社会上的幼儿教育问题。可见，税收制度可以起到各种各样的直接或间接作用，有助于国家各种政策的推行。

外国有许多资本家愿意向学校、研究机构、宗教团体、慈善机构捐款，当然有多种原因，其中之一是，如果一个人所得过多，要缴纳极高的所得税，但如将这部分超过一定限额的所得捐给上述各种机构，即可不计入应税所得。纳税人觉得与其保留这部分所得而自己只能得一小部分，不如放弃这一小部分而将全部捐出，反可得到好名声。这样，国家既抑制了个人财富，又鼓励人乐善好施，进而增加了学校、研究机构的资金而促进了学术事业的发展。

总之，现代西方国家都已把税收不仅仅当作一种简单地增加国家收入的手段，而当作一种推行国家各种政策的手段。这是我们研究西方国家税法基本原则最后所应注意的，也是我国应该向外国借鉴的。

【后记】1989 年，当时的北大分校举办一个“以法治税研讨班”，我应邀去讲了这个题目。这是后来整理出的，收在《以法治税简论》一书中（刘隆亨主编，北京大学出版社 1989 年版）——2002 年作者记。

论著作权

目　次

关于著作权（版权），有一些理论问题有待进行深入的探讨。本文谨提出几个问题并提出自己极不成熟的意见，请读者批评指正。

一、著作权的意义

著作权的意义，依各国著作权法的规定，有很大的不同，可以分为最广义、广义和狭义三种。

最广义的著作权指一个国家以著作权法保护的著作权人对该法律中所规定的各种作品所享有的排他性的权利。这种最广义的著作权包括一切以著作权法保护的权利，包括下述广义的著作权、著作邻接权，还包括所谓工业版权，特别是对计算机软件、半导体芯片的权利。例如《联合王国1988年版权、外观设计与专利法》第一编《版权法》第1条第1款规定："版权是一种财产权利，该种财产权依本编存在于下列各种作品：（a）具有原创性的文学、戏剧、音乐或艺术作品，（b）录音、影片、广播或电视节目，以及（c）版本之版面安排。"[①] 这里把"版本之版面安排"也定为"作品"，对于"版面安排"的权利也就属于著作权了。

就我国的《著作权法》说，其中规定了传统的著作权以及著作邻接权，还在第53条规定了计算机软件的保护，可见这个最广义的著作权在我国包括传统的著作权、著作邻接权以及对计算机软件的权利。

正因为这样，才能说，著作权法（实质意义上的）是规定著作权人享有的著作权的法。

最广义的著作权的范围是随着历史的发展而发展的。其中著作邻接权发生较迟，工业版权则在近几十年才被承认。这种范围也是随各国的著作权法制而不同的。

这种最广义的著作权，在研究各国的著作权法制时具有重要意义。由此可以比较不同国家以著作权法保护的权利的范围。但在著作权的理论研究上，一般不采用这个最广义的著作权的概念。

不过我们也不能否定这种最广义的著作权的意义。因为在我们对整个"民事权利"（私权）进行分类时，就需要这个最广义的概念（参

---

① 引自国家版权局出版《联合王国1988年版权、外观设计与专利法》第一编《版权法》（唐广良译、郑成思校）。以下称英国1988年版权法。

看本文最后一节:《著作权在民事权利中的地位》)。

广义的著作权指除著作邻接权和工业版权以外著作权人所享有的对其作品（著作物）的权利。这个广义的著作权相当于我国《著作权法》第二章第二节（著作权归属）中所规定的权利。其中包括作者的著作权（通称原始著作权或第一次著作权)、编辑著作权、改编(包括整理、注释等)著作权、委托作品(雇佣作品)的著作权等。

在最广义的和广义的著作权，著作权人与作者（著作人，创作人）不必是同一主体。例如编辑著作权属于编辑人（我国《著作权法》第14条)、委托作品的著作权可以属于委托人（第17条）等。

承认最广义的和广义的著作权，除了实定法的意义（著作权法中作了规定）外，一个重要的理论问题是，是否承认编辑人的工作、表演者的工作，甚至录制者的工作也属于“创作过程”，著作邻接权和作者权有没有本质的不同，应否在同等水平上保护作者的权利和作品传播者的权利，应否区分著作权与著作邻接权。[①]

狭义的著作权即传统的作者权，又称原始著作权或第一次著作权，指著作人（作者）对其创作的著作物（作品）所享有的权利。这就是我国《著作权法》第10条所规定的著作权。

狭义的著作权较之前两种，其特点之一是，著作权人就是作者，或者说，作者才享有著作权。例如著作邻接权是作品传播者权，不是作者的权，因而不属于狭义的著作权。又如编辑著作权，由于编辑者不是作者(严格意义上的)，也不属于狭义的著作权。我国《著作权法》第11条规定:“著作权属于作者……”，这里所说的著作权当然只是狭义的著作权。

---

① 参看郑成思:《版权法》，中国人民大学出版社1990年版，第62—63页。

这样的划分当然不是十分严格的。不过这样划分，对研究著作权法有好处。譬如在研究我国的著作权法时，如不承认这种划分，就不能理解不同条文中所用“著作权”一词的确切含义。

著作权作为一种民事权利，由下列三种要素构成。第一，权利主体。第二，权利客体。受著作权法保护的客体的范围，由法律规定。如我国《著作权法》的第 3 条、第 5 条。第三，权利内容，即权利人（著作权人，权利主体）所得享受的利益和行使权利的方式。著作权人所得享受的利益包括经济的利益和非经济的利益，著作权人行使权利的方式是直接支配其客体而不是请求他人为一定的行为或不行为（在这一点上，著作权与一般所有权相同而与债权不同，所以著作权曾经被称为无体财产权）。

根据这三种要素可以对著作权进行分类。例如根据主体可以分为作者的著作权与作品传播者权（著作邻接权），又把邻接权分为表演者权、录制者权、广播者权等。根据著作权主体的多少可以分为单独著作权、共同著作权。根据著作权的客体可以分为文学著作权、美术著作权、音乐著作权等。根据客体的性质也可分为原始著作权和第二次的著作权（基本著作权和派生著作权）。根据著作权的权能的内容可以分为署名权、发表权、复制权、上演权、翻译权等。

本文对于最广义的和广义的著作权，不作详细论述。以下只就狭义的著作权谈几个问题。

关于狭义的著作权，有一个重要的问题。就是著作权、著作财产权、著作人格权（人身权、精神权利）的划分、相互关系以及其各自的性质的问题。下面拟就这个问题专门进行讨论。

二、著作权、著作财产权与著作人格权（精神权利）

在实定法上和理论上，对著作权（狭义）有三种不同的概念和规定方式。

第一种，著作权是一种财产权，即著作财产权（属于无体财产权），是一种对无体财产（无体物，即著作物）进行直接支配而取得经济上利益的权利。至于著作权人（作者）对于作品取得非经济的利益（精神上的利益，人格上的利益）的权利（通称为精神权利或著作人格权），不在著作权的概念之内，也不由著作权法予以保护。典型的例子是从前英国法中的版权概念。版权只是一种财产权，作者的精神权利是普通法中的权利，由普通法予以保护。早期大陆法理论也认为著作权是精神所有权（或无体财产权），与一般所有权（有体物所有权）相同。

第二种是在著作权法中规定著作财产权和著作人格权，但二者是性质不同的两种权利。前者与一般所有权相同，而后者为民法上一般人格权的一种。著作权法中虽将二者都作规定，但两种规定互不相同，互相独立。例如法国《文学、艺术产权法》（1957 年）第 1 条规定作者对其作品享有无形财产所有权，这种权利具有精神和财产两方面的内容。日本《著作权法》（1970 年）在“著作人的权利”下规定著作者人格权和著作权，这里的“著作权”实际上是著作财产权。英国 1988 年版权法也先规定版权是一种财产权，另规定精神权利（著作人格权）。这些规定都是把著作权首先作为一种财产权利，即着重于财产权方面，其次对人格权与财产权二者的规定（如继承、转让等）加以分别对待。这是这一种的特点。

第三种是将著作财产权与著作人格权作为单一的著作权概念中两个密切联系、不可分离的侧面。著作权是单一的权利，但具有两方面的性质。著作财产权和著作人格权只是著作权的两种权能，不能对二者进行绝对的划分，法律对二者也不能作不同的规定。德国《著作权法》(1974年)在“著作权的内容”一节首先规定著作权应保障著作人关于其著作的智慧的、人格的及用益的权利(第11条)，然后分别规定著作人格权(第12条至第14条)与利用权(第15条至第24条)和其他权利(第25条至第27条)。

以上三种情形中，第一种在大陆法国家早已成为历史，就是在英国，也因英国1988年版权法的公布而成为历史(这个法中已有“精神权利”专章)。不论是把著作权作为单纯的财产权，或者作为单纯的人格权，都已不能成立。就像英国，原来并不否认作者的精神权利，但只把它作为一般的权利，由普通法去保护。对这种办法，现在也不再坚持了。

至于第二种与第三种情形，现在仍然存在，被学者称为著作权法的二元结构和一元结构。这两种方式在处理著作财产权与著作人格权的关系上有所不同，但在把著作权或把著作权的内容划分为两部分，即著作财产权和著作人格权一点则是一样的。对著作权的这种理解，以及著作权法的这种规定方式，当然是历史形成的。对历史形成的事物，无可厚非，但应该随着时代的发展而重新研究，作出新的认识和评价。

这里有两个重要的问题应该探讨。第一，对传统的“著作财产权”和“著作人格权或精神权利”两个概念的再认识。第二，对把著作权的内容划分为著作财产权与著作人格权(精神权利)的再认识。

（一）对传统的“著作财产权”和“著作人格权”的探讨

把著作权作为一种复合的权利，认其为著作财产权（或经济的权利）和著作人格权（人身权、精神权利）的并合，这是迄今为止著作权理论中的通说，也是各国著作权法的内容。原来不在著作权法中规定精神权利的国家（如英国）现在也作了规定。德国著作权法不称为财产权而称为利用权。现在先分别探讨这两种或两类权利。

1. 关于著作财产权

著作财产权，或称经济权利，一般指著作人可以从著作物得到经济利益的权利。这种权利在历史上，最初以“精神所有权”和“无体财产权”出现，现在则成为著作权中的财产权（有的国家则径直把它作为著作权）。

从精神所有权演变到现在的著作财产权，理论上有一个共同点，就是认为著作财产权与一般的所有权（有体物所有权）性质相同。著作财产权是直接对著作物进行使用、收益与处分的权利。在性质上，是支配权，又是对世权（法国《文学、艺术产权法》第 1 条第 1 款），具有经济价值，有继承性等。这些与一般的所有权相同。

但是著作财产权与一般的所有权又有重要的不同。二者的不同是由于客体不同而产生的。一般所有权的客体是有体物（或有形财产），著作财产权的客体则是被称为“作品”（著作物）的一种无体物（无形资产）。由于这种根本的不同，著作财产权与一般所有权又有一些重要的本质上的差异：（1）在一般所有权，由于客体是特定的有体物，权利人不可能同时在多种情形下使用该物；在著作财产权，权利人就有可能同时在数种情形下利用作品。例如著作权人同时可以将作品允许他人出版、翻译、改编、广播等。（2）就处分的范围来说，对所有权的各种权能固然可以个别地处分，但就同一种权能不能再分割地处分。但在著作财产权，不仅对其各种权能（如复制权、播送权、表演权）可以个别地处分，也可以对之再作分割的处分（例如作者可以对播送再分割地允许无线电广播电台使用，还可以允许有线电广播电台使用等）。（3）著作权虽然也有排他性，但与所有权不同，并不能完全排除他人对著作物的使用（我国《著作权法》第22条）。（4）著作财产权有保护期，这一点是一般所有权所没有的。

著作财产权不能等同于一般所有权，不过还是具有财产权的性质。所以单就通称为著作财产权的内容来看，称著作权为无体财产权，把它与一般所有权并列归入财产权一类，是有道理的。过去对民事权利的分类正是如此。

2. 关于著作人格权

著作人格权是大陆法国家的名称，英美法国家称之为精神权利。

究竟什么是著作人格权，什么是精神权利，一般认为它是著作人从其作品取得人格上的（精神上的、非经济的）利益的权利，或者说是作者通过创作表现其个人品格的作品从而获得名誉和维护作品的完整性的权利。[①] 被各国共同列入这种权利的并且为《保护文学艺术作品伯尔尼公约》规定的最基本的两项为“作者身份权”与“维护作品完整性权”。此处还有修改权等。

许多学者认为这种权利是表现作者的人格的，具有“一身专属性”，因而是不可转让、不可抛弃、不可继承的，与民法中的自然人的一般人格权相同。甚至有人认为这就是一般人格权的一种（如日本的胜本正晃、榛村专一）。

---

① 沈仁干、钟颖科：《版权法概论》，黑龙江教育出版社1988年版，第37页。

实际上，著作财产权与一般所有权有相同的地方，可以把它归入财产权之类，而著作人格权与一般人格权之间却丝毫没有共通之处。

二者的不同首先存在于权利的客体上。自然人的一般人格权的客体是自然人的人身（生命、健康、自由等）与人格（姓名、名誉等），而人格是存在于人身上，与人身不可分的。因而人格权也是与人身不可分的。离开人身就不存在什么人格权。这是人格权的“一身专属性”①。侵犯了人格权就当然地损害了权利人的人身或人格。例如侵犯了生命权、健康权或自由权，也就损害了人身；侵犯了姓名权、名誉权，也就损害了人格。人格权与人身（或人格）为一体。而著作人格权与著作财产权一样，以著作物（作品）为其客体。著作物是离开著作人的人身而存在的。著作物是著作人的脑力劳动的产物，是著作人的思想的表现（精神产物，智力成果等），但它究竟不是思想本身，也不是脑力本身，而只是脑力活动或思想活动（创作活动）的产物并体现在外的。著作物表现思想，是思想的客观存在。因此，它是独立存在于著作人的“人身”之外的。著作物不仅与著作人的人身（主要是大脑）可分，而且必须在分离后（得到独立存在之后）才能成为著作权的客体。著作人格权与著作人的人身或人格都是分离的。侵犯了著作人格权并不会损害著作人的人身，也一般地不会直接损害著作人的人格。例如侵害了署名权和作品完整权绝不可能损害著作人的人身和人格。有时侵犯了署名权可能损害著作人的名誉，但这与直接损害名誉（侵犯名誉权）毕竟不同。因此，著作人格权并不具有一身专属性。②

---

① 因此，在民法里，也有人把人格权称为人身权，或者把人格权与“身份权”合称为人身权，但本文作者不赞成这两种提法。

② 著作人格权既然没有一身专属性，当然可以放弃、可以转让、可以继承。这在民法中并不奇怪，因为它不是“人格权”。

由于上述的根本性的不同，一般人格权与著作人格权还有下列不同：（1）凡自然人（从出生到死亡）都享有一般人格权，但不是一切自然人都享有著作人格权（这里不是说权利能力问题）。（2）一般人格权是由于其与自然人的人身和人格相联系而受保护的，著作人格权是由于其与著作物（作品）相联系而受保护的。《德国著作权法》第11条规定："著作权法在著作人与其著作物的精神的和人身的关系方面以及在利用著作物方面保护著作人。"可见著作权法保护著作人是通过对著作人与其著作物的关系去保护的（另一个保护方法是通过对著作物的利用），而不是如同一般人格权的法律（民法）那样，直接保护人身或人格。（3）一般人格权是在事实上不可放弃、不可转让的（这两点并为一点，就是不能离开主体而存在），如果一个人放弃了他的人格权（如生命权、健康权、自由权、名誉权）或转让了他的人格权，他的人身或人格必然受到损害。而著作人放弃了他的署名权、发表权或作品完整权，完全无损于他的人身和人格。著作人转让了这些权利（甚至是有偿转让），也无损于他的人身和人格。（4）一般人格权是不可继承的，在主体死亡后完全消灭。著作人格权则是可继承的，或者在权利人死亡后仍然存在。

许多学者在谈到著作人格权时，特别强调著作物（作品）同作者人格的关系，例如说"作品是作者人格的表现"，甚至把作品同作者（或作者人格）等同起来，因而说著作权法保护的就是作者人格（或作者人身），因而就出现了"著作人格权"的理论。说作品表现作者的人格（我国古代早有"文如其人"的说法），在古代、在文艺作品，基本上说得过去。可是在"作品"的范围已极度扩大的今天，这样说就有很大的局限性了，也不具有法律上的意义了。前面引用的德国著作权法的规定正是表明这一点。

当然，说著作人格权不能成立，说著作权法不直接保护作者的人格，当然不是不重视作品与作者人格的关系，更不是主张法律不保护作者在人格方面的利益，而是要划清人格权（民法上的人格权）与著作权（所谓著作人格权）的界限。保护作者的一般人格利益（如名誉权、姓名权等），是民法的任务，用不着把民法上的人格权拉到著作权上来，特别设立一个“著作人格权”，混淆了一般人格权和著作权两个概念。

总之，说著作人格权与（一般）人格权相同，或者说著作人格权是（一般）人格权的一种，是不确切的。进一步说，把著作权中的一部分内容（或权能）总称为著作人格权，也是不确切的。这种做法只会引起混乱和误解，没有好处。

因此，本文作者认为，应该不再使用“著作人格权”（或著作人身权）这个词语。

3. 关于精神权利

前面关于著作人格权的有些论述，也可适用于精神权利，不过对精神权利还有单独论述的必要。

精神权利是英美法中的用语，现在已成为著作权法中的一般用语，有取代“著作人格权”一词的趋势。

把作者身份权（主要是署名权）和维护作品完整性权（以及其他）总称为“精神”权利，究竟应如何解释，很难有一致的说明。最普通的说法是，精神权利是维护作者的“精神利益”，即非经济利益、非物质利益的权利。什么是精神利益呢？或者说是“获得名誉”（得到名声、名望、地位），或者说是得到“精神上的满足”，因而也可以称“精神权利”为“精神利益维护权”。

著作人（作者）通过著作权得到的利益有经济利益和精神利益即非经济的利益（“名”与“利”）两方面，这是说得过去的。问题在于，由此出发，把著作权里的各种权能也分为两类。一类是获取经济利益（财产利益）的，称为财产权，其中包括出版权与发行权、复制权、演绎权、表演权、播放权等。另一类是获取精神利益的，其中包括发表权、署名权、修改权等。这种分法是否妥当。

很显然，这种分法与事实不符。作者自己或允许他人出版作品，或允许他人复制作品，在得“利”的同时，不也得了“名”吗？有些作者出资印行自己的作品，广为散布，其目的不在得“利”，而只在得“名”或得到“精神上的满足”。可见著作财产权并不只是取得经济利益的权。

另外，“名人”的作品比非名人的作品“价值”高，同样一篇作品署上“名人”的名字，就可以得到高稿费。这里不也与署名权的行使有关吗？

现在社会上有人为他人代笔写出文章来，交给他人署名发表，从他人处取得报酬，不是转让署名权和发表权而得到经济利益吗？至于雇佣作品、委托作品都可以通过合同（或法律）约定著作权（包括精神权利）的归属，至少可由实际作者将发表权给予对方，对方付出报酬。这都是通过放弃或转让精神权利而取得经济利益的例子。

可见，著作财产权（英国、日本法中的著作权）也好，精神权利也好，都是既可得名，也可得利的。只说精神权利是维护精神利益的，并不确切。

问题在于，在著作权中，经济利益和精神利益是不可分的。行使著作权中的任何一个权能，都可以同时得到这两方面的利益。

不仅利益不可分，有时权利也是很难分开或重合的。作者将未发表的作品交给出版社出版，或向杂志投稿。这时他行使的权利既有出版权，也有发表权。

总之，在著作权中划出某些权能来，说这些是维护作者的精神利益的而称之为精神权利，称其他部分为财产权，是一种在理论上、在实务中都不妥善的办法。

有一种说法，精神利益是著作人的特殊利益，维护这种精神利益是促进文化进步的手段。维护著作人的精神利益当然是必要的，但没有必要因此特别设立一种“精神权利”。

（二）对这种划分方法的再认识

从上面的讨论，可以说，问题不仅在于“著作人格权”“精神权利”这些词语，根本问题在于，把著作权划分为财产权和精神权利（著作人格权、人身权）是不妥当的。把署名权等划出，特称为精神权利，更是不妥当的。

在民事权利中，其他的权利也有兼维护权利人的经济利益和非经济利益的，也有兼使权利人得到“名”和“利”的。就是在具有高度经济性质的所有权和债权中，也有这种情形。例如一个人保有祖先的牌位（灵牌），或保有其亡故亲人的遗物（如书信、头发等），他享有的和行使的是所有权（一般所有权），维护的是非经济利益（精神利益），得到的是精神上（情感上、信仰上）的满足。一个人雇用（或聘请）家庭教师教授他的子女，或者雇用（或聘请）音乐家为他演奏音乐，他享有的或行使的是债权，维护的是非经济利益，得到的是精神上的满足。有的民事权利，原来是非经济性的，随着社会发展也会变为经济性的（取得财产价值），例如公司股东的股东权中的表决权（例如可以有偿出让表决权）。所以权利中有非经济的一面，并不是著作权所独有的情形。不能因为这一点而特别在著作权中划定一部分称之为精神权利。

把署名权、发表权等特称为精神权利（或人格权），已在著作权理论中引起许多不必要的麻烦和争论。每本关于著作权法（在大陆法国家）或版权法（在英美法国家）的著作中，都有大量篇幅讨论著作人格权或精神权利，实际上，那些讨论中有的是不着边际的（例如讨论著作人格权的一身专属性），不切实际的（如精神权利不可放弃、不可转让等）。

当然，著作权理论中的这种情形是历史形成的，[①] 也与著作权本身的特殊性有关。现在历史条件已成过去。著作权的特殊性完全可以在抛掉“精神权利”的情形下说得更确切、更深刻、更恰当。

作者认为，在著作权理论中，不再用著作人格权和经济权利、人身权和财产权这些概念，也不再把署名权等和出版权等分为这样两类，而直接说著作权包括署名权、发表权（等）、出版权、复制权等权能（权利）。在分别论述署名权等之前，着重指出著作权的特点之一是它所维护的著作人的利益既有经济利益也有非经济利益。[②] 这样的办法在理论上和实用上都较好。

三、关于法人能否是作者的问题

在著作权理论中，另一个不符合实际、近乎烦琐的问题是法人能否是作者、能否享有精神权利。

---

① 参看郑成思:《版权法》，中国人民大学出版社 1990 年版，第 133 页：“在版权中保护精神权利，是法国大革命时代从天赋人权理论出发而提出的。”

② 法国《文学、艺术产权法》第 1 条第 1 款规定作者对其作品享有的权利是无形财产所有权，这种说法现已过时。但其第 2 款规定，这项权利具有智力，精神和财产两方面的内容，则是正确的。

大多数学者认为，法人不能成为作者，只能成为著作权人（版权人），不能享有精神权利。其理由是，法人不能进行“创作活动”。在这种理论下，许多国家的著作权法也作了相应的规定。

这种理论也是历史的产物。法国大革命后制定的“资产阶级的第一部民法”——拿破仑民法典里没有规定法人。当时社会上法人制度（包括公司制度）尚不发达，法学中法人理论更不成熟。就是随后的法人理论也停留在“法人拟制说”的阶段。在“法人拟制说”里，法人只是一种法律上的拟制，并无实体的存在。法人没有自己独立的意志，更没有“行为”。以法人名义所表现的意思和行为只是作为法人代表和法人机关的自然人的意思和行为。法人没有意思，不能作任何“行为”，只能由法律“规定”其为权利主体，得享有权利（此即“拟制”的含义）。但法人不得为侵权行为，法人不得为犯罪主体。由此理论出发，法人当然不能是作者，但可以是“著作权人”，即得为著作权的主体。一个不存在的“人”可以享有权利。这是法人拟制论的致命弱点。

法人拟制论不仅在民法中根深蒂固，在刑法中更为牢固，但任何理论不论如何顽固，究竟不能不适应社会实际的变化与需要。社会发展的结果，新的理论必然产生。随着以公司制度为核心的法人制度的发展，社会上出现各种关于法人的新现象、新事实，法人的侵权行为、法人的犯罪行为大量出现，法律不得不作出关于法人侵权行为、法人犯罪的规定。这些规定都突破了陈旧的法人拟制论。于是法人拟制论不得不让位于法人实在论。[①]

法人实在论认为，社会发展到现代，法人已成为社会上的一种实

---

① 近年来在我国重现了这一历史现象。先在法律中有了处罚法人犯罪的规定，然后一些学者才改变了有关的理论。

际存在的组织体，这种组织体有它自己独立的意思（意志）和行为。这种意思和行为虽然有赖于它的机关和代表而表现于外，它的机关和代表虽然仍须由自然人担当，但它的意思和行为与该自然人的意思和行为已不是同一个意思和行为，而是彼此独立地分别地存在着。法人的意思固然在多数情形里与充任它的机关和代表的自然人的意思是一致的，但有时是不一致的。就是在一致的情况下，二者在法律上仍有区别。法人既有自己独立的意思，所以可以有独立的行为，其中包括民法上的侵权行为和刑法上的犯罪行为（关于法人的理论，参看“民法总则”方面的论著和有关的专文，[①] 此处不能详述）。

法人实在论并不否认法人与自然人的差别，也并不否认法律对法人与自然人应有不同的规定。有人因为“法人没有活的生命”，法人不能享有生命权、健康权和自由权而否定法人实在论，那是一种误会。正如有人说对法人不能关押、不能枪决而主张法人不能犯罪，也是误会。

法人实在论不是一种玄想，而是从社会实际中产生的理论，来自社会实践的理论，是历史发展的产物，因而它反转过来可以说明和解释实际。虽然法人实在论的理论在法学中和法律中至今还没有得到贯彻（这是理论落后于实践的一个例子），在民法中、公司法中、税法中都还存在法人拟制论的遗迹，但法人实在论显然较之法人拟制论更为正确，更与实际相符合。

在著作权理论中，认为法人不能进行创作活动，法人没有“智力”，因而不能成为作者，不能享有精神权利，只能成为“著作权人”（版权人），这是法人拟制论的产物。例如有的版权法学者认为：“法人意志

---

① 例如，参看刘得宽：《法人之本质与其能力》，载刘得宽：《民法诸问题与新展望》，三民书局 1980 年版，第 437 页以下。

会随着法人代表的更换而更换，随着法人的破产、合并（或因其他情况造成的解体）而消失。”[①] 这种否认法人有自己的独立的意志（意思）的说法，正是法人拟制论的内容。实际上，法人具有与它的成员（自然人）、充任它的机关的自然人相分别的独立的意思，这种意思不因那些自然人的变更而变更，这是现社会中客观存在的事实。例如以公司而论，公司的意思（法人意思）表现在它的股东会或董事会的决议中。这种意思（决议的内容）与作为公司的股东或董事的自然人的个人意思可能一致，也可能不一致，但都是分别存在的，是相互独立的。那些个人的意思来自个人的头脑，公司（法人）的意思来自会议的决议。公司（法人）意思可以拘束个人，个人意思却不能拘束公司（法人）。法人意思一旦形成，不受作成该决议的个人（自然人）的变更、死亡所影响。在英美法中，法人的主要特点在于其“永续性”，说的正是这一点。

因为法人有自己的意思，所以法人有行为，有活动，也能进行“创作活动”。当然，法人的创作活动仍须通过自然人的脑和手来完成，但是法人的活动与个人的活动仍是可以划分的，特别表现在其最终产品——作品——上。例如一本地图，其整个创作活动是由许多个人的活动集合而成的，但是每个个人的活动是不可能作出地图来的。在这本地图上，要署上成千上万的个人名字，是不可能的，也是不合理的。这正如法国《文学、艺术产权法》第 9 条第 3 款中所说的：“在某一自然人或法人的提议下，并在其领导和以其名义编辑、发表、披露，而参加创作的各个作者的个人贡献已融为一体，不可能在整体作品中分别个人权利的作品，称为集体作品。”这个集体如

① 郑成思：《版权法》，中国人民大学出版社 1990 年版，第 133—134 页。

为法人，当然就是法人作品。这时以法人名义发表，而不承认法人是作者，是不合理的。

在现代社会中，由法人组织多数自然人作出一部作品（特别在自然科学和社会科学中，当然，在文学艺术方面较少）的情形极多。对于这种现实中发生和大量存在的事实，不予承认，而要固执于一种过时的理论，这不是实事求是的。理论要随着时代和社会现实的发展而发展。

日本的旧著作权法对法人著作未作明文规定，当时学者对法人能否是著作人有两种意见。即肯定说（如胜本正晃、城户房彦等）和否定说（如小林寻次、山本桂一等），前者的理论根据正是法人实在论，后者的理论根据则是法人拟制论[①]。现行著作权法（1971 年）第 15 条第 1 款已规定法人在下列条件下可以是著作人：（1）由法人倡议著作，（2）由从事该法人的业务的人在职务中作成，（3）由法人在自己著作的名义下发表，（4）在作成时的契约、法人内部规则中并无其他约定。其后 1985 年又增订了第 2 款，规定计算机程序著作物只要具备上述前三个条件，即可以法人为著作人。[②] 虽然有这种明文规定，日本仍有学者对此规定有意见，甚至认为这仍是一种“拟制”，只是这时法人享有著作权（著作财产权）与著作人格权。[③] 但是日本的官方著作（如文化厅的《著作权法手册 1986》）还是依照法律条文说法人是著作人，而且是原始的著作人。这本书还认为，在这种著作的创作过程中，一

① 参看［日］半田正夫：《著作权法概说》，一粒社 1987 年版，第 65—66 页。

② 邵延丰同志翻译的《日本著作权法》（国家出版局出版）中，这一条两款的译文都是“……该法人等视为著作人”。正确的译文应该是“……该法人等为著作人”或“以该法人等为著作人”。这与“视为”差别很大。试比较这一条的日文原文与《日本民法典》第 86 条第 3 款的日文原文即可明白。

③ ［日］半田正夫：《著作权法概说》，一粒社 1987 年版，第 67—69 页。

般都有多数人参加，各人的贡献不可分割，浑然一体，因而如果把这种著作物作为那些多数人的共同著作物，不如给予法人自身以著作人地位，更符合于创作的实际状况。而且以这本书本身为例。[①]

1977 年，日本东京地区法院在一个判决中，根据这一规定判决一个国家机关（大藏省管理局）以其名义发行的著作物的著作人是国家，其著作权应由国家原始地取得。[②] 此判决以后为东京高等法院与日本最高法院所肯定。[③] 这是著作权法中承认法人可以是作者的一例。

只承认自然人可以是作者，有其历史上的原因。在社会生产处于手工制作阶段，体力劳动由个人独自进行。那时一张桌子、一把椅子，也可以有“制造人”。到了手工工厂里，体力劳动成为集体劳动，再也找不出一张桌子的制造人了。大工厂出现后，一切产品都是“工厂”“企业”这种集体或法人生产的，各个自然人（工人）在生产中几乎不占地位。例如一辆汽车的制造人绝不可能是某一自然人，也不能说是某些人。汽车的制造者是某工厂或某公司（法人），被认为是当然的事。但是在脑力劳动方面，情况就不同了。脑力劳动一直是各个人（自然人）单独从事的，脑力劳动（著作）的产品（著作物）也就当然是那一个人（著作人）的产品。历史上虽然也有集体著书的情况（如我国历史上的“修史”，如司马光修《资治通鉴》），但在那种集体中，贡献的大小很显然，不会发生分不清的情况，所以那些著作仍可确定著作人（司马光修《资治通鉴》时，实际上有很多人辅助他，但《资治通

---

① 日本文化厅：《著作权法手册 1986》，第 18—19 页。

② 在日本，国家机关不是法人，国家是法人。所以国家机关的权利归属于国家。

③ ［日］半田正夫：《著作权法概说》，一粒社 1987 年版，第 70 页，注 4。

鉴》的作者仍是他一人)。几千年来一直如此,于是在人的思想中形成这样的看法,创作活动只能属于个人(自然人)。时代发展到今天,随着社会生产的发达,脑力劳动的形态也发生了变化。脑力劳动除了由个人进行的外,也可以由集体进行。例如编制地图,在大规模社会调查的基础上编制报告,在大规模科学实验的基础上编制报告等,都可以,或者必须集中多数人去“创作”。这时就发生了类似于汽车制造厂(汽车制造公司)生产汽车那样的情况,很难说某一个或数个人(自然人)是这个产品的作者。这可以说是脑力劳动(作品的创作过程)的社会化。脑力劳动社会化是社会生产发展的必然结果。当然,迄今为止,这种社会化的脑力劳动还比较少,更没有发展到代替个人脑力劳动的地步(像大工业中的生产一样)。而且由于脑力劳动的特点,个人的脑力劳动必将永远存在(即使在体力劳动方面,个人劳动今天也仍然存在)。但这种脑力劳动社会化的过程今后必将发展下去则是可以肯定的。我国现在在科学研究中有许多工作都采取集体攻关的方式,这就是一个显著的例子。

只是因为现在脑力劳动社会化的现象在著作物(作品)的生产中还不占多数,在社会生产中更是不占主要地位,不足以与体力劳动的社会化相比,因而这个问题还没有为人们所重视,也没有用新的方式去处理。加之根深蒂固的旧观念不易从人们的头脑中除去,所以多数人仍旧认为,只有自然人才能是作者。

实际上,由个人著作到共同著作,再到集体著作,再到法人著作,这是脑力劳动形态发展的必然现象。著作权法中对于电影的著作人和著作权的处理已向人们提出了如何对待社会化脑力劳动的问题。法人作为著作人的问题不过是电影著作问题的进一步发展而已,将来必然会得到解决的。

不承认法人可以是作者，将使社会上大量的著作成为没有作者的作品，成为“无源之水”。同时又承认该法人享有著作权，这个著作权又从何而来呢?

既然法人应该是作者，当然也就应该享有所谓“精神权利”，即署名权、发表权等。法人明明在作品上署了名，却要说这是“匿名作品”。[①] 这样固执于一种“理论”而对客观现实视而不见。这是一种什么理论呢?

英国1988年版权法在这一点已有松动现象（该法第77—83条）。这种趋势是必然的。

总之，在这个问题上，本文作者主张，应该面对现实。理论应该符合现实，而不是相反。

四、著作权在民事权利中的地位

著作权是一种民事权利（私权）。即使某些侵犯著作权的行为也被法律定为犯罪，但也不能因此说著作权不是民事权利。此点无须多说。

旧时只把私权分为人身权和财产权，因此，著作权被纳入财产权，称为无体财产权。后来发现这种办法不妥。把著作权划分为财产权和著作人格权（精神权利）而把后者归入人身权。这样把著作权加以割裂的办法也不妥。于是著作权应如何归类，成为一个问题。

实际上，民法中关于权利（私权）分类的理论也是发展的。随着社会的发展，传统的人身权、财产权两分法已失去理论上和实用上的

① 这是多米尼加版权法（第17条d）和美国版权法（第101条）的规定。参看郑成思:《版权法》，中国人民大学出版社1990年版，第132—133页。

价值。应该有新的分类法，给像著作权这样与传统的人身权和财产权有所不同的权利以适当的地位（这样的权利也不只是著作权）。

私权应该分为如下五大类:（1）人格权;（2）亲属权;（3）财产权;（4）知识产权;（5）社员权。

包括著作权在内的知识产权应该既不归入人格权（人身权），也不归入财产权。而应为与人格权、财产权并列的一类，知识产权包括著作权和工业产权等。著作权和专利权、商标权等同类，表示这几种权利有共同点。正是这种共同点使它们有别于人格权和财产权。

著作权与专利权、商标权等也有不同。在著作权人的利益中，非经济性的（精神的）利益较专利权远为重要。

著作权下面可以分为狭义的著作权、著作邻接权、工业版权等。

对于这个问题，本文不作详细论述了。

【后记】本文写于1991年1月，为版权研究会编入《版权研究文选》。这本书直到1995年4月才出版（中国版权研究会编:《版权研究文选》，商务印书馆1995年版），本文才得以发表——2002年作者记。

著作权的内容

目　次

著作权的内容，规定在我国《著作权法》第10条。该条的全文如下：

“著作权包括下列人身权和财产权：

（一）发表权，即决定作品是否公之于众的权利；

（二）署名权，即表明作者身份，在作品上署名的权利；

（三）修改权，即修改或者授权他人修改作品的权利；

（四）保护作品完整权，即保护作品不受歪曲、篡改的权利；

（五）使用权和获得报酬权，即以复制、表演、播放、展览、发行、摄制电影、电视、录像或者改编、翻译、注释、编辑等方式使用作品的权利；以及许可他人以上述方式使用作品，并由此获得报酬的权利。”

我国著作权法规定得非常精简，把著作权的内容集中规定在这一条里。一些外国的著作权法都用了很多条文规定著作权的内容。例如《德国著作权法》第 1 章（“著作权”）第 4 节“著作权的内容”有 17 条。《日本著作权法》第 2 章（“著作权人的权利”）第 3 节“权利的内容”有 12 条。所以著作权的内容是相当复杂的。至于涉及著作权内容的理论问题也很多。今天我只能讲得很简单，即使在必要涉及理论时，也只能简单地说一说。

以下分四部分来讲。

一、著作权的范围

要明确著作权的内容，先要说明著作权的范围。

《著作权法》中规定了许多权利，各种人的权利。例如除第 10 条外，第 30 条规定有图书出版者的专有出版权，第 33 条规定有报社、杂志社对作品的文字性修改权，第 36 条规定有表演者的权利等。这些权利是否也在著作权的范围之内呢？为此，就要先确定我们所讲的著作权的范围。

《著作权法》中所规定的各种人的权利，有些属于著作权，有些不属于著作权。当然，这些权利都属于民事权利。例如第30条规定的图书出版者在合同约定期间享有的专有出版权，是著作权人授予出版者的权利，属于著作权的范围。至于第31条所规定的著作权人和图书出版者相互间的权利则是他们之间因合同而享有的一般的民事权利（合同权利），不属于著作权的范围。因此，《著作权法》第47条才规定，当事人违反这些规定的，应当依照民法通则有关规定去解决责任问题。又例如《著作权法》第36条规定的表演者的权利是否属于著作权范围呢？

就著作权的范围说，著作权一词有3种含义：

（1）最广义的著作权，包括下面说的广义的著作权和邻接权。我国《著作权法》第2章标题为“著作权”，另将邻接权（第36条、第39条、第42条）规定在第4章，是将二者分开的。《英国著作权法》（《联合王国1988年版权、外观设计与专利法》的第1编“版权法”）就未将版权（著作权）与邻接权分开，而混合在一起。

我国《民法通则》第94条规定：“公民、法人享有著作权（版权），依法有署名、发表、出版、获得报酬等权利。”这里的“著作权”应不应该包括邻接权？我认为应该包括。因为如不包括，《著作权法》里所规定的就超出了《民法通则》规定的范围，即《著作权法》规定了一些《民法通则》所不包括的权利。这样不符合母法（普通法，指《民法通则》）与子法（特别法，指《著作权法》）的关系。所以应该把《民法通则》第94条中的著作权解释为最广义的著作权。

（2）广义的著作权。即第10条所规定的，包括著作人身权和著作财产权的著作权。这是对著作权概念的最普通的理解。

（3）狭义的著作权，专指著作财产权。例如日本著作权法规定，著作人的权利包括著作人人格权和著作权（第17条）。这里的著作权就专指著作财产权。《英国著作权法》第 1 条也明文规定“版权是一种财产权利”，而另在第 4 章里规定“精神权利”。

我们现在依照我国《著作权法》的规定，在讲著作权内容时，采用广义的著作权概念。即以第 10 条的规定来确定权利的范围，然后据以讲权利的内容。以下讲的著作权都指的是广义著作权。

二、著作人身权和著作财产权的划分

《著作权法》第 10 条规定，著作权包括下列人身权和财产权。条文里虽然没有明确，下面何者属于人身权、何者属于财产权。但可以肯定，下面列举的发表权、署名权、修改权和保护作品完整权属于人身权。使用权和获得报酬权属于财产权。

为了把这里说的著作权所包括的人身权和财产权同民法中的一般人身权（或人格权）和财产权相区别，我们把前者称为著作人身权和著作财产权。

将著作权划分为著作人身权和著作财产权，是各国通用的一种划分法。大陆法系各国一向如此，一直在著作权法中都加以规定。英美法系国家原来不把著作人身权规定在著作权法中，但现在英国版权法也规定了“精神权利”。

这是一种传统的分法，是历史形成的。那么，为什么要这样划分？应不应该划分？这样划分有什么意义？这些都是很重要的问题。

著作人身权，英国法称为精神权利，德国法称为著作人格权，日本法称为著作人人格权。著作财产权，德国法称为利用权，其他国家大多称为著作权。

从历史上看，在英国，最初的版权只是出版人享有的经济上的权利，著作者（作者）的权利是后来才有的。特别是著作者的精神权利发生更迟，至于进入著作权法就更迟了。在德国，很早就把著作权作为一种精神所有权，以后又称为无体财产权，再后则称之为一种人格权。总之，不论在哪一国家，都看到著作权有两方面，即精神的（人格的、非财产的、非经济的）一面和经济的、财产的一面。这正是著作权的特点。这又可以从两方面来说，从著作者自己来说，一个作者创作出作品来，例如写一本书、写一首诗、创作一首歌曲或绘画，他首先是表达自己的思想主张、抒发自己的感情，这是一种精神活动（脑力活动）。作者通过这种精神活动得到一种精神上的满足。作者发表他的作品，在作品上署名（这都是行使著作权），也得到一种精神上的满足，并且取得一定的名声、一定的声望。这些都表现了著作权的精神方面。这一方面是和著作人的人格相联系的。一个人格高尚的人的作品也是高尚的；一个人品低下的人的作品也是低级的。另一方面在近代、现代商品经济发达后，作者通过创作活动，发表作品又可取得财产上的（经济的）利益。作家的创作活动，通过创作活动而得到的著作权就有这两方面的内容。再从读者（读者、绘画的观者等，都可以说是这些精神产品的使用者、消费者）方面来说，读者阅读一本好书、观者欣赏一幅好画，也能得到一种思想上的满足（得到知识）、情感上的满足、精神上的满足（受到感动、受到启发），这也是创作的精神方面的表现。读者也要付出一定的代价才取得这种享受。这又是著作权财产方面的表现。

正因为著作权有这种复杂的情形，所以历来研究著作权的人就把著作权的这两方面加以划分，分别称之为著作人身权（人格权）和著作财产权。

那么，著作人身权与一般人身权（人格权）是否相同呢？或者说，著作人身权（人格权）是不是一般人身权或人格权的一种呢？从前的确有人认为，著作人身权和一般人身权是等同的，或者说著作人格权是一般人格权的一种。现在我们知道，这是错误的。著作人身权（人格权）虽名为人身权（人格权），但与一般人身权（人格权）完全不相同。其根本的不同在于，一般人身权的客体是权利主体（权利人）的人身（人格），像生命权、健康权、自由权、肖像权，其客体就是权利人的人身，又如姓名权、名誉权，其客体也就是直接存在于权利人人身上的人格。至于著作人身权的客体则是著作物（作品），例如发表权是将作品发表，署名权是在作品上署名，而作品是存在于权利人（作者）人身（人格）之外的。就一般人身权与权利人人身的关系说，二者是密切结合不可分的，离开了权利人的人身就没有生命、健康、自由，而著作人身权与权利人（作者）的人身是互相分离的。作品虽来自作者的大脑，但作品与大脑里的思想不同，作品一旦被创作完成，即与作者的人身分离，而独立存在。从这一根本不同，又派生出几点不同。第一，一般人身权（人格权）是人人具有的，著作人身权则只有具有作品的人（作者）才能享有。第二，一般人身权存在于人的一生，即与权利人的生命（从出生到死亡）相始终，而著作人身权是在作品完成时发生，在作者死亡后仍不消灭的（《著作权法》第 20 条、第 21 条）。第三，一般人身权与权利人的人身不可分，因而一般人身权不可转让、不能抛弃。而著作人身权并不是与作者人身不可分，只是与作品（独立存在于作者人身之外）直接相联系，所以不是绝对不可转让、不可抛弃的。第四，侵犯一般人身权也就侵犯了权利人的人身（或人格），而侵犯著作人身权并不直接侵犯作者的人身。有时侵犯著作人身权可以间接侵犯作者的人格，如侵犯发表权或署名权可以侵犯作者的名誉权，但两者究竟有所区别。

至于著作财产权与一般财产权虽有相同之处（都可以取得财产利益，都具有财产上的价值），但也有很大的不同。一般财产权分为债权与物权，物权又可分为所有权与其他物权。著作财产权显然不是债权。作者向出版社请求付给稿酬的权利是根据出版合同而行使的债权，不是著作财产权。前者是在签订出版合同后才发生的，是一种请求权。后者在未签出版合同时就已存在，是一种支配权。著作财产权是不是所有权呢？这二者有其相同之处，即二者都是一种支配权，都是直接而排他地支配客体的权利（专有权）。从前德国学者把著作权归入无体财产权，即由于此。但二者又是根本不同的。不同之处就在于，所有权的客体是有体物（这一点在一些国家的民法中有明文规定），著作财产权的客体是作品，作品是无体物（无形物）。在这里，要把作品与作品的载体区别开来。例如“一篇小说”是作品，“一本小说书”则是载体。“小说书”可以有一千册、一万册（都是“小说”的复制品），“小说”只有一个。作者对于作品享有的是著作权。至于作品的载体（小说书），则许多人可以对之享有所有权。这是著作权和所有权的根本不同。由这一根本的区别就发生了下列几点不同。第一，所有权的客体是一定的（特定的）有体物，著作财产权的客体是无形物，客体不同，所以这两种权利可以并存。例如小说作者对于小说原稿（载体）享有所有权，同时对于存在于该原稿（载体）上的小说（作品）享有著作权。作家可以把原稿赠送他人，但仍保有对该作品的著作权，也就是说，对所有权的处分不影响于著作权（《著作权法》第 18 条）。第二，在所有权，对标的物（客体）不能同时在不同的场所加以使用。例如一张桌子，所有权人不能同时在两地使用它。而在著作权，作者可以同时在两个地方使用作品，例如小说作者可以同时把小说交给北京和上海的两个出版社去出版。第三，就标的物的使用方法来说，所有权人对其所有物的使用方法极其有限，而著作权人对其著作物的使用方法极其多样（详见下）。第四，在处分方面，所有权人对其所有权的各个权能（使用、收益、处分）不能分割处分。著作权人对其著作权的各个权能则可以分割处分。例如著作权人不仅可以单独将翻译权授予他人（许多翻译），还可将翻译权再分为英文翻译、法文翻译等分别授予他人。第五，所有权的排他性是永久的，只要客体存在一天，所有权就有排他性。而著作权人的专有权（排他性）是有期限的。过了保护期，著作权本身就不再受保护。而且就是在保护期之内，著作权的排他性（排除他人使用）也不是绝对的。例如任何人可以依照《著作权法》的规定（第 22 条）使用作品。

正因如此,《德国著作权法》不用著作财产权一词，而用“利用权”一词。

总之，著作人身权、著作财产权与一般的人身权、一般的财产权有根本性的不同，不能混同。

再说，著作人身权与著作财产权又有什么不同呢？这样划分，在法律上有什么必要呢？保留这个划分，有什么不同的后果呢？关于这一点，在理论上有争论，在各国法律规定上也很不一致。下面只简单提出几点：第一，有人认为，著作人身权（精神权利），只有个人才能享有，法人不能享有。特别有一些英美法系的学者认为，只有个人才能成为作者，只有作者才能成为精神权利的主体。法人以及作者的继承人只能享有著作财产权。第二，著作人身权不可以转让和继承，著作财产权可以。这一点，各个国家规定不一致。例如《日本著作权法》规定：著作人人格权，属著作人个人享有，不可转让（第 59 条）。著作财产权则可以转让（第 61 条）。《德国著作权法》规定，著作人身权同著作财产权一样可以继承（第 28 条）。我国《著作权法》第 19 条和

《继承法》第3条都规定著作权中的财产权利（经济权利）可以继承。从反面解释，著作人身权是不能继承的。至于何者可以转让，法无明文，有待解释。第三，著作人身权与著作财产权的保护期不同。这在我国《著作权法》有明文规定（第20条和第21条）。第四，有人认为，著作人身权不得抛弃，著作财产权可以抛弃。但在我国，也不一定。

以上四点不同，在理论上都有很多不同意见。依我看来，上述四点区别，除保护期外都不存在。就在我国，作者将其文章交由他人署名发表，事实上不少。这不是人身权（署名权和发表权）的转让吗？又如我国《著作权法》第33条规定，作者可以许可出版者修改删节他的作品，这不是修改权（至少是一部分权利）的转让或授权他人行使吗？所以根据以上四点（除保护期外）而划分著作人身权和著作财产权，既无充分根据，也无必要。

最后，有人认为，著作财产权是与财产相联系的，行使著作财产权可以得到经济上的利益。因此，著作财产权又名经济权利（我国《继承法》第3条就这样规定）。著作人身权是与著作权人的精神相联系的，因而又名精神权利。如果据此划分经济权利和精神权利，理由也并不充分。首先，精神权利也会给作者带来经济利益，把文章发表能得到稿酬，不就是经济利益吗？署名权也与经济利益有关，一个尚未出名的学生写了一本书，出版社即使接受了，给的稿酬也不会高。如果学生自愿请他的已出名的老师署上名，以合著名义出版，出版社就可能付给高稿酬。可见行使署名权也可带来经济利益。其次，经济权利也并不一定给作者带来经济利益。作者抛弃经济权利，自愿不要稿酬的情形不必说了。就在我国现在，出书非常困难，有的作者宁愿不要稿酬只求出书，有的甚至向出版社提供“资助”。总之，著作人身权固然与精神相联系，例如发表作品，在作品上署名，作者自己可以得到精神上的满足，也可以取得名声（比如我们说鲁迅是个“伟大的”作家），但行使复制权、展览权等，何尝不能得到精神上的满足呢？所以著作人身权也与经济利益有联系，著作财产权同样与精神利益相联系。另外，一个写色情作品的下流作家不仅得不到名声，他自己也得不到精神上的满足，所以著作人身权（精神权利）也不必然与精神相联系。同样，著作财产权（经济权利）也不必然与经济相联系。

总之，我个人认为，把著作权分为著作人身权（精神权利）和著作财产权（经济权利）没有充分根据，也没有好处，没有必要，反而会引来许多混乱和麻烦。这种传统的划分是历史的遗留物，现在可以不再采用了。

著作权的内容比一些古已有之的民事权利（如所有权、债权）要复杂得多，既有具有经济意义的一面，也有具有精神意义的一面，但一定要说，只有署名权、发表权等是精神权利，复制权、展览权等就是经济权利，是不妥当的。著作人对于著作物的经济利益和非经济利益是密切结合不可分的，不可能对著作人身权（精神权利）和著作财产权（经济权利）加以绝对的划分（在民事权利中，股东权也有类似的情形）。

不过，我国《著作权法》第 10 条既然规定了人身权和财产权，下面还是分开来讲。

三、著作人身权（精神权利）

（一）发表权

1. 发表和发表权的意义

发表指作者将作品（包括原件和复制件）公之于众。第一，所谓作品包括原件和复制件。例如画家将绘画的原件交付展览是发表；作家将著作手稿交出版社，出版社印制成书（这是作品的复制件）发行，也是发表。第二，要公之于众，就是要使不特定的多数人能看到。如果只把自己的作品在几个朋友间传阅（例如请人提意见），不算发表。怎样才算是“众”，要由具体情况决定。一般来说要面向不特定的多数人。例如研究生毕业时将论文提到答辩会上供几位参加答辩会的老师（特定的几个人）阅读，就不算发表。

发表权是作者决定是否将作品公之于众的权利，有人称之为发表决定权。这里包括：第一，决定发表与否。第二，决定如何发表。例如决定发表的时间（例如有人指示他的日记或回忆录要在他死后才能发表），发表的地点（例如有人指定他的著作须在国外发表），发表的方式（例如有人只许把他的作品以某种文字发表，或者只许以展览的方式发表等）。

作者行使发表权，除了自己将作品发表外，也包括许可他人发表。例如作者自己将文稿印出来发行，属于前者；将文稿投向杂志社，属于后者。

发表的效果是使不特定的多数人知悉作品的内容。所以一本著作，如果用某种文字公之于众，就是发表。以后译成另一种文字出版，就不是发表了。（书籍的再版也不是发表）将已出版的作品在电台广播，也不是发表。

判定作品的发表是很重要的。例如对外国人的作品，必须正确判定其发表的时间（《著作权法》第 2 条）。《著作权法》第 40 条、第 45 条都有关于发表的规定。

发表权有个特点，它是一次使用完毕的。作品只能发表一次，所以发表权也只能使用一次。对已发表（发表了一次）的作品，就再无什么发表权了。

发表总要以一定的方式去公之于众，这一定的方式也就是使用作品的方式，所以发表权要同某一种使用方式相结合才能行使，也就是说，发表权要同某一种方式的使用权相结合着去行使。单独行使发表权的情形是很少见的。例如把作品交付展览就是发表权与展览权的结合，交付出版就是发表权与复制权的结合。当然，作者只表示“可以发表”而将发表的方式授权他人决定也是可以的。

发表权虽属于著作人身权，但它在保护期这一点却和著作财产权一样。这一点规定在《著作权法》第 21 条。

2. 关于发表权的一些特殊问题

发表权看起来很简单，实际上很复杂。以下讲关于发表权的一些特殊问题。凡是《著作权法》中有规定的就只指出条文，不多讲。

（1）电影、电视、录像作品的发表权由制片者享有（第 15 条）。

（2）职务作品的发表权，依第 16 条规定。

（3）委托作品的发表权，依第 17 条规定。

（4）《著作权法》第 18 条规定，美术等作品原件所有权的转移，不视为作品著作权的转移。但美术作品原件的展览权由原件所有人享有。由这一条引出两个问题：

第一，美术作品原件的展览权即发生转移，如果这件美术作品原件是未发表过的，其发表权也应该包含在展览权之内而转移到原件所有人（取得原件所有权的人）。《日本著作权法》就规定，作者转移未发表的美术作品或摄影作品的原件时，推定作者同意取得原件所有权的人通过展览的方式而发表该作品（第 18 条）。我国以后也应该这样。

第二，在类似的情形下，如果作者许可他人使用其未发表的作品，也应该推定作者同意他人通过这一使用方式发表该作品（把该作品公之于众）。例如作者许可他人在公众集会上朗诵其未发表的一首诗，这种许可中当然也包含许可发表的意思在内。否则，许可朗诵而不同意发表（此时朗诵人侵犯了作者的发表权），这是说不通的。又例如作者许可他人将其作品翻译成另一种文字，也应该包含许可他人发表其作品（将翻译后的作品公之于众）。这时的推定应该限制在作者所许可的那种使用方式，而且应该尊重作者的特别意思。《日本著作权法》规定，作者转让未发表的著作物的著作权时，推定作者同意受让人行使著作权而将著作物发表（第 18 条）。因为如果不这样，受让人取得了著作权而在使用著作物时又要经作者许可发表，这是不合理的。

（5）《著作权法》第 18 条的“但”书只对美术作品规定了一个例外，而前面说的却是“美术等”作品。这里又引出一个问题。首先，“美术等”作品还包括些什么。应该说，还包括摄影作品、书信类文字作品与其他任何原件所有权可能转移的作品。这里特别就书信的发表问题说一说。

一个人写了封信寄给收信人，书信原件的所有权就随之转移到收信人了（这是一般情况，如果写信人要求收信人在阅后立即将书信原件退回，又当别论）。这时书信（文字作品）的著作权仍属于写信人，因而发表权也属于写信人。收信人未经写信人许可，就不能发表该信件。又如我们中国文人间常有赠诗的，一个人写了一首诗赠给朋友。这位朋友取得这首诗的原件的所有权，但并不能取得这首诗（作品）的著作权，因而在未经赠诗人的同意（许可）时就不应发表这首诗。

（6）关于美术作品和摄影作品的发表，还有一个重要问题，就是以肖像和人体为主要内容的美术作品和摄影作品，其著作权属于画家和摄影者，但这种作品既以他人的肖像或人体为主要内容，将之公之于众（也就是将他人的肖像或身体公之于众）就影响到他人的肖像权和名誉权（或个人秘密权）。因此，这类作品的作者（画家和摄影者）虽享有著作权，其发表权却应受限制。

对于这一问题，拟议中的《著作权法实施条例》中有一条这样规定："以肖像和人体为主要内容的美术作品或摄影作品，未经有关被画、被摄人的同意不得发表，但新闻照片除外。"

这里又涉及一个问题，即模特儿问题。两年前北京为裸体画展览引起模特儿的抗议，引起一场风波。为解决这样的问题，有人提议，可以作这样一个规定：如无相反约定，专为绘画、摄影充当模特儿并获得报酬的，推定被画、被摄人已同意发表该绘画作品或摄影作品。这种规定，是否妥当，大家可以讨论。

（7）关于外国人作品的发表。《著作权法》第 2 条第 2 款规定，外国人的作品首先在中国境内发表的，依照本法享有著作权。这里"首先"是指在全世界范围之内首先发表。这些，将来在实施条例中要有规定。

（8）作者死亡后的发表权问题。我国《著作权法》第 19 条只规定著作财产权（经济权利）可以继承。可见著作人身权是不可继承的。但发表权的保护期为作者终生及其死亡后 50 年。关于作者死亡后作品的发表权的问题，将来的实施条例应有规定。一般意见认为：第一，作者生前未发表的作品，如果作者生前未有特别指示的，在作者死亡后 50 年内，其发表权可由继承人或作品原件的受遗赠人行使。第二，没有继承人或作品原件的受遗赠人时，由作品原件的合法所有人行使。

（9）未发表作品的扣押问题。作者尚未发表的作品，债权人能否请求对之扣押。如果准许扣押，债权人将之交出版社出版而从其稿酬中受偿，就是侵犯了作者的发表权。所以有的国家规定对债务人的未发表的作品不得扣押（《日本民事执行法》第 131 条）。

（10）作品的原稿，经作者抛弃后，他人拾起将之发表，是否侵犯发表权。这个问题涉及几点：第一，抛弃的原稿是不是完成的作品，作者对之是否享有著作权。第二，抛弃了原稿，是否也就抛弃了著作权。第三，著作人身权中的发表权可不可以抛弃。这些都可以讨论。

（11）我国有各种各样的内部出版物，有所谓“内部发行”的书籍，在这种出版物上发表，是不是发表？这一点也值得研究。

（二）署名权

《著作权法》规定：“署名权，即表明作者身份，在作品上署名的权利。”这句话有个问题，即表明作者身份与在作品上署名是一回事还是两回事？搞不好会使人误会为在署名之外还要表明作者身份，如再加上一个官衔。其实，二者是一回事，不应在署名之外还有别的表明作者身份的问题。署名权在一些国家称为确认作者身份权，署名就是确认身份的一种方式。简单地说，就是在作品上署上自己的名字。作者在作品上可以署上自己的任何一个名字。如鲁迅写文章可以署鲁迅，也可以署周树人。署不署名都可以，署无名氏也可以。署名权的反面，就是禁止别人署名。我写了一篇文章，未经我许可，别人拿去署上他的名字发表，当然是侵犯我的署名权（也侵犯发表权），别人写一篇文章署我的名字，也侵犯了我的署名权。写文章署他人的名字，在实际生活中是常有的。如一个学生写了一篇文章，因为单署自己的名字是打不响的，所以，又把老师名字署上，他的文章就变成了他与老师合作的作品。他愿意他的老师在他的文章上署上名字，也就是行使他的署名权。《著作权法》第 11 条最后一款这样规定：“如无相反证明，在作品上署名的公民、法人或者非法人单位为作者。”因此，署名权的作用就在于确定谁是这个作品的作者。

关于署名权的问题，除了《著作权法》第 11 条以外，第 15 条、第 16 条、第 17 条也都作了规定。另外，电影、电视、录像中的配音演员及译制片中的译制人员、译制字幕的人都享有署名权。

关于署名权的保护期，规定在《著作权法》第 20 条中，是无期限地保护。作者死亡后怎么保护？我认为，在作者死亡后，有继承人的由继承人保护，没有继承人的由国家版权局代表国家保护。譬如，你把孔夫子的论语写上你的名字发表，那孔夫子的继承人和国家版权局都可以出来告你侵犯了孔夫子的署名权。

另外有两个特殊的问题：

1. 在一定的情况下，可不可以不标明作者的姓名？《著作权法》第 22 条规定，“在下列情况下使用作品，可以不经著作权人许可，不向其支付报酬，但应当指明作者姓名”，这个时候可以不经作者许可，不向其支付报酬，但不能侵犯作者的署名权。但是在某些作品上必须标明作者姓名会有问题。如人民英雄纪念碑是谁设计的。如果一定要在纪念碑上刻上由某某人设计、某某人制图，比较麻烦，也不好看了。所以，有的国家的著作权法就规定，在一定情形下，建筑物上面可以不标明作者姓名。如能否在人民大会堂墙上面刻上某某人设计、某某人创作，没有这个必要。此时不标明作者姓名也不算侵权。我们国家对此没有规定。但有的作者计较这个问题，要在自己的雕塑品上刻上自己的名字，原则上你也没有什么办法。又如音乐作品，唱歌的时候也应指明谁作词、作曲。有的场合就麻烦，如奏国歌时每次都说明田汉作词、聂耳作曲就会大煞风景。《日本著作权法》第 19 条规定，按照使用著作物的目的和状况，不会损害作者利益的，依照惯例而略去作者姓名不算侵权。我国虽然没有这个规定，但在法律上也是讲得通的。

2. 作者身份注册制度。假如我发表一篇作品，我可以不用我的真实姓名，随便用一个什么名字，甚至不署名。如果有人抄袭了我的作品，因为我没有署名，我怎么去告他呢？他会讲这个作品根本没署名，怎么证明作品是你的呢？或者这个作品署上其他名字，他也可以问你怎么证明作品是你的呢？大家都知道鲁迅叫周树人，当他第一次署鲁迅的时候怎么能证明鲁迅就是周树人呢？到法院打官司就成为一个困难问题，这时确认作者发生了困难。当然，法院可以叫他举证，让他把原来的稿子拿来，给法院看。假如两人都有一篇稿子，双方都讲是真的，你怎么判断呢？所以，为举证的方便起见，有些国家实行作者身份注册制度。① 将来我们国家也可以实行这个制度。这个制度就是，作者不署真名，或者根本不署名时，为了保护自己的著作权，可以到国家版权局去办理作者身份注册。他去办作者身份注册时，要把作品的原件送到国家版权局，向国家版权局说明各种有关事项。国家版权局在核实后，就给他注册，注明：什么作品，发表日期和地点，作者是谁，署名与否，署的是什么名。这叫作者身份注册制度。将来打起官司来就好办了。同时，国家版权局也有义务，未经作者同意，不得把作者身份向外公布。因为作者原来没有署名或只署了笔名，就是不想公开真正的作者身份，才向国家版权局注册的，国家版权局应有义务为其保密。

（三）修改权和保护作品完整权

《著作权法》第 10 条是分开的。修改权，即修改或者授权他人修改作品的权利；保护作品完整权，即保护作品不受歪曲、篡改的权利。

① 日本、德国都有著作人登记制。《日本著作权法》第 75 条规定用假名或未署名的著作人可以进行真名登记。德国也有《著作人登记规则》（1970 年）。

实际上这是一个权利的两个方面。就是我的作品不许他人修改，只有我自己有权修改。至于歪曲和篡改也可包括在修改里面。所以这两种权实际上是一种权。不过有人认为保护作品完整权比修改权更进一步。修改权是指文字上的修改，如把文字删掉一段或者增加一些。但是歪曲和篡改，特别是歪曲，有更深的意思。歪曲有的人解释为是曲解作品的原意。把这个歪曲解释得太广泛了，也不好。如果我的作品是这个意思，你说成那样的意思，这就是歪曲，侵犯了权利。试问孔夫子过去说过的话，现在许多人出来注释，有的这样说，有的那样说，究竟哪个说的算是歪曲呢？所以，“歪曲”不能解释得太广。希望法官们今后办案时注意。歪曲解释得太广，会使侵权范围扩大。关于修改权和保护作品完整权的保护期，规定在《著作权法》第 20 条里面，它是无限制的保护期。同样，作者死了以后，有继承人就由继承人行使，没有继承人就由国家版权局来行使。

关于修改权的几种特殊情况：

1.《著作权法》第 33 条第 1 款规定：“图书出版者经作者许可，可以对作品修改、删节。”比如我有一本书交出版社出版，出版者要对作品修改或删节需经我许可，不经我许可他不能修改或删节。但第 2 款讲：“报社、杂志社可以对作品作文字性修改、删节，对内容的修改，应当经作者许可。”这与前面讲的图书出版者就不同，图书出版者对作品进行修改必须经过作者许可。否则，作者就可以提出他是侵权。假如我写一篇文章寄到报社、杂志社，报社、杂志社的编辑权就大一点，他对文字的修改、删节可以不经作者同意，但作内容上的修改还是要经过作者同意。

2. 图书再版的时候，作者修改权问题，我国法律没有规定。有些国家的著作权法有这样的规定：一本书再版时，出版人应通知作者。

这是出版者的义务。此时，作者在正当的范围内可以修改，出版者不得拒绝（例如《日本著作权法》第 82 条）。我们有的出版社不许作者修改，因修改会带来许多麻烦，要改纸型。不准别人修改，一个字都不能动，这是不对的，有的国家法律规定是不许可的。我们国家法律现在没有这个规定，将来会作出这方面的规定。当然，作者修改作品必须在正当范围内，你如果把作品全部修改了，出版社就要重新排版，就会损害出版者的利益，这又是另外一回事了。

3. 外国有的法律对修改权作一定的限制，我们没有这样的规定。有的国家法律规定为了教学的目的，可以不经作者同意对作品进行一些修改（例如《日本著作权法》第 20 条），这是有必要的，这样作者修改权就受到了限制。在把作品编到中小学课本里当教材时，为了适应学生的能力，对原作作一些修改，这在一些国家是允许的。还有建筑的扩建、改建，无需原作者同意是可以修改的，比如改建人民大会堂就无需原作者同意。有的国家的法律明文规定对建筑物的改建、扩建可以不经原作者的同意（例如《日本著作权法》第 20 条）。这一点不要与保护文物相混，某些建筑物不许改变样子是文物保护问题，这是由文物保护法调整的，不是著作权上的问题。

4. 美术作品出卖给别人以后，作者行使修改权的问题怎么解决。如我画一幅画，我已经卖给人家了，之后，我觉得这幅画应修改一下，我是否可以向买画的人要回来修改呢？有的时候买画人可能同意你修改，有的时候不同意你修改，说我买的就是你那时候的作品。如何解决这个问题我们的法律没有规定。从法理上讲，美术作品出卖以后，要行使修改权时，要经物权人同意才能修改，否则不能修改。这时作者的修改权就受到了限制。

5. 作者出版了书，写了一篇文章，他对书名或文章题目是不是有修改权，编者是不是可以修改。日本有这样一个案件，一个日本人翻译了德国人的一本书，他在翻译时把书名改了，原作者到日本法院告翻译者，说更改书名歪曲了他的原作。日本法院判决，翻译人侵害了原作者的修改权，应承担损害赔偿责任。又如我们一些出版社为了书好卖，把一些书的名字改成“很动人”的名字。如外国一个女皇的传记，原书名就叫某某某传，翻译过来后，把书名改为《风流女皇》。这就可能引起修改权问题，有时还会引起传记主人的名誉权问题。

《日本著作权法》第20条第1款规定：“著作人有权保持其著作物的完整性和标题的完整性，不接受违背著作人意愿的修改、删改或其他改动。”这里就包括标题在内。

将来我国也会发生这一类的诉讼案件的，《日本著作权法》的规定可为参考。

（四）其他

别的国家为保护作者的人格方面的利益（精神利益），还有一些其他规定，下面讲两点：

1. 收回权。作者有正当理由（如学术观点的改变，对自己过去的作品有了新的评价等）时，可以收回已发表的作品，不许可他人再发行自己的作品（例如不许再版）。这种情形，《日本著作权法》是这样规定的：“身为复制权所有者的著作人，在其著作物的内容已不符合于自己的信念时，为了停止该著作物的出版，可通知出版权所有人，使其出版权消灭。”（第84条第3款）《德国著作权法》也有类似规定（第42条）。

2.《日本著作权法》还有一个规定：“以损害著作人的名誉或声望

的方法使用该著作物的行为，视为侵犯其著作人人格权的行为。”（第113 条第 3 款）这是一个很好的规定，我国《著作权法》虽没有类似规定，但可供我们参考。例如作曲家作了一个曲子，曲子典雅、庄重，再配以优美的歌词，是很高雅的。有人不经作曲家同意配上一首下流的歌词，这就构成侵权。又如把一幅很好的人像摄影拿去作某种药品的广告，这有损于该作者的声望（也损害了被摄影人的名誉），也是一种侵权行为。

四、著作财产权（经济权利）

著作财产权（经济权利）是可以为作者带来经济利益的权利。这个定义实际上不确切。一方面，著作人身权的行使也可带来经济利益；另一方面，行使著作财产权也可以是无偿的。这些，前面已讲过。

著作财产权包括使用权和获得报酬权。使用又可分为自行使用和许可他人使用。至于获得报酬，很难说是一种独立的权能。自行使用也可以获得报酬，许可他人使用也可以获得报酬。但自行使用和许可他人使用又都可以是无偿的。自行使用和许可他人使用都可以有许多方式。《著作权法》第 10 条第 5 项里规定的复制、表演等就是使用的各种方式。

自行使用和许可他人使用又都可以分为原状使用和改作使用。原状使用就是不改变作品的形状去使用，例如复制、出版、展览等。改作使用是改变了原作的形状，例如翻译、改编等。著作权法条文中以“或者”分开这两种使用，列在“或者”之前的复制、表演等属于原状使用，列在“或者”之后的改编、翻译等属于改作使用。

所以著作财产权实际就是使用著作物的权利，德国著作权法称之为“利用权”，也就是使用权，而不另行单列受报酬权，是有道理的。

（一）自行使用权

作者使用自己的作品是当然应有的权利。作品是作者自己创作的，是自己脑力劳动的产物，当然属于自己所有。自己就有使用的权利，也有收益和处分的权利。收益就是获得报酬，处分就是将之转让、授权他人使用等。

自行使用有原状使用，如把自己的作品加以复制，拿自己的作品去展览，演奏自己创作的乐曲等。还有改作使用，如把自己写作的小说改编为剧本，把自己用汉文写的作品翻译为英文，对自己的作品加以注释编辑等。

对作者自行使用自己的作品，著作权法并不特别加以规定，更没有什么限制。所以我们对之也不去多加研究。

（二）使用许可权

作者（或著作权人）许可他人使用作品，是著作权中的一个重要的权能。著作权是一种排他的支配权（专有权），就表现在这一点。从一方面说，要使用他人的作品，应该取得著作权人的许可；从另一方面说，著作权人有许可或不许可的权利。这时就发生了著作权人和使用人的关系问题。《著作权法》第3章著作权许可使用合同就是规定这个问题。

许可他人使用也分为原状使用和改作使用，与上面讲的相同。

自行使用与许可他人使用有时可以并存。例如作曲家作出曲子，可以自己演奏，也可以许可他人演奏；作家写成一部小说，可以自己将之翻译为英文，也可以许可他人同时翻译为其他文字，甚至许可他人翻译成另一个英文版本。

许可有两种，即独占许可和非独占许可。独占许可，被许可人享有专有使用权，其他任何人（包括许可权人）都不能以同样方式使用。一本书的作者许可另一人将其作品翻译为英文，如果是独占许可，就不能再许可第三人将该书翻译为英文，自己也不能将该书翻译为英文。非独占许可，被许可人所取得的是非专有使用权，即其他人（包括许可人）仍可以同样方式使用（当然其他人也要得到著作权人的许可）。例如一本书的作者许可他人把他的书译为英文，如为非独占许可，还可许可另一人将书译为英文，或者自己将书译为英文。

许可还有再许可（或转许可）。例如甲许可乙将甲的作品译为英文，乙又可许可丙根据乙的英文本将之译为法文本。这时乙行使的也是许可权，但乙行使许可权时，要得到甲的许可。

《著作权法》对著作权人使用自己的作品的权利没有规定什么限制。但对许可使用权有一些限制规定，例如第 22 条、第 35 条、第 43 条等。这些条文规定，在一定情况下，使用人可以不经许可而使用作品，也就是说，这时作品的著作权人不得行使许可权（行使不许可的权利）。

著作权人行使许可使用权时，被许可人又产生了自己的著作权。如甲有一本书，甲享有完整的著作权。甲许可乙翻译为英文。乙对其翻译作品享有著作权。这样甲原来的著作权就叫原始著作权，乙享有的翻译著作权是派生著作权（又叫二次著作权）。原来甲的作品是原作，乙的翻译作品是派生作品。在著作权法里有不少这样的规定，如第 12 条“改编、翻译、注释、整理已有作品而产生的作品，其著作权由改编、翻译、注释、整理人享有，但行使著作权时，不得侵犯原作品的著作权”。这里所说的“其著作权”就是指派生著作权。派生著作权的产生是原始著作权人的许可，派生著作权人的权利范围完全取决于原始著作权人的许可的范围。这也就是说派生著作权要受原始著作权的限制，如我许可你把我的著作翻译成英文，你就不能翻译成法文。原始著作权是不受限制的，原始著作权人有权许可他人以各种不同的方式使用作品，即在一种方式中又可分各种种类。例如一本书的原始著作权人可以许可他人将其作品翻译为英文，也可许可另一人将之翻译为法文等。派生著作权人还可再许可，由此而产生的是“三次著作权”。

派生著作权要服从于原始著作权。第一，派生著作权的范围要取决于原始著作权人的许可。第二，派生著作权人行使权利不得侵犯原始著作权人的权利（参看第 12 条）。

二次著作权受原始著作权的限制，三次著作权又要受二次著作权的限制，也就是说，三次著作权要服从于原始著作权和二次著作权。例如甲许可乙将其作品译为英文，乙又许可丙根据英文译为法文。这时丙既要取得乙的许可，又要取得甲的许可，既要向乙付酬，也要向甲付酬。

许可他人使用，一般都订立合同，所以是明示的。但也有默示的使用许可。例如向杂志社投稿，就是一种默示的许可使用。

（三）获得报酬权

自行使用和许可他人使用都可以获得报酬。当然也都可以不要报酬。

著作权人获得报酬的权利，也常常受到限制。《著作权法》第 3 章和第 4 章对必须付酬和可以不付酬有详细规定。

（四）使用作品的各种方式

下面再依照《著作权法》第 10 条第 5 项里所规定的各种使用和许

可使用的方式讲一讲。必须注意，每一种使用方式都可以应用在自行使用里，也可以应用在许可使用里，都可以获得报酬，也可以不获得报酬。例如展览，包括自己将自己的作品展览和许可他人拿自己的作品去展览，包括收费的展览（获得报酬）和不收费的展览。但因自行使用的问题很少，所以研究的重点是在许可使用上。

与每一种使用方式相对应，著作权人有一种权利。这种权利也就是著作权中的一个权能。例如展览是一种使用作品的方式。著作权人运用这一种方式去使用作品的权利就是展览权。展览权包括自行展览权（作者自己展览自己的作品的权利）和展览许可权（许可他人展览自己作品的权利）。这二者又都有积极和消极的两方面。这就是，自行展览权包括不展览的一面，展览许可权包括不许可他人展览的一面。

以上只以展览为例。其他各种使用方式都是一样。

作品的使用方式是多种多样的，也很难作十分确切的分类。所以在这方面，各国著作权法的规定有很大的不同。我们也很难说哪一种分法就好，哪一种分法就不好。我国著作权法规定了这样分，我们就应该采用这种分法。各种使用方法也不一定是完全互相排斥的，有时，我们在现实中（例如在诉讼中）遇到一种使用方法，把它归入以下所列的某一种可以，列入另一种也未必不可。所以在实际运用时无妨灵活一些。

还要注意，我国著作权法中规定的某一种使用权，与外国同样用语的某一种使用权，不一定完全相同。有时不可混为一谈。

1. 复制权

《著作权法》第 52 条第 1 款规定："本法所称的复制，指以印刷、复印、临摹、拓印、录音、录像、翻录、翻拍等方式将作品制作一份或者多份的行为。”复制是原作品的再现，凡是把作品另行制成一份或者多份都叫复制，不管采取什么方式。这里所说的“等”字还应包括手抄、照相等。复制有两种情况：一是原样复制，即原来作品的形状、大小、颜色等都未改变；二是把大小改变（放大或缩小）或颜色改变，这些都是复制。但第 52 条第 2 款就要注意了。该款规定：“按照工程设计、产品设计图纸及其说明进行施工、生产工业品，不属于本法所称的复制。”这就是说，如果将这些图纸复印，也就是通常说的“从平面到平面”，这当然是复制。但是按照图纸把它建造成立体的物体（例如建筑物、工艺美术品等）算不算复制？这个问题是经过多次讨论的问题。有的国家把它也作为复制，因而未经同意，不许拿设计图纸去施工。我们的著作权法主要是考虑，外国的这个规定在我们国家实行会有困难。实际在我们国家一份图纸谁都可以拿去建房子，如完全禁止，建筑公司就有困难了。所以著作权法将这样的复制不算为本法所规定的复制，就不发生请求许可的问题。但在其他国家（例如日本），根据设计图建成建筑物也包括在复制之内。关于复制，有如下几个问题：

（1）复制的使用方式与其他使用方式并用才有意义，单纯的复制是没有意义的。你不可能印 1 万册书放在仓库里，只有出售或散发才有意义。拿出去卖就不叫复制了，那叫发行。复制与发行相结合就是出版。第 10 条没有规定出版，因为出版就是复制加上发行。用录像的方式复制，同时再加上播放，那就是现场直播。所以说复制必须与其他使用方式结合起来才有意义。

合法的复制可以使复制者也取得著作权。如经许可后对他人的绘画、雕塑拍照，即形成一种新的作品，即摄影作品。复制人（摄影人）对他的这一摄影作品享有著作权。这也是一种派生著作权。

（2）复制与肖像权的关系，前面已讲了一些。我到照相馆去照相，现在通常的做法是把底片都给被照相的人，那我当然享有复制权，我印多少张都可以。但也有照相馆不给底片，或者给一张底片，他还可以留一张底片。从著作权法说，著作权是属于那个照相的人的，但是我有肖像权，不得到我的许可，著作权人（摄制人）也不得复制。

（3）作品的载体转移以后的复制。《著作权法》第 18 条规定："美术等作品原件所有权的转移，不视为作品著作权的转移。但美术作品原件的展览权由原件所有人享有。"这样，美术等作品原件所有权转移后，著作权仍属于原作者，原作者享有复制权。但这时作品原件在另一人（原件的取得人、所有权人）的占有之中。另一人不许可著作权人把原件拿去复制（如复印、照相），怎么办？所以在拟议中的实施条例中有这样一条：美术作品原件转移后，原件所有人无正当理由，不得拒绝著作权人为行使复制权而接触作品原件。这样著作权人的复制权得到保护，才能实现。但原件所有人如有正当理由也可拒绝，这时著作权人的复制权又受到一定的限制。

（4）复制也可以有各种方法，因方法不同，结果（复制品）不同，又有不同的权利。如对文字作品，以印刷方式复制即为出版，出版人取得出版权；以照相方式复制，照相人取得摄影作品著作权；等等。

（5）抄袭问题。抄袭是指未经著作权人许可而将著作物原封不动的另外制作一份，并以自己名义发表的行为。抄袭行为同时侵犯了著作权人的复制权和署名权。也就是"冒名发表"的问题，是《著作权法》第 46 条第 1 项所列的侵权行为。剽窃是把他人作品内容的一部分放进自己的作品中的行为。在实践中，如何认定抄袭与剽窃是比较难的，还要用很细致的方法去确定。有人说笑话，一个翻译作家要想保证将来有办法告人家，在他翻译时故意译错或译漏几个字，如别人要抄袭的时候，除非抄袭人改正这些错误，否则总会被查出来，就可根据这而定为抄袭。

2. 表演权

表演是直接或者借助技术设备以声音、表情、动作等再现作品。例如演奏乐曲、表演舞蹈、唱歌、上演剧本、朗诵诗词等。表演的特点是使观众或听众直接接触作品（听到、看到），而不是通过电波（如听广播）、电视来接触作品。表演也有自己表演自己的作品和许可他人表演自己的作品两种情形。表演权（包括表演许可权）与表演者权（第36条）不同。当然，作者同时是表演者时，他就同时享有这两种权。关于表演，要注意第4章第2节里的规定。

3. 播放权

播放是指通过无线电波或电视系统传播作品，例如广播电台、电视台播放作品。现在在我国，作者在广播电台、电视台播放自己作品的毕竟不多（这是行使自己的播放权），大多数情形是作者行使许可权，许可电台、电视台播放他的作品。用录音机播放磁带，用留声机播放唱片，不属于这里说的播放。

随着科学技术的进步，播放的范围越来越广。现在除了普通的电台、电视台的播放外，又有卫星广播、有线广播、闭路电视、半导体扬声器广播等。我国著作权法里的播放究竟包括哪些，也就是说，我国著作权法对作者播放权的保护范围有多么大，要看将来实施条例如何规定了。

播放权也和表演权一样，著作权人享有的播放权（自己播放和许可他人播放）与播放组织享有的权利不是一回事。前者属于著作财产权，后者属于邻接权。例如《著作权法》第40条规定的著作权人的许可权，就是播放许可权，属于这里的播放权。至于第42条规定的广播电台、电视台享有的“播放、许可他人播放”的权利，是作品传播者的权利，属于邻接权。

4. 展览权

展览就是公开陈列作品，供不特定的多数人观看。展览重在公开，因而把作品放在家里供亲友观赏，不是展览。但是展览的范围仍很重要。第一，展览的作品是不受限制，还是只限于美术作品和摄影作品，有的国家著作权法就规定限于后者。第二，展览的是限于作品原件，还是也包括复制品。第三，展览是否包括收费的、营利性的展览。即是否限于某种目的的展览。第四，展览的地点有无限制。第五，展览的作品是否要以未发表的为限，或包括已发表过的。这些问题都有待将来的实施条例规定。

著作权人可以自行展览自己的作品，也可行使展览许可权，许可他人展览。

展览的一个重要问题，又是与肖像权的关系。著作权人行使展览权不应该侵犯他人的肖像权。因此，作品中有他人的肖像时，展出作品应经该他人许可。但反过来，该他人（及其继承人）展出该作品时，可以不必先取得著作权人的许可。这是因为，肖像权属于（民法上的）人格权，应该优先于著作权而受保护。

还有一个问题，即展览权与作品原件所有人的关系。这一点，《著作权法》第 18 条有规定，前面也讲过，不再重复。

5. 发行权

发行是指向公众提供一定数量的复制件，包括散发、出售、出租等。发行一词，通常都用于图书，但可供发行的并不限于图书，还有电影拷贝、音像制品、美术作品等。发行包括营利性的与非营利性的。作者印出作品来，赠送给朋友或图书馆，只要数量较多，也可以是发行。

前面说过，复制加上发行就成为出版。我国《著作权法》第 10 条中未列出版，就是这个缘故。但“出版权”已成为一个广泛使用的词，《著作权法》第30条也规定有“专有出版权”一词。这里对出版权讲一讲。把出版权作为著作权的一个内容，那就是著作权人自己以印刷或其他机械方法复制作品（包括文字作品、美术作品等）并将之发行于公众的权利，以及许可他人（例如出版社）复制并发行作品的权利。在许可他人出版时，通常著作权人与出版者之间订立合同。其中最普通的是授予出版权合同和出版许可合同（《著作权法》第29条）。出版者由此而取得的权利也称为出版权或专有出版权。这种出版权或专有出版权也是著作权的内容，可由著作权人授予出版者享有和行使。但出版者的权利与著作权人的权利应该加以区别。

6. 摄制电影、电视、录像权

这是指将作品以拍摄方式固定在音像载体上。摄制电影、电视、录像并不是只将某些景物或活动机械地录制下来，而是要再现某种作品。因此，摄制故事片、电视剧等当然包括在内，而摄制简单的新闻，不能算是这里所规定的。在我国，作家一般没有可能自己把自己的作品摄制成电影、电视剧，只有许可他人摄制，因而我国作家所行使的大多是许可权。

关于电影等，《著作权法》第15条有专门规定。

由于摄制电影等是一种复杂的创作活动，而且电影等与文字作品又有很大的不同，所以法律许可摄制者有权对原著进行一些必要的改动，以适应电影等这种艺术形式的需要。因此作品原作者的修改权就受到一定的限制。当然，改动不能歪曲原作者的原意。如要对原作内容做大的改动，仍要征得原作者的同意。

7. 改编权

改编有两种情形：一是将某一类已有作品转换为另一类作品，例如将小说改编为剧本；一是为适合某种用途而将已有的作品改写或缩写成为形式不同的同类作品。例如将长篇小说缩写成较短的作品，将科学著作改写为科普作品等。

改编不限于文字作品，对音乐作品也可以改编。例如将京剧改为另一剧种。改编如系作者改编自己的作品，就是行使改编权，更多的是许可他人改编，这就是行使改编许可权。改编后的作品是派生作品（二次著作物）。改编者享有派生著作权。派生著作权要服从于原始著作权，前面已讲过。《著作权法》第 12 条有规定。

8. 翻译权

翻译是指将已有的作品从一种语言、文字转换为另一种语言、文字，或者将已有作品从古代文字转换为现代文字。例如将汉文译为英文，或将古代汉语译为现代汉语。

作者将自己的作品翻译，是行使自己的翻译权；许可他人翻译，是行使翻译许可权。

翻译成的作品是派生作品。翻译者享有派生著作权。《著作权法》第 12 条有规定。

9. 注释权

注释指用语言文字解释某一已有作品的文句。注释一般都是注释他人的作品，如要注释他人享有著作权的作品时，注释人要取得著作权人的许可。注释人只对注释部分，即他所创作的部分有著作权，对原作当然不能取得著作权。因此，他不能禁止或干涉他人再对同一作品进行注释。

《著作权法》第 12 条对注释有规定。

《著作权法》第 12 条中还有“整理”。整理大多是对古代作品或民间作品的一种行为。对现在还有著作权的作品进行整理的很少。我国现在常有“某人口述，某人记录整理”的文字作品。这样的作品只是一个作品，因此不发生原作与派生作品的问题。在这种情形下，口述人与记录整理人的关系如何处理，应依具体情况而定。有时可以作为共同著作，有时整理人只算是著作辅助人。

10. 编辑权

编辑是为某一目的选择出若干已有作品编为一个整体作品的行为。《著作权法》第 14 条对编辑作品专门有规定。

作者把自己的一些作品集到一起，编为一本论文集，不发生编辑著作权的问题。

这里所说的编辑有两种情形：一种是编辑把一些同类的或不同类的作品，汇集到一起，作一些文字上的加工，使之成为一个整体的作品。典型的是报纸。报纸上有各种文字作品，有新闻，有论文，有文艺作品（还有广告）。这些作品中，有的署有原作者姓名，有的没有署名。编辑人要把这些作品进行整理、加工、排列（甚至对广告也有排列问题），使之成为一个完整的、有一定特色的整体作品。另一种是编辑人把一些单独的作品集编成一本书。有时，原来的各篇保持一定的独立性，署上原作者的姓名。例如我国现在的大百科全书。有时，原来的各篇形式上虽有分别，但不署姓名，如我国现在的《法学辞典》。

因而在著作权问题上，也有两种情况。第一种，既有整体作品的著作权，即编辑著作权，也有各单独作品的著作权。第二种，只有整体作品的著作权，即编辑著作权，不存在单独各篇的著作权。因为各单独成篇的，既不署名，就无从确定作者，也就无从享有著作权。在我国实际做法中，出版社对参加撰写的人只付给稿酬，有时在序言中或其他地方列出参加撰写人的名字，但这些人并不享有其他权利。

《著作权法》第14条规定的是上述第一种情况。在这种编辑作品中，重要的问题是编辑著作权与各部分作品著作权的关系。第14条就是解决这个问题的。在特殊情况下，编辑著作权如果与各部分作品的单独著作权发生矛盾，也要依具体情况去处理。特别在单独作品的作者行使其著作人身权时，可能发生这种情况。

把没有著作权的作品编辑成书，例如法令汇编，古人的文选，也能产生编辑著作权。如果对这些作品再加以注释、整理，那就又会产生注释著作权等。我国现在有专门整理古籍的工作，对古代典籍加以标点、分段、校改等，这种书籍的著作权问题，只有由特别法或行政法规去处理。

（五）其他财产权

在其他国家的著作权法中，还规定有一些其他的著作财产权。这里介绍一种，就是追续权，《德国著作权法》称为增值共享权（《德国著作权法》第26条）。画家把绘画原件出售后，所有权人又将绘画再行出卖。第二次出卖时，售价如高于第一次的售价时，第二次出售人应将增值部分按一定比例分给画家。这样，每出售一次，画家都可有一点收入。这是为公平处理画家（原始著作权人）与收藏家（有时是文化贩子）间的利益关系而规定的一种权利。将来我国也可参考这种办法，以维护画家的利益。

五、结束语

最后还要说明几点：

1. 以上讲的著作权的内容，主要是根据我国《著作权法》讲的。有时介绍一点外国法律的规定，只是供我们学习和研究我国《著作权法》的参考。

我国《著作权法》实施条例正在制定中，尚未公布。将来公布后，如果条例中规定的内容与上面讲的有不一致的，当然应以公布的实施条例的规定为准。

2. 著作权保护制度是随着科学文化艺术的发展而发展的，一个国家著作权法中的规定，一方面要适应科学文化艺术发展的情况，另一方面还要适应这个国家的社会经济情况。因此，这个国家著作权法中规定了的东西，另一个国家的著作权法未必规定。我国著作权法中规定的著作权的内容不可能与别的国家的法律相同，这是完全可以理解的。

现代科学技术日新月异，著作权制度方面随时有新事物，新情况出现，我国的社会经济情况也在不断发展，所以现在讲的著作权的内容也是必然要发展的。

3. 著作权是一种民事权利。著作权的内容，除了著作权法规定的以外，还可以有其他方面。例如著作权的继承，规定在继承法中。著作权也可以作为出质的标的（我国《民法通则》第 89 条称为抵押）等。这些在研究著作权内容时也要注意。

【后记】我国的《著作权法》于 1990 年公布后，最高人民法院举办“著作权法培训班”，约请一些人对学员（法院审判人员）讲解著作权法。我应邀讲解“著作权的内容”，讲的内容限于该法第 10 条。这是根据录音整理的。以后培训班编集成《著作权法讲座》（法律出版社 1991 年 6 月出版）。讲时，《著作权法实施条例》还未公布——2002 年作者记。

民法典·法律适用

大陆法国家民法典研究

目　次

第一节　前　言

在中国古代历史上，一个王朝建立后，常要做两件大事，一是为前朝修史，一是为本朝制律。这两件事的意义都很重大，皇帝都派重臣主持，并亲自过问。西方国家的情形虽不完全一样，但在近代开始后，各个新兴的国家也都十分注重制定法典。中华人民共和国成立后，对这两件事都不十分重视，或者说顾不上，再加之，在计划经济体制下，有人以为，只要靠行政指挥就可以治理国家。改革开放以后，情形发生了很大的变化。“法律”的地位和作用被发现了，被重视了。首先受到关注的当然是宪法，其次是刑法。出现了第一部完整的刑法（刑法典，1979 年），其中特别规定了严禁“打砸抢”，足以表示立法者注意之所在。而在经济方面（民事方面），出现的第一部法律是《中外合资经营企业法》（1979 年），这一点饶有意义。

本来在 20 世纪 70 年代末，同时成立了起草民法、刑法、民事诉讼法、刑事诉讼法 4 个法律的机构，但结果，后 3 个法都公布了（其中民事诉讼法是“试行”），民法却流产了。以后才陆续分别制定公布了婚姻法（新的、1980 年）、经济合同法（1981 年）、涉外经济合同法（1985 年）、继承法（1985 年），最后是民法通则（1986 年）。这当然有种种原因和理由。

制定一部完整的民法（民法典）的呼声在中国法学界几起几落，有时使法学家们兴奋，有时使法学家们消沉甚至悲观。这一段历史，应该留给法制史学家去回顾。是非功过，也留待后人评说。

近两年来，关于民法典的呼声又抬头了。法学家们似乎变得“聪明”些了，或者说变得“稳重”些了。既然知道一部完整的民法典是高不可攀的，现在是可望而不可即的，就把它作为一个远期目标。现实的努力放在民法典的各个部分——担保法、合同法、物权法、海商法、公司法、票据法等之上。近年来，修订了某些法，制定了某些法，草拟了某些法。中华民族这位老人，背着沉重的包袱，虽然有点步履蹒跚，却在向前奋进。“周虽旧邦，其命维新”，说的正是如今。

这真是应了一位外国法学家的话：“对于法典编纂而言，政治因素必定是重要的，当法典问世之时，也必定有适当的政治环境。”[①]

---

① ［美］艾伦·沃森：《民法法系的演变及形成》，李静冰、姚新华译，中国政法大学出版社 1992 年版，第 130 页。

中国的法律工作者正在最大限度地利用这个大好时机，尽可能多地制定一些法律，并且在自己的面前，设置一个美好的前景：制定一部足以与拿破仑民法典、德国民法典鼎足而立的中华民族的民法典。为什么要特别提出民法典？这不仅是因为民法典较之刑法、诉讼法等更足以代表一个民族的文化高度，而且只有一个全中华民族的民法典才能表明中华民族已攀上历史的高峰。

为了完成这个大业，作为中国的法学者，我们一方面要苦练内功，另一方面要面向古今中外，吸收一切其他民族的文化精华。在后一工作中，首先要做的就是对几个在历史上对我国有重大影响，今天仍有借鉴意义的大陆法国家的民法典进行研究。我国研究外国法制史和比较法、外国法的学者在这些方面已经做了不少工作。鉴于这种工作在今天已具有新的意义，再作研究仍有必要。

实际上欧洲各国很早就有编纂法典的工作。在中世纪就有许多鸿篇巨制。例如在法国拿破仑民法典以前，就有 1756 年巴伐利亚的《马克希米里安民法典》(Codex Maximilianeus Bavaricus Civilis)，1794 年普鲁士的《普鲁士普通邦法》(Allgemeines Landrecht fur die Preussischen Staaten), [①]1786 年奥地利的《约瑟夫民法典》(Josephinisches Gesetzbueh)即 1811 年《奥地利普通民法典》(ABGB)的前身等。不过真正被公认为近代民法典，而且在西方世界（后来也对东方世界）产生巨大作用和影响的还是法国大革命后的拿破仑民法典以及其后的几个重要的民法典。对东方起了重大作用，至今仍具有一定影响的除了拿破仑民法典之外，还有德国民法典。对于我国而言，瑞士民法典的影响也不能忽视。因此，这 3 部民法典今天仍然是我们研究的重点。

---

① 这个法典涉及的不只是民法。

此外，日本的民法典本身虽然是法国民法典和德国民法典影响下的产物，对我们也起过一些作用。而且日本与我国有不少相同之处，不能置之不理。

本书只打算研究这几部民法典最初的内容，不去讨论它们的历史背景、制定经过以及对外影响。至于它们在以后的发展情形，将另行研究。

当然，今天我们的注意已超出了大陆法的范围。新中国成立以后，深受苏联法的影响。今天又受到了英美法的影响。将来，由于香港的回归与保留原在香港施行的若干法律，英国法的某些因素会对我国产生一些影响。对这些，都应该研究。

第二节　法国民法典（拿破仑民法典）

一、概说

1804 年公布施行的《法国民法典》是一部典型的近代民法典，是第一部资本主义国家的和以资本主义经济制度为基础的民法典。它在 1804 年公布时的名称是《法兰西人的民法典》。1807 年 9 月 3 日法律赋予它《拿破仑法典》（Code Napoléon）的尊称。[①] 该法典有 1804 年、1807 年、1816 年 3 个官方版本，特别以 1816 年的王政复古版流传下来。

① 1816 年拿破仑失败，此名称废止，仍称《法兰西人的民法典》。1852 年，拿破仑三世又恢复《拿破仑法典》名称。第三共和国以后，习惯上只称为《民法典》（Code Civil），相沿至今。

所以我国商务印书馆的译本中保留着“国王”和“王国”字样。别的版本则在“国王”下有“（共和国总统）”字样。

法国民法典是法国大革命的产物，虽然其中仍有若干旧思想的残余，但终究是革命思想的体现。这种革命思想就是自由资产阶级思想家的自由思想和人权思想。法典虽然未能在家庭制度方面完成“人的解放”（在这方面，法典较之革命后的法令有些退步），却在经济方面较为彻底地做到了这一点。法国民法典是“人权宣言”在法律形式上的体现。我们如果把依照这个民法典构筑的社会与革命前的社会（封建社会）对比一下，就会看到法国民法典的思想意义——它摧毁了旧社会，开创了一个新社会。当然，这个新社会是资本主义社会，在那个时代，它是人类文化的顶峰。在封建社会中，“人”受着各种各样的束缚，受着各种力量的压迫，既没有意思自由也没有行动自由，法国人分为各种阶层，没有平等可言。但在民法典的规定下，所有的法国人是平等的、自由的，只受自己意思的支配。总之，法国民法典是“解放”人的法典，而不是“束缚”人，更不是“奴役”人的法典。就是在今天，法国民法典的这种精神仍对我们有启示作用，我们仍可从这方面去学习它。

二、法国民法典的思想内容

根据上面所说，对法国民法典的研究，应该着重于它的思想内容。以下具体说明：

（一）法国民法典规定了近代民族国家法律的几个基本原则，奠定了近代法律的基石

法国民法典前面有一部分，标题为“前编·法律的公布、生效以及一般适用”，有6个条文。这6条规定实际上不只是民法的问题，而是一切“法律”的几个基本原则。而且这个“前编”（Titre Preliminaire）没有与以下各编统一编号。据说，这6条在当时制定时不是只作为民法的前6条，而是作为当时计划中的包括几个法典（民法典、刑法典、商法典、民事诉讼法典、刑事诉讼法典）的一个总法典的“前编”。[①] 现在这6条只列于民法典之首（其他几个法典大多经过了很大的变动），使人以为这只是民法典的前编。

这6条的内容是近代民族国家的一切法律的基本原则（除第3条是国际私法性质的规定外），也是对“封建法”的改变。

1. 法律统一原则

第1条规定：“经国王（共和国总统）公布的法律，在法国全境内施行。”这个条文包含两点：（1）法律须经“公布”。公布是法律对外生效和施行的要件。（2）法律公布后，在全国施行。全国的法律是统一的，这与封建法律的地域性和分散性是正相反的。

公布的作用在于使人民知悉法律，至少是可得知悉。用今天的话说，这就是“公开性”。对于这一点，中国人是深有体会的。在我国，不久前还有所谓“内部规定”，那就是不公布的规定，也就是不让人民知悉的规定。

一个统一的国家必须有统一的法律，这一点在今天是不言而喻的。

---

① ［日］谷口知平译注：《现代外国法典丛书（14）·佛兰西民法〔I〕人事法》，有斐阁昭和31年版，第27页。

在封建社会情况不是这样。这就难怪凡是研究法国民法典的人，莫不首先把统一全国私法作为这部法典的伟大成就。例如澳大利亚法学家瑞安说："伏尔泰曾说，在法国旅行需要经常更换法律，就像经常更换马匹一样。他的俏皮话与事实相差并不远。法国直到1804年拿破仑法典颁布之后，才成为一个法律上的整体。"① 又说"拿破仑法典的目标是要统一法国的私法，从这方面看，它取得了辉煌的成就"②。这就是这个第1条的意义。

2. 法律不溯及既往的原则

第2条规定，"法律只对将来生效，没有溯及的效力"。封建社会的法律，由帝王制定，可以任意追究过去的事情，可以侵犯或剥夺人民的既得权利，可以肆意改变人民的已有的法律关系。近代法律以不溯及既往为原则（当然有例外），不仅民法如此，刑法也如此。这一原则的首要作用在于维护人民的既得权利与原有的法律地位，使人民在行为时只需注意并遵守当时有效的法律，不需顾虑行为后法律的变动（因为行为后法律的变动，只能影响以后的行为，对法律施行前的行为或事没有影响），从而有安全感。

3. 法官不得拒绝审判

第4条规定，"法官借口法律无规定、规定不明确或不完备而拒绝审判者，得以拒绝审判罪追诉之"。人民发生任何民事纠纷，法院均应受理。法院（法官）即使在法律对该项案件无规定，或规定不明确不完备的情况下，也不得拒绝受理案件。这样就使人民总有地方可以解

---

① 见［澳］瑞安：《民法导论》，楚建译，转引自李静冰编：《民法的体系与发展——民法学原理论文选辑》，中国政法大学教材，1991年版，第35页。

② 李静冰编：《民法的体系与发展——民法学原理论文选辑》，中国政法大学教材，1991年版。

决纠纷，否则就会使社会陷于混乱与不安。

4. 立法权与司法权分离的原则

第 5 条规定，“裁判官对于其审理的案件，不得用确立一般规则的方式进行裁判”。确立行为的一般规则，是立法的范围。司法官只能对其审理的个别案件，进行个别的裁判，不得将其裁判作为一般的规则而当然适用于其他案件。这也就是立法权与司法权分离。

法国在大革命之前，由于没有统一的法律，各地区存在分散的、彼此不一致的“习惯法”，于是法院就有对这些习惯进行解释，从而使之具有法律效力的权力。各地区的法院常常公布一些具有立法性质的判决，使司法判决成为“一般规则”。[①] 法国民法典的第 5 条正是针对这种情况而定的。

5. 不得破坏公序良俗

第 6 条规定，“任何人不得以特别约定违反有关公共秩序与善良风俗之法律”。民法是注重当事人意思自治的，所以即使法律已有规定，但如当事人有特别约定，这种特别约定与法律规定不一致，仍可以优先适用当事人的特别约定。可是如果这种法律规定是有关于公共秩序、善良风俗的，则当事人必须遵守之，不得以特别约定违反之。

6. 公私权（公私法）相互独立的原则

第 7 条（不属于“前编”）原来的文字是，“（民事）权利的行使，与市民资格相互独立，后者依宪法取得并保有之”。1889 年改成现在的条文，[②] 即：“民事权利的行使与依宪法和选举法取得并保有的政治

---

① 李静冰编:《民法的体系与发展——民法学原理论文选辑》，中国政法大学教材，1991 年版，第 36 页。

② ［日］谷口知平译注:《现代外国法典丛书（14）· 佛兰西民法〔I〕人事法》，有斐阁昭和 31 年版，第 37 页。

上的权利的行使是相互独立的。”这一条规定民事权利与政治权利相互独立，二者不互相依赖，不互相影响。民事权利以民法（私法）为依据，政治权利（公民的资格、选举权）以宪法与选举法（公法）为依据。被剥夺公权（政治权利）的人仍可享有并行使其民事权利。

划分公私法，这是近代法律的原则。资产阶级启蒙学者主张，私权是天赋的人权，与政治权利不同，行使私权并不以享有公权为条件（前提）。

（二）一切法国人都享有民事权利

法国大革命“解放”了在封建制度下被压迫、被奴役的一切人，把所有法国人置于同等（平等）的地位，这一点表现在民法上就是承认所有的法国人都享有平等的民事权利。这就是第8条的内容。这一点的意义，今天已经不必多说了。从此以后，这一条已成为任何一个国家民法的最根本的原则。当然，在各国民法典里，尽管所用的文字和词语有所不同，例如德国民法典第1条，苏俄民法典第9条等，但都毫无例外地接受了这种原则。

对法国民法典苛求的人来说，法国民法典的这一条只说到“法国人”，与德国民法典第1条只说“人”相比似乎差了一点。但应该注意到，在那个时代，民族国家是人类最高的生活共同体，用“法国人”这个字眼是完全正当的。何况就连1964年（一个半世纪以后）的苏俄民法典也还是说“苏俄公民”呢?

法典第488条规定：“满21岁为成年；到达此年龄后，除结婚章规定的例外外，有能力为一切民事生活上的行为。”第13条规定：“外国人经政府许可设立住所于法国者，在其继续居住期间，享有一切民事权利。”前者与第8条合起来奠定了近代民法自然人能力制度的基础。

第 13 条奠定了近代民法与国际公法中外国人地位的制度的基础。

法典还就两项特别能力作了明文规定，第 1123 条规定：“凡未被法律宣告为无能力之人均得订立契约。”第 1594 条规定：“一切法律并未禁止其为买卖行为之人，均得买受或出卖。”订立契约和买卖物品，在封建社会是有严格限制的。法国民法典特别规定这两条，也是“解放”人的表现。这些规定在今天看来，似乎没有必要。但是如果我们想一想，新中国成立后，在农村土地改革后，要特别宣布农村借贷自由和买卖自由，就可以理解，法国民法典的这些规定，对刚从封建社会解放出来的人们是多么重要了。

（三）法国民法典奠定了近代民法中财产法的基础

近代民法中财产法的基础，即所有权绝对和契约自由，在法国民法典得到完成。封建性的财产制度和封建性的财产权利，在法国民法典中被清除得干干净净。在这一点，德国民法典也不如法国民法典做得好。

关于这一方面，只要举出几个原则性的条文就够了，用不着详加阐述。第 537 条第 1 款规定：“除法律规定的限制外，私人得自由处分属于其所有的财产。”第 545 条规定：“任何人不得被强制出让其所有权；但因公用，且受公正并事前的补偿时，不在此限。”我国近年来制定某些法律时，对于类似于第 545 条的规定，还要反复讨论。这时，不禁令人感叹，200 年前通过这样的条文，要有多大的勇气。

法典第 967 条规定：“任何人均得或以指定继承人的方式、或以遗赠的方式、或以其他适于表示自己意志的方式，以遗嘱处分其遗产。”

其次关于契约自由。法典第 1101 条规定，“契约为一种合意。依此合意，一人或数人对于其他一人或数人负担给付、作为或不作为的债务”。第 1119 条规定，“任何人，原则上仅得为自己接受约束并以自己名义订立契约。”第 1134 条规定，“依法成立的契约，在缔结契约的当事人间有相当于法律的效力”。

契约自由也扩及于夫妻之间。第 1387 条规定：“夫妻间的财产关系，仅在无特别约定时，始适用法律的规定；夫与妻只需不违背善良风俗，并依后述各条规定的限制，得随意订立契约。”

法国民法典是个人主义、自由主义的民法，贯穿了意思自治原则。意思自治有以下几层含意。第一，废除古代的形式主义。第二，不许国家干预个人的意思自由。第三，讲求个人的真实意思。法国民法典的意思主义（典型的规定是第 1583 条，买卖的合意成立后，即使标的物尚未交付，价金尚未支付，合同即告成立，标的物所有权即移转），是近代民法法律行为理论的核心。

总之，人们可以指出法国民法典在身份法方面和其他方面的一些不足之处甚至是缺点，但很少能在财产法方面指出什么大的问题。法国民法典在这方面，一方面继承了罗马法的一些优良的制度和规定，另一方面贯彻了资产阶级启蒙思想家的一些思想主张。为了说明这一点，还可以举出以下几条规定。第一，法国民法典把关于国有财产的规定纳入民法典（第 538—542 条），具有特殊意义。在这种规定下，国有财产与私有财产立于同等地位，受到同等对待。第二，法国民法典对契约的解释作了详细规定（共 9 条）。第三，在买卖中，法国民法典只保留了“买回”而废除了“先买”制度。对于买回，法国民法典对买回的期限规定不得超过 5 年，法院也不能将之延长（第 1660 条、第 1661 条）。与此不同，德国民法典规定了买回与先买两种，而且把土地的买回期定为 30 年（第 503 条）。两相比较，法国民法典的规定在当时更具有进步的意义。第四，法国民法典第 1674 条关于买卖有失公平时不动产出卖人可取消买卖的规定及其整个办法（第 1675 条以下），为以后的各国民法典开启了先例。把法国民法典的规定与其他国家民法典的类似规定比较研究后，不能不承认法国民法典的规定仍有其独到之处。因为，第一，限于不动产；第二，规定了严格的评估鉴定办法。

法国民法典财产法中的某些规定，因其为当然之理，以后各国民法典多不作规定。但正因如此，这种规定就成为对我国民法学生十分重要的知识。例如第 2092 条规定："负担债务的人，以其现在所有及将来取得的一切动产及不动产，负履行其债务的责任。"第 2093 条规定："债务人的财产为其全体债权人的共同担保；因此其财产的价金应依债权人债权额分配之，但债权人中如基于合法原因有优先受偿的权利存在时，不在此限。"这种规定，特别是前一条的规定，由于在别的国家民法典中已经没有，因此，今天在对中国民法学生说明什么是债务人的无限责任时，仍要引用它。因为只有明白了无限责任后，才能了解什么是有限责任。

（四）法国民法典在家庭法和继承法方面的成就

在家庭法和继承法方面，法国民法典的成就远较财产法方面逊色。大革命后在这方面的一些激进的、先进的法律——例如废除家父制度，准许协议的甚至单方面的离婚，长子继承制的废止，遗产的平均继承等——在法典中受到了限制或得到了缓和，有的甚至回复到"旧制度"的原样，以致有人说这是"对革命的反动的法典"。[①] 之所以会如此，

① ［德］K. 茨威格特、H. 克茨：《比较法总论》，潘汉典等译，贵州人民出版社 1992 年版，第 166 页。

当然有复杂的原因，对此，本书不去详论。

但是与革命前的封建制度和封建法比起来，法国民法典并不是没有成就，它仍旧对“旧制度”（封建制度）作了极大的变革。首先是婚姻的世俗化。中世纪末期，国王和教会争夺对婚姻家庭的司法管辖权的斗争，到法国民法典终于确定。民族国家对婚姻家庭取得了绝对的管辖权，教会完全失去了它在这方面的权力。法典第165条规定：“婚姻仪式，于当事人一方的住所，在身份吏前公开举行之。”以国家的身份吏代替宗教的教士和神父，从此，婚姻世俗化的过程完成了。① 法国民法典早于德国民法典100年，却不像德国民法典那样，仍然在法典中承认教会的地位。② 这一点表明，法国民法典在婚姻世俗化这一点，比德国民法典还要先进。

法典也否定了在结婚方面的家父的绝对权力。法典规定了复杂的结婚同意制度，以缓和对家父权的冲击，但在经过了多次以“尊敬证书”请求同意后，法典于第152条、第153条规定，可以在一定条件下，不再需要家父的同意而结婚，这样最终攻破了家父的同意权这个封建力量的强大堡垒。

法典第326条规定，“民事法院对于有关身份的诉讼，有专属管辖权”。这一条规定的意义，有的学者只解释说，它排除了刑事法院对身份问题的裁判。③ 但是不能否认，这一规定也同样排除了教会对身份

---

① 在革命前，人民结婚须在教堂举行仪式，由神职人员主持，并在教堂登记。

② 《德国民法典》第1588条：“关于婚姻的宗教义务，不因本章的规定而受影响。”

③ ［日］谷口知平译注：《现代外国法典丛书（14）· 佛兰西民法〔I〕人事法》，有斐阁昭和31年版，第301页。

问题的干预，因而也具有世俗化的意义。

法典保留了一些男女不平等的规定，保留了不自由的离婚制度。这些直到第二次世界大战后，才随西方国家普遍的家庭法改革而得到纠正。

在继承法方面，法国民法典也具有反封建的性质。首先，法典只承认财产继承，只承认继承是一种取得财产的方法，因而将之规定在第3编之首。法典完全不承认身份继承，也不承认特殊的贵族财产继承制度，实行不分男女的均分继承制度，否定了封建制度下的男性继承与长子继承。第732条规定："法律规定的财产继承，不考虑财产的性质与来源。"原来在封建时代，遗产区分为贵族财产、传来财产与取得财产。对贵族财产实行独占继承制度（长子继承，以后长子不独占继承，但享有较大份额），对传来财产实行两系分别继承制度（父系和母系分别继承），对取得财产实行两系均分继承。民法典废除了这种划分，只在第733条保留了一定程度的分系继承。第745条规定："子女与其他直系卑亲属，不问性别与长幼，亦不问其是否出生于同一的婚姻，得继承其父母、祖父母或其他直系尊血亲的遗产。如继承人均为被继承人的一亲等直系卑血亲，且以自己的名义继承时，应依人数平均继承；如继承人全部或一部分代位继承时，应依房数继承。"这些规定，建立了近代法上的法定继承制度，开以后各国民法里的法定继承制度之先河。

（五）法国民法典树立了近代法中的个人责任原则

在封建法中，由于封建领主制与家长制的关系，民事责任与民事行为是分开的。有时，行为人不是责任人，而非行为人却要对他人的行为负责。刑事方面的株连制度在民事方面也有所表现。法国民法典既然承认每个成年人都有平等的权利和自主的意思，当然也就承认每个人对自己的行为负责，也只对自己的行为负责。法典第1382条规定："任何行为使他人受损害时，因自己的过失而致行为发生之人对该他人负赔偿的责任。"以下各条又规定了侵权行为的各种情形。法典关于侵权行为的5条构成以后大陆法国家侵权法的基础。

上面举例的5个方面，当然不能说完全是法国民法典的创造，不是由法国民法典从无到有地创造出来的。它是社会发展和经济发展的产物，是文化积累的成果。但是法国民法典把这些成果完全用法律形式固定下来，确立下来，为资本主义的发展开辟了道路，也为个人的发展开辟了道路。一个新的社会——资本主义社会，在这个法典的保护之下发展成长起来。人类文明也被推向一个新的阶段。这是法国民法典伟大的思想意义和光辉业绩。

三、法国民法典的编制、体例与语言

像法国民法典这样古老的法典，它的编制和体例自然带有时代的特点，不应该用后代的眼光去评论。所以指责法国民法典结构不合理，说："任何科学的安排方法都不会在一编之中把继承和赠与、契约和侵权行为、婚姻财产、抵押和时效等这些毫不相干的内容都放在'取得财产的不同方法'之下。"① 甚至说法典的第3编完全是异类题材的大杂烩。② 这都是不适当的。法国民法典承继了《法学阶梯》的编法而

① 见［澳］瑞安：《民法导论》，楚建译，转引自李静冰编：《民法的体系与发展——民法学原理论文选辑》，中国政法大学教材，1991年版，第46页。

② ［德］K. 茨威格特、H. 克茨：《比较法总论》，潘汉典等译，贵州人民出版社1992年版，第172页。

稍加调整，分为人法、物法和债法，今天看来，无可厚非。

相反地，法国民法典的教科书式的体例有独到之处。例如第 2 编第 1 章“财产分类”，第 3 编第 3 章第 1 节关于契约的“通则”，就可以当作财产和契约的教科书来读而得到应有的知识。

法国民法典的语言一直受后人的称赞。或说它浅显易懂、生动明朗，甚至说法典是一部“出色的法国文学著作”。[①]

据说，拿破仑希望这部法典能被全体法国人民读懂，法国人民能人手一册。这一点差不多做到了。而这应归功于法典浅近和优美的文字。

法国民法典在这方面与德国民法典完全相反。这是两种文化的产物，很难比较其优劣。但这毕竟是后世制定法典的人所应注意的。

四、结论

法国民法典是影响及于全世界的一部大法典。奥地利普通民法典就产生在它的旁边，却相形见绌，不为后世所重。至今我们仍不能不研究它，仍从它那里得到启示。

法国民法典所表现的启蒙思想和解放精神，对于任何地方、任何时代的寻求自由与解放的人民，都具有极大的教育意义和价值，对于任何一个想要建立新的法律秩序的人民，也具有极大的益处。

真难怪法国人民对这部法典充满着爱好和感情，几次想要改造它而又舍不得它，还是保留它的原貌。世界人民也把它作为一部有高度学术价值的著作。我国商务印书馆将之与《法学阶梯》一并列入“汉

① ［德］K. 茨威格特、H. 克茨：《比较法总论》，潘汉典等译，贵州人民出版社 1992 年版，第 169 页。

译世界学术名著丛书”，完全是应该的。

在我国，研究法国民法典，深刻领会其革命的精神与思想史上的价值，用以促进我国自己的民法典的制定，是这一代法学者的任务。

第三节　德国民法典

一、概说

《法国民法典》（又称《拿破仑民法典》）公布之后，立即风靡于当时欧洲的大部分国家。欧洲许多国家都受它的影响，或者直接采用它作为自己的民法典，或者以它为模式制定自己的民法典。在几乎 100 年的长时间里，欧洲竟没有出现一部足以与《法国民法典》匹敌的民法典。这种情况，直到《德国民法典》的出现才得到改变。

《德国民法典》与《法国民法典》在民法发展史上的地位，各有千秋。在开创近代民法历史、为资本主义社会开辟道路这一点，德国民法典无法与法国民法典相比，但是在其他一些方面，德国民法典确有胜过法国民法典的地方。有的比较法学家将由法国民法典形成的法系称为“罗马法系”，将由德国民法典形成的法系称为“德意志法系”（例如德国法学家茨威格特与克茨合著的《私法领域里的比较法导论》一书），从而使德国民法典取得了与法国民法典比肩而立的地位。

在历史地位与社会经济发展方面以及思想精神方面的作用，德国民法典是无法与法国民法典比拟的。法国民法典是一部革命性的法典，开创了一个时代，是公认的典型的资本主义初期的法典，是资产阶级战胜封建阶级的胜利成果。而德国民法典则是一部保守的，甚至守旧的法典。德国民法典产生在由自由资本主义走向垄断资本主义的时代，可是它并没有表现出这个时代的特色（这些问题，本书将在下面详论）。对于德国本国说，德国民法典只完成了一个任务——统一德意志帝国的私法，并未能把德国社会向前推进。不过德国民法典较法国民法典迟出100年，它在100年来法典编纂与法学（特别民法学）学术发展所积累的经验与成就的基础上，在法典编纂技术与民法学发展两方面，较法国民法典有显著的进步。这是我们研究两部法典时应该注意的。这两部法典各从不同方面对法学作出贡献，并得到本国人民的爱戴和各国法学家的称赞。因此两部法典都成为寿命很长的法学杰作。

对我们中国人来说，德国民法典与我们的关系，远较法国民法典更为密切。从民国初年直到现在，中国民法一直受德国民法典的影响。中国的民法学者，从德国民法吸收的营养，也远较从法国民法得到的多。在我国，对德国民法典的研究，也胜过对法国民法典的研究（这从我国法学刊物上的论文和译文可以看出）。当然，我们绝对不应该对法国民法典有丝毫的忽视，特别对它所建立的自由解放的精神应该加深认识，不过就发展我国民法学的研究，建立我国的民法体系来说，我们必须着重去研究德国民法典。

《德国民法典》，在它本国的名称就是《民法典》（Bürgerliches Gesetzbuch，BGB）。[①] 它不像法国民法典那样，称为《法兰西人的民法典》，更没有像《拿破仑法典》那样辉煌的名称。因此虽然德国的国体和国名几经改变，但这部《民法典》在它本国的名称一直未变。不过我们对它的称呼则从德意志帝国民法典、德意志共和国民法典、德

---

① 德国的法律，和多数外国一样，前面都不冠以国名，不像我国，在每一个法律名称前都冠以“中华人民共和国”字样。

意志联邦共和国民法典，简称为德国民法典。100 年来，法典的内容当然有很大的变化，不过也同法国民法典一样，其外貌并无根本性的改变。本节对德国民法典的研究，仍限于原来的情况，不及于以后的修改。

二、制定德国民法典的基础

德国民法典的制定，与法国民法典的制定有一些不同。法国是一个单一国家，在民法典公布之前，全国各地所施行的法律不同，不存在部分地区的法典。所以制定法国民法典，可以说是白手起家。而在德国，由于德意志帝国是由各个“邦”（州）组成的，这些邦早已有自己的法律或法典，甚至帝国的前身，如关税同盟和北德意志联盟，也已有某些统一的法律或法典，因此，德国民法典所要统一的，并不是无数的“地方法”或“都市法”或习惯法，而是这些“邦”（王国、公国等）的法律。这样，德国民法典是在这些邦法的基础之上制定的。德国民法典的制定，不是在一无所有的平地上进行建筑，而是以这些邦法为基础，构筑一座更大的建筑。因此，德国民法典起草人的重要工作之一就是收集所有这些已有的法律，对它们比较研究，找出最合适的资料，[①] 以构筑这座大厦。

另外，制定德国民法典，在学术基础方面与制定法国民法典的情形不同。德国民法典的制定比法国民法典迟 100 年，在这 100 年里，德国在民法学方面有了很大的发展。而且随着社会经济的发展，新的制度也在出现。这样，在制定法国民法典时还没有出现或成熟的一些

① ［德］K. 拉仑兹：《德国民法总论》德文第七版，第 16 页。

概念、学说和制度，都成为制定德国民法典的基础。

德国民法典就是在这两方面的基础上制定的。

（一）法典编纂方面的基础

作为制定德国民法典的基础的一些法律，主要的有下列数种：

1. 巴伐利亚民法典

这是欧洲在启蒙时期里最早的一部民法典。制定这部法典的目的是统一巴伐利亚境内的法律（各种都市法、地方法、采邑法），全称为《巴伐利亚马克希米里安民法典》（Codex Maximinaneus Bavaricus Civilis），公布于1756年，该法典以优士丁尼的《法学阶梯》为蓝本，分为4编。第1编有8章，依次为：自然法与正义、法的分类、与人的身份有关的权利与义务、家庭身份、父权、婚姻、监护、奴役。第2编有11章，包括所有权、时效、占有、抵押、地役权、用益权等。第3编是继承法。第4编有18章，包括各种合同、无名合同、准合同等。[①] 这部法典的内容仅限于民法，已开近代民法之先河。

2. 普鲁士普通邦法

这是德意志境内最大的国家的法典，全名为《普鲁士国家的普通邦法》（Allgemeines Landrecht für die Preussischen Sttaten，ALR）。该法典内容很杂，包括宪法、行政法、民法、刑法、商法等规定，共分为2部43章，有17000条之多。于1794年2月5日公布，同年6月1日施行。在公法方面，本法典是绝对主义国家思想的体现；在私法方面却包含着近代个人主义、自由主义的思想。第1部为个人法，第

---

① ［美］艾伦·沃森：《民法法系的演变及形成》，李静冰等译，中国政法大学出版社1992年版，第136页。

2 部为家族法与团体法。开始是有关于法的一般原则的规定。以下第 1 部前 7 章规定：人、物、行为、意思表示、合同、不法行为、占有。这些相当于民法总则。接着第 8 章至第 16 章规定所有权、所有权的取得、保持、追及、权利义务之消灭等关于财产权的得丧变更。第 17 章至第 22 章规定共有、分割所有权、他物权、担保物权、用益权、相邻权等。第 23 章规定罚则。第 2 部第 1 章至第 4 章规定婚姻、亲子、亲族、家产，为亲属法部分。第 5 章至第 12 章规定仆婢、组合、农民、市民、贵族、官吏、教会、学校等，即规定各种身份的人的特别义务。第 13 章至第 17 章规定国家、国库的特权与义务，第 18 章及第 19 章规定监护与各种慈善机构，最后第 20 章规定刑罚。[①]这是一部体现“普鲁士的自然法”精神的法典，一直施行到帝国成立后德国民法典施行之时。

3. 奥地利普通民法典

18 世纪中期，奥地利也开始制定各种法典以统一境内的法律。在几个关于私法的小法典之后，1811 年 6 月 1 日终于公布了《奥地利普通民法典》（Allgemeine Bürgerliches Gesetzbuch für die gesamten Erblander der österreichischen Monarchie，ABGB），于 1812 年 1 月 1 日施行。[②]由于以后奥地利未加入德意志帝国，这个法典一直在奥地利施行到现在。但是在德国民法典制定当时，这部法典对德国民法典的形成，也是有影响的。法典前面有简短的序章，下面分为三编。第 1 编是人法，

① 关于本法典，参考［日］末川博主编：《民事法学辞典》，有斐阁 1960 年版，第 1801 页。

② 关于本法典，参考［日］末川博主编：《民事法学辞典》，有斐阁 1960 年版，第 122 页；［德］K. 茨威格特、H. 克茨：《比较法总论》，潘汉典等译，贵州人民出版社 1992 年版，第 291 页以下。

主要内容有：与身份有关的权利、婚姻、父母子女的关系、监护。第 2 编是物法，其中第 1 章规定物权，包括占有权、所有权、担保权（质与抵押）、役权，还包括继承权。第 2 章规定债权，包括合同总则与各种合同，并规定夫妻财产制，最后还规定损害赔偿（包括债务不履行与侵权行为）。第 3 编是人法、物法的共同规定，包括权利义务的保障（保证人、抵押物）、权利义务的变更与终止（其中还有非债清偿的规定与关于代理的规定）、时效等。这部法典也是当时启蒙思想的产物，但也有天主教的影响（例如不许离婚）。法典中不乏一些有特色的条文。例如第 7 条规定，倘若一诉讼案件，既不能依法律既有的文字规定也不能依法律的自然含义予以裁判，法官应参照法律对类似案件的规定来处理，如仍无法解决，应考虑案件的全面情况，按自然法原则予以裁判。又如第 16 条规定，每个"人"生来就因理性而获得天赋的权利，故得作为人而受到对待。后一条的规定显然已超出了法国民法典的"法国人"的范围。

4. 撒克逊民法

撒克逊王国也很早就开始制定民法典的工作，在 1851 年就有草案出世。1863 年 1 月 2 日终于公布《撒克逊王国民法典》（Bürgerliches Gesetzbuch für das K ø nigreich sachsen），于 1865 年 3 月 1 日施行。这个法典是以德国普通法与撒克逊法为基础制定的，共 2620 条。这个法典的一个特点就是有总则编。在民法里设置总则编，在德国的学术著作中早已提出，而在法典中正式设置，则自撒克逊法典始。

5. 票据法和普通商法典

早在 1834 年，以普鲁士为首的各邦为了经济上的需要，组成关税同盟，并致力于制定共同适用的商事方面的法典。其成果之一是 1848 年的《德国普通票据法》（Allgemeine Deutsche Wechselordnung）

及1861年的《纽伦堡修正法》(Nürnberger Novellen)。更大的成果是1861年的《德国普通商法典》(Allgemeine Deutsche Handelsgesetzbuch, ADHGB)。这两部法律(法典)以后都原封不动地成为北德意志联邦(1866年成立)的法律。前一法律并成为德意志帝国(1871年成立)和德意志共和国(1918年成立)的法律,直到1933年才因德国依日内瓦统一票据法制定新的票据法而废止。商法典则在帝国制定了新商法典(1897年)后失效。

此外,在德国南部还施行过法国的民法典,在德国其他地方还存在过其他的法律。这些都是制定德国民法典的基础。这些法典都经过长时间的准备、吸收了当时的学术成就(如撒克逊民法典和普鲁士普通邦法的准备都经过几十年,都吸收了德国普通法的成果),因而在内容上、编制上都为德国民法典的制定提供了经验和素材。特别是普通商法典(以后通称为德国旧商法典,以有别于1897年与民法典同时施行的商法典——通称为德国新商法典,此法典一直施行到现在),对民法典的制定更起了重要作用。制定民法典时,考虑到民商两个法典的体例问题,将普通商法典中的某些有关民事行为的共通性的重要规定,如法律行为、动产的善意取得等,移到民法典中。[①]

此外,在帝国成立前,有些著名学者和法官也曾草拟民法的草案,例如1865年提出的称为《德累斯顿草案》(Dresdrer Entwurf)的债法草案,以后就成为民法典中债编的一部分的基础。[②]

---

① [日]柚木馨:《现代外国法典丛书 独逸民法Ⅰ·民法总则》,有斐阁昭和13年版,第27页。

② [德]K.茨威格特、H.克茨:《比较法总论》,潘汉典等译,贵州人民出版社1992年版,第262页。

（二）理论与学说方面的基础

德国民法典在法典编纂方面，主要以18世纪德国各邦的"德国普通法"为基础，已如前述。至于在民法理论和思想方面，可以说，德国民法典主要是以德国的潘德克顿法学为基础的，换句话说，德国民法典是19世纪后半期最终完成的潘德克顿法学的产物。在这方面，德国民法典的思想基础与理论构成比法国民法典远为复杂。这不仅是由于德国民法典的制定在时间上要迟将近100年，而且是由于德意志帝国在社会经济发展与帝国的统一过程方面与法国大不相同。

这里有必要简略地说一说德国的普通法与普通法学的形成，再说到所谓潘德克顿法学。

中世纪末期以来，德国在继受罗马法、教会法的基础上，逐渐形成一种在全德国境内适用的法，称为普通法（Gemeines Recht）。与普通法相对的是地方特别法（Partikularre cht）。起初，普通法只居于补充地方法的地位。在普通法里，以罗马法为基础的私法占主要部分。由于这一部分主要来自罗马法大全（Corpus juris Civilis）中的《学说汇纂》（Pandectae），[①] 于是普通法中的私法部分又特称为潘德克顿。1495年，德国设立了帝国宫廷法院（Reichskammergericht），作为帝国最高法院。法院中法官依普通法裁判案件，于是构成潘德克顿的内容的罗马法，在德国取得了越来越重要的地位，这种情况，北德在15世纪末，南德在16世纪中完成。

为了克服法律的分散状态，德国各邦从17世纪末期就开始编纂法典，其主要目的是统一在各邦同时存在的地方法与普通法。法

① Pandectae是Digesta（学说汇纂）的希腊语（东罗马帝国使用希腊语）。

典编纂的成果就是前面所说的各种法典，这些法典都以“普通的”（Allgemeine）命名，表明其为施行于该邦的“通用的”法律。

在法典编纂的过程中，民法理论也大大提高了，民法学者日渐增多，这种理论形成普通法学。由于这种法学主要是私法学，是罗马法与德国固有法相结合的产物，在17世纪就称之为“潘德克顿的现代运用”（Usus modernus Pandectarum）。以后随着学说、判例的积累，这种研究越来越趋于成熟。这时德国的法学研究中，自然法学派走向历史法学派，又由历史法学派产生了“潘德克顿法学”（Pandektenwissenschaft）或“潘德克顿学派”。[①]潘德克顿法学的集大成者是著名学者温德莎德（Beruhard Windscheid，1817—1892年），其代表作是《潘德克顿法教科书》（*Lehrbuch des Pandenktenrechts*），该书共3卷，初版刊行于1862—1870年。

潘德克顿法学是由罗马法（学说汇纂）发展而成的体大思精的德国民法学。在这一学派里聚集着德国的一些有很高造诣的民法学者。

起草德国民法典第一草案的委员会，以温德莎德为委员长，花了13年之久，草拟了德国民法典的第一草案。第一草案可以说是潘德克顿法学的产物。以后第一草案虽经修改，但德国民法典是在潘德克顿法学的基础上完成的，这一点并未改变。德国民法典的编制、结构、概念、语言，完全是潘德克顿法学的结晶。例如德国民法典分为五编，

---

① “潘德克顿学派”一词在我国被译成各种词语，如“罗马法继受学派”（见《法学译丛》1983年第1期中的《略论德国民法典及其世界影响》一文）、“法典编纂学派”（见前引《比较法总论》第260页）、“学说汇纂学派”（见《比较法总论》第267页）、“罗马法著作选学派”（见沈达明等《德意志法上的法律行为》一书）、学说汇编学派（见《当代主要法律体系》中译本第83页）等。

设置“总则”编，就是接受了潘德克顿法学的办法。[①] 德国民法典和潘德克顿法学的关系，德国法学家海恩茨·休布纳说得很好：“从根本上说，这次法典编纂工作（指德国民法典的制定——引者）是沿袭（6世纪时）罗马法《学说汇纂》的产物，同时带来了《学说汇纂》的优点和缺点，……”[②]

总之，德国民法典的制定工作，有以上两方面的基础。我们要深入研究德国民法典，就应该对这两方面有所认识。

三、德国民法典的制定经过

研究德国民法典的制定经过，不只是一个法制史上的课题，更重要的是，我们要从这里找出对我国立法工作有借鉴和学习价值的地方。

在 1871 年德意志帝国成立时，全国分四个法域：普鲁士普通邦法适用地域、法国民法适用地域、撒克逊民法适用地域以及普通法适用地域。直到 1900 年 1 月 1 日德国民法典施行之日，这四个法域才合而为一。

在全德范围内统一私法，这是德国经济发展的需要。但 1867 年 7 月 1 日的北德意志联邦宪法和 1871 年 4 月 16 日的德意志帝国宪法都规定，联邦和帝国关于私法的立法权只限于债务法、商法与票据法（如前所述，后二者当时已有帝国立法）。1873 年，帝国宪法第 4 条经过修改，帝国关于私法的立法权始扩及于全部民法。宪法第 2 条规定了

---

① 参见［德］K. 茨威格特、H. 克茨：《比较法总论》，潘汉典等译，贵州人民出版社 1992 年版，第 267—270 页。

② ［德］海恩茨·休布纳（德国科隆大学教授）：《德国民法中编纂法典的基本问题和当前的趋势》，载《外国民法资料选编》，法律出版社 1983 年版，第 74 页。

“帝国法优于邦法”（Reichsrecht bricht Landrecht）的原则，以求立法权的集中与法律的统一。

在此基础上，德国开展了长达20余年的德国民法典的立法工作。

1874年2月28日，成立了一个“准备委员会”（Vorkommission），决定制订民法典的计划。1874年6月22日，帝国参议院设立一个由11名委员组成的委员会（温德莎德担任委员长），从事起草工作。这个委员会工作了十余年，于1887年末完成草案。1888年1月31日将此草案（称为第一草案）连同5卷理由书（Motive zum Bürgerlichen Gesetzbuch）一并公布，供公众讨论。第一草案受到各方的批评。帝国司法局将各种意见汇集（达6册之多）后，参议院于1890年又任命一个新的委员会对第一草案进行讨论。1895年，完成了第二草案，将之提交参议院。参议院略作修改后，1896年1月17日帝国首相将此草案连同司法局的意见书（Denkschrift）提交帝国议会，是为第三草案。议会指定一个委员会对之进行了53次审议后，于1896年7月1日通过了草案。1896年7月14日参议院同意，同年8月18日皇帝批准，8月24日公布，定于1900年1月1日施行。其后，第二草案连同委员会的议事录（Protokolle）于1898年发表。

与民法典同时公布施行的有民法典的附属法律《民法典施行法》。施行法共218条，分为4章:（1）总则（其中包含国际私法的规定，原来在第二草案中是民法典的第6编，《外国法的适用》，经参议院移置于此）。（2）民法典与帝国法律的关系。（3）民法典与各邦法律的关系。（4）过渡规定。

与民法典同时施行的还有民法典的三个附属法律:（1）1897年3月24日公布的《关于强制拍卖与强制管理的法律》。（2）1897年3月24日公布的《不动产登记法》。（3）1898年5月17日公布的《非讼事件程序法》。

此外，与民法典同时施行的还有与之有关的几个法典：（1）1898年5月20日公布的《法院组织法》的修改文本。（2）同日公布的《民事诉讼法》修改文本。（3）同日公布的《破产法》修改文本。（4）1897年5月7日公布的《商法典》（通称为“新商法典”，HGB）。

从德国民法典制定的全过程看，有几点值得提出来。这几点在立法工作中是很重要的，有些是可供我们借鉴、学习的。

（1）德国民法典的制定经过了一个相当长的酝酿和讨论的阶段。在制定之前，德国法学界发生了历史上著名的“法典论争”。这个论争就德国应否制定一个统一的民法典，可能制定与否，以及应制定一个什么样的法典、应如何制定等，作了充分的讨论。这一讨论虽然未能直接导致民法典的制定，但论争的双方都由此进一步研究德国的“过去的法”，终于完成了潘德克顿法学的建立，为德国民法典的制定作出了最大的贡献。可以说法典论争为德国民法典的制定完成了思想上的准备，潘德克顿法学为民法典完成了学术上的准备。[①] 有了这些准备，一旦德意志帝国成立，德国政治上的统一完成，制定民法典就水到渠成了。

（2）德国民法典制定工作本身也经过了很长的时间——23年（1873—1896年）。这一点首先说明，当时德国的统治阶级（软弱的资产阶级与当权的容克贵族阶级）与法国大革命后新上台的资产阶级不同，没有法国资产阶级对于一部新的民法典的急迫需要，因为他们并不希望通过制定民法典去实现深刻的社会变革，也不希望用民法典改

① 关于德国的法典论争，参考［日］末川博主编：《民事法学辞典》，有斐阁1960年版，第1851页；［德］K. 茨威格特、H. 克茨：《比较法总论》，潘汉典等译，贵州人民出版社1992年版，第258页以下。

变私法方面的各种关系。德国统治阶级只想通过民法典统一各邦的法制，以加强帝国在政治上的统一。至于在法律上，德国已经有了几个邦的普通法典，尽可维持现状。因此，德国统治者在制定民法典时就不要求迅速完成，而要求起草者尽量细致地进行工作，当时对第一个委员会提出的任务是：对德国现行的私法要从合适与否、内部真实与否以及合乎论理与否各方面加以探讨，特别对于诸大法典（按，这是指如普鲁士普通邦法等法典——本文作者注）与罗马法、德国的基础相异之处要研究其合适与否，尽可能求其均衡，从而草拟出适合于现代法学要求的草案。[①]第一委员会的工作长达 13 年，不仅提出了草案，而且提出了 5 卷理由书。以后的修改并没有对这一草案做大的变动。这种细致的工作在历史上也是少有的。

（3）德国民法典在长达 20 余年的制定过程中，历经两个起草委员会，一个议会的专门委员会（这个专门委员会开了 53 次审查会）的讨论，两次公布草案并向公众征询意见。参加委员会的不仅有专门的法学家（法官、法学教授），还有经济学家与各种实务工作者。参加讨论的更是广泛。许多著名的法学家都提出详细的意见。如奥托·冯·基尔克（Otto.V.Gierke）、安东·门格尔（Anton Menger）等都从极不相同的角度提出批评性意见。对第一个草案的意见，经帝国司法局汇编为 6 册，可见其多。可以说，民法典的制定工作是集中了全国法学界与学术界的精英，集中了全国的智慧进行的。英国法学家梅特兰（F.W. aitland，1850—1906 年）说，德国民法典在其生效之时是当时世界上所有的最好的法典，他说："我以为，从未有过如此丰富的一流智慧被

① ［日］柚木馨：《现代外国法典丛书　独逸民法 I·民法总则》，有斐阁昭和 13 年版，第 23 页。

投放到一次立法行为当中。”[①]

（4）德国民法典的制定者不仅给本国制定了一个法典（对这个法典的评价是另一问题），也为本国和各国的法学者留下了一整套系统的、完整的立法资料。这套资料包括：第一委员会的《立法理由书》、第二委员会的《议事录》、帝国司法局长呈交议会的《意见书》以及帝国议会专门委员会的《辩论记录》（Protokolle）。这些资料成为后人研究、了解德国民法典的最好材料，更是法制史的最好材料。[②]而对于我国，这种完整地保存立法资料的做法，是我们应该学习的。[③]

（5）德国民法典公布后，同时或相继公布了一些必要的附属法律。这些法律都与民法典同时施行。最主要的是民法典的施行法。施行法详细规定了民法典与其他法律的关系、与各邦的邦法的关系，全面地、彻底地解决了、完成了制定民法典的任务——统一全德的私法。至于不动产登记法与非讼事件程序法则使民法典的一些规定得以落实。例如德国民法典实行物权登记制度，如没有登记法，这种制度就会落空。最后，由于民法典的公布，为了配合民法的实施将三个重要法律（法院组织法、民事诉讼法、破产法）予以修改，对一个重要法律（商法典）重新制定。这些工作，立法者都及时将之完成，使这些附属的与修改或重定的法律都得以与民法典同时施行。德国皇帝选择了 20 世纪的第一天作为施行这些法律的一天，使这一天成为德国法制史上辉煌的日子。对于我们来说，这种做法有重要意义。一个法律的实施，常

① 见［德］K. 茨威格特、H. 克茨：《比较法总论》，潘汉典等译，贵州人民出版社 1992 年版，第 273 页。

② 这些被编集为《立法材料》，见［德］K. 拉仑兹：《德国民法总论》德文第七版，第 17 页。

③ 在我国，现在要研究《民法通则》的制定，已经找不到资料了。

常有赖于其附属法规与配套法规的制定，如果欠缺了后者，那么主法律也许就无法实施，主法律中的规定再好，也会落空。我国的《公司法》于 1994 年 7 月 1 日施行，但由于许多附属法规与配套法规没有制定公布，公司法里的不少规定也就无从实施而成为具文。所以在这种地方，我们应该学习德国的做法。

四、德国民法典的编制

德国民法典在形式方面的一大特色是它的五编结构。从罗马法的法学阶梯到法国民法典，民法一直被划分为人法和物法。法国民法典分为“人”“财产及对于所有权的各种限制”“取得财产的各种方法”三编，实际上就是这种划分法。1811 年的奥地利普通民法典也是如此分编的（虽然人们把它划入德意志法系）。1756 年的巴伐利亚民法典对法国民法典的划分法就有所变通，设有单独的“继承法”一编。1863 年的撒克逊民法典则分为 5 编，设置了总则编。这种五编的划分法，特别是总则编的设置，是潘德克顿法学的产物。撒克逊民法典采用这种编制，影响并不大。德国民法典采用这种编制，就造成了很大的影响，引起了各国民法学者的注意和讨论。这种影响甚至到了法国。[①] 而关于“总则”编的讨论则一直持续到后世。

德国民法典分为 5 编：总则、债的关系法、物权法、亲属法、继承法。与法国民法典比起来，五编结构的特点在于：总则编的设置、债与物权的严格划分、继承编的独立。以下就这三点略加讨论。

① 参见［德］K. 茨威格特、H. 克茨：《比较法总论》，潘汉典等译，贵州人民出版社 1992 年版，第 272 页、第 274 页。

（一）关于总则编

德国民法典的总则编是最引人注意、最引起争议的部分。

首先是整个民法有没有“总则”，即从人法与物法两部分里能否抽象出共同的规则来。在潘德克顿学派看来，回答是肯定的。总则编就是在这个理论的基础上形成的。从理论上说，这是能成立的。因为在人法（或称为身份法）和物法（或称为财产法）两部分里，确实存在共同的问题，从而应当有共同的规则。例如主体（权利主体），客体（权利客体），权利的发生、消灭与变更，权利的行使等。这样，在人法和物法之上，设一个总则编，规定人的能力、法律行为等，是可能也是应该的。

再说，如果民法只能划分为人法和物法，这两部分之间没有共同之处，民法就成为这两部分的机械的合并，那么，有什么理由把这两部分称为一个民法呢？如何构成一个整体呢？有了总则，人法和物法两部分就成为一个有机结合的整体，民法才是一个完整的整体。

因此，从逻辑上说，总则是应该有的。

正因如此，德国民法典的总则编才那么吸引人，那么引人赞叹，特别使重视逻辑体系的人为之倾心。在总则编规定的几种主题（如“人”“物”“法律行为”等）中，“法律行为”特别动人。民法里有各种行为，如合同、遗嘱、结婚等，“法律行为”这一概念，把许多种行为概括在一起，从而使整个民法成为一体。德国民法典的总则编正是以法律行为这一概念为核心建立起来的。

但是，德国民法典的总则编越到后来，越受到一些人的怀疑。怀疑是从这样一个问题发生的：“总则”真是“贯穿”于民法全部的规则吗？事实表明，总则中有些规定是不能适用于民法全部的。就有关主体的规定说，法人只是财产法（债编和物权编）里的主体，不能成为身份法（亲属法和继承法）里的主体，因而总则编中关于法人的规定就不是全部民法的“总”的规定。有关法律行为的规定也有不少是不能适用于身份法的。[①]可见要想在财产法与身份法之间建立“共同规定”（总则）是做不到的。

不过，无论如何，为民法设立一个总则编，究竟是一个伟大的尝试。总则编至少在两方面有其不可否定的意义。第一，使民法中的身份法与财产法成为一个有机的整体（身份法里也有些地方适用总则里的规定，并不是完全不能适用）。第二，避免了或减少了许多重复之处。例如关于能力的规定，就避免了在各个法律行为中（合同、婚姻、遗嘱等）逐一规定的重复做法。

对于民法中的总则问题，不仅学者间一直有不同的看法，在 1900 年以后公布的各国民法典中，有设总则的，也有不设的，最新的一部民法典——荷兰民法典则采取调和的办法，不设整个民法的总则，而设一编“财产法总则”。

法国比较法学家达维德说得好：总则“牵涉到的问题，真正说起来，不单是法的结构，而更多的是总则所表现出来的系统化精神与抽象的倾向”[②]。

（二）债法与物权法的划分

德国民法典第 2 编是债法，第 3 编是物权法。这样，就把民法财

---

① 关于五编编制的民法典的总则编与其他各编的关系，参见姚瑞光：《民法总则及第一条释论》，载《法令月刊》第 41 卷第 11 期。

② ［法］勒内·达维德：《当代主要法律体系》，漆竹生译，上海译文出版社 1984 年版，第 84 页。

产法部分中的债的关系与物权关系，严格划分开来，分别规定于两编。

法国民法典规定有“契约或合意之债的一般规定”（第3编第3章）、“非因合意而发生的债”（第3编第4章），可见该法典已有“债”的概念。但这些都规定在第3编“取得财产的各种方法”之下。在这里，债法并没有独立的地位。债的关系是作为取得财产的“方法”而存在的，它是财产法（狭义的财产法，即物权法，更狭义的是所有权法）的附庸。德国民法典中，债法则独立成编，与物权法（财产法）并列。这是一个重要的发展，是法制史中合乎规律的发展。有两位英国法学家曾经指出：在19世纪以前，法学家们把合同法看作“财产法的附庸”（这里所谓财产法，指的是英美法中的财产法，即物权法，特别是不动产法）。法国民法典正是这样。①

另外，法国民法典把担保物权（质权、优先权及抵押权）规定在各种合同之后，也规定在第3编。这种做法认为，担保物权是附属于债权而发生和存在的。

德国民法典从法律关系和权利的性质出发，认为债权和物权是不同性质的权利，不应混在一起。担保物权（质权、抵押权等）和所有权同属物权，应该规定在一起，而合同、侵权行为等则属于债的关系，应该规定在一起，二者应各自成编。这样，德国民法典清楚地划定了物权与债权两个概念。而这一点在法国民法典是不十分清楚的。

德国民法典不仅分别设置了“债的关系法”与“物权法”两编，而且在民法理论中严格划分债权的行为（负担行为）与物权行为（处分行为），并发展为物权行为无因性的理论。这一点形成了德国民法的

---

① 关于这一点，参见王家福等：《合同法》，中国社会科学出版社1986年版，第43—44页。

一个突出的（也是有争议的）特色。

对于德国民法典严格划分债权与物权的办法的一种非难来自关于买卖合同的问题。特别在与英美法中的规定比较时，更受到批评。在英美法，关于买卖的法律既解决买卖双方的义务，也解决买方取得所有权的问题。而在德国民法典，这两个问题分别由债法和物权法去解决。[①] 这对于学习民法的人和适用法律的人都很不便。不过德国民法自有它的一套理论和办法，德国民法认为取得所有权的问题不是买卖行为中独有的，而是几种债的关系（买卖、赠与、互易）中都有的。把这个问题另行规定，以免重复，更好一些。何况从法律行为（这是德国民法中的一个核心问题）的性质说，这两个问题分属于两种性质的不同的法律关系，本来就应该分开。

至于说因为担保物权具有从属性，就应把它作为合同关系的附从物而规定在债法中，不论在逻辑上，还是在新发展的担保物权（现在已有了不附属于债权而发生的担保物权，例如最高额抵押）上，都讲不过去。[②]

（三）独立的继承编

法国民法典把继承规定在第 3 编“取得财产的各种方法”中（第 1 章：继承；第 2 章：生前赠与及遗嘱；第 5 章：夫妻财产契约及夫妻间的相互权利），以之与“买卖”“租赁”等并列。这种规定方法在那个时代可以说有特殊意义，有一定的进步意义（参见本文第 1 节）。但在

---

① 例如货物买卖，卖方的交货义务规定在第 2 编中的第 433 条以下，而买方取得所有权规定在第 3 编的第 929 条以下。

② 我国《民法通则》沿袭苏俄民法的办法，也把担保物权作为债权的附属物而规定，这种办法已受到批评。

理论上是有问题的。

继承，单就其财产移转方面看，确是取得财产的一种方法。但这种方法与买卖等取得财产的方法有根本的不同。买卖是一般债的关系，在任何人与他人之间都会发生。而继承这种财产移转，只能在有一定的亲属关系的人之间发生，换言之，继承是建立在一定身份关系之上的一种“取得财产的方法”。正因如此，关于继承就有一些与一般债权的关系很不相同的规定，例如这种财产移转没有等价有偿的性质，有法定的份额（应继分与特留分），在一定情况下可以剥夺继承权等。所以把继承与买卖并列规定在一起是不合理的。德国民法典设置一个独立的继承编，当然要合理得多。

五、德国民法典的内容

前面说过，德国民法典比法国民法典迟了将近百年，在法典编纂与民法学方面都有相当丰富的经验和深厚的基础足资利用，它在内容上有很大的进步与发展，是当然的，也是应该的。

从前面关于分编的叙述可知，德国民法典分为五编，确实比法国民法典合理得多。这种编制也就使德国民法典的整个内容更具条理。对于法国民法典第 3 编的那些批评（说该编是大杂烩，见本文第 2 节），绝不会施之于德国民法典。其次，德国民法典的内容比法国民法典充实得多，这是时代进步的当然结果。一些在法国民法典中极其简略的规定，在德国民法典中都发展成为体系严密的整套规定。即如关于无因管理与不当得利，法国民法典沿袭罗马法，只规定了包括管理他人事务与非债清偿两种情形的 11 个条文，而且称之为“准契约”（第 1371—1381 条）。德国民法典将无因管理与不当得利各规定为一节，各有 11 条（第 677—687 条，第 812—822 条）。各设有定义规定、原则规定与特殊情形。又如侵权行为，法国民法典共有 5 条（第 1382—1386 条），德国民法典有 31 条之多（第 823—853 条），而且创设了违反以保护他人为目的之法规的行为（第 823 条第 2 款）与故意以违背善良风俗的方法加损害于他人的行为（第 826 条）均属侵权行为的规定。只举这两点，就可见德国民法典内容充实之一斑。

德国民法典中有些规定是法国民法典中完全没有的。这些几乎都是社会经济发达与潘德克顿法学发展的结果。例如法人制度完全是法国民法典没有的。又如代理制度。在法国民法典中，代理不成为一个独立的制度，与委任混淆不分。德国民法将代理与委任分开，而且从性质上加以区分。德国民法典债编中规定了债务约束及债务承认、指示证券、无记名证券，并从而建立了一套“抽象法律行为”的理论和制度。德国民法典不承认法国民法典中的“原因”（第 1131 条），而承认“无因债务”。

德国民法典采用了许多法国民法典所没有的概念，如“权利能力”“行为能力”。最重要的是“法律行为”这一概念。法律行为是对民法中许多行为的高度概括，是民法总则的核心。法律行为的要素是意思表示，意思表示也是德国民法典首先采用的。意思表示理论为近代民法的个人意思自治原则奠定了牢固的基础（在各种法律事实中突出个人意思的地位，这正是近代民法的特点）。法国民法典只就合同讲错误、诈欺等问题，德国民法典则就意思表示讲这些问题。这是一个重要的发展。①

---

① “法律行为”一章是民法典中迄今为止修改最少的一章，可见这一理论是多么牢固。

有的问题，德国民法典与法国民法典的规定很不相同。例如在买卖、赠与等行为中，物的所有权的移转，法国民法典实行意思主义，规定所有权在合意成立时移转（第 1583 条、第 938 条）。德国民法典实行表示主义，规定所有权在交付或登记时移转（第 873 条、第 929 条）。这种不同以后成为大陆法系中德法系与法法系的差异。

法国民法典的时代是资本主义的初期，德国民法典出现时，资本主义已在向垄断阶段过渡，工业已高度发达。这种情况对两个法典关于所有权的规定有显著的影响。法国民法典第 544 条规定："所有权是对于物有绝对无限制地使用、收益及处分的权利，但法令所禁止的使用不在此限。"这里对所有权的限制只有一点，即"法令所禁止的使用"。到德国民法典，对所有权的限制增加了许多。第 903 条规定："物之所有人在不违反法律或第三人权利之范围内，得自由处分其物，并得排除他人对物之一切干涉。"这两条的不同表示所有权绝对原则（民法三大原则之一）在这 100 年已发生了很大的变化。至于德国民法典第 904 条、第 905 条、第 906 条，都规定的是对所有权的限制。像第 905 条和第 906 条显然是保护日益发达的产业资本家和大企业家的利益。

德国民法典对契约自由（合同自由）原则作出一些限制。第 310 条至第 313 条规定某种约定无效或应经裁判上或公证上的认证，就是一例。又如第 315 条、第 319 条、第 343 条都限制个人意思，加强了法院对个人意思的干预。第 393 条规定对于因故意为侵权行为所生的债权，不得主张抵销。这也是对个人意思的限制，是法国民法典所没有的。德国民法典较之法国民法典扩大了契约及于第三人的效力。法国民法典于第 1165 条明文规定"契约仅于缔约当事人间发生效力"。德国民法典专门规定了一节"向第三人给付的约定"，这当然是适应发展了的经济的需要。

德国民法典的一大特点是规定了一些“一般条款”（General klausel）。所谓一般条款是一种抽象的原则性的规定，与那些规定具体情况的条文显然不同，因为法官可以把一般条款用到各种具体案件去解决他要解决的问题。最著名的是关于诚实信用的规定。德国民法典有两个条文规定了诚信原则。一个是第157条规定：“契约应依诚实信用的原则及一般交易上的习惯解释之。”另一个是第242条规定：“债务人须依诚实与信用并照顾交易惯例履行其给付。”法官可以运用这两条来处理他认为依许多具体条文处理时有失公平的案件。事实上，以后德国法院就利用这一原则处理了第一次世界大战后因通货膨胀、德国马克贬值而发生的债务案件。另一种一般条款是关于善良风俗的，也有两条。第138条第1款规定：“法律行为违反善良风俗的无效。”第826条规定：“以背于善良风俗的方法故意加损害于他人者，应向他人负损害赔偿义务。”这种规定使法律与道德接近，与法国民法典第6条不同。后者规定：“个人不得以特别约定违反有关公共秩序和善良风俗的法律。”这条要求不得违反的是表现善良风俗的法律，而德国民法典则直接要求法律行为不得违反善良风俗。还有德国民法典第226条，这条规定：“行使权利不得只以加损害于他人为目的。”这就是权利不得滥用的原则。德国民法典中一般条款的作用要到几十年后才能发挥出来。德国法学家还从这些一般条款出发，发展出一些新的理论，如缔约过失、情事变更、法律行为基础丧失等。所以有人说：“德国民法典第242条的一般条款已经成为使契约法适应于那个社会已经改变了的社会伦理观念的一种重要手段。”“在法国，使法官有发展法律的机会是法国民法典的缺漏和技术上的缺陷，而德国法院则主要依靠民法典第138条、第157条、第242条和第826条的一般条款。这些一般条款起着一种安全阀的作用，没有它们，德国民法典的一些僵硬的、严谨的条文可能已经在社会变化的压力之下爆炸了。”[①]

六、德国民法典的立法精神与立法技术

（一）立法精神

从上文可看出，德国民法典在立法精神方面与法国民法典截然不同。研究比较法学的人几乎都指出了这点。用最简单的说法，法国民法典是一部革命的法典，其特点是破旧立新。德国民法典是一部保守的，甚至是守旧的法典。法学家们对这一点说得很多，不必一一引用。K. 茨威格特和 H. 克茨称德国民法典是“保守而又有特点的法典之一”。他们两次引用了拉德布鲁赫的话：“与其说（德国民法典）是 20 世纪的序曲，不如说是 19 世纪的尾声。”[②] 日本法学家穗积陈重认为，各国编纂法典（特别是民法典）有不同的目的，例如法国民法典兼有守成、统一和更新三重目的，而德国民法典的目的主要是统一。[③] 以上都说明德国民法典的这一特点。

德国民法典的这一性格是与当时德国统治阶级——制定民法典的当权者——的性格分不开的。当时德国的统治阶级是资产阶级与容克贵族融合而成的。它对当时德国社会的态度是“守成”而不是“革新”。

① ［德］K. 茨威格特、H. 克茨：《略论德国民法典及其世界影响》，转引自李静冰编：《民法的体系与发展——民法学原理论文选辑》，中国政法大学教材，1991 年版，第 126 页。

② ［德］K. 茨威格特、H. 克茨：《比较法总论》，潘汉典等译，贵州人民出版社 1992 年版，第 266 页、第 274 页。

③ 《岩波法律学辞典》，昭和 12 年，第 2471 页。

它要求在尽可能大的范围内保留容克贵族的利益。即使在社会经济发展已提出的问题上，它也要求尽量维护现状，维护现有的社会秩序。再从制定法典这一点看，法国民法典的制定，是当时新兴的资产阶级（市民阶级）的要求，是“第三等级自下向上奋斗的结果”。[①] 而德国民法典是由一个开明的专制君主自上而下制定的。这种不同当然对两个法典的性格起了决定性的作用。

下面提出几点，对此作一些具体的说明：

（1）首先是法典（国家）对教会的态度。法国民法典完全排除了教会在婚姻方面的势力，使教会在法典中无存身之处。德国民法典虽迟了 100 年，却做不到这一点。德国民法典第 4 编（“亲属法”）第 1 章虽然标题为“民事婚姻”，但在起草时实际是以基督教的宗教风俗观念为基础而制定的。[②] 不过真正的问题还不在这里。问题在于，在这一章里，还有一节（最后一节）标题为“宗教的义务”。该节里只有一条（第 1588 条）：“关于婚姻的宗教义务，不因本章的规定而受影响。”这种规定分明是对宗教的妥协，甚至投降，而且这一条一直保留到现在。至于在婚姻、家庭和继承的其他方面，德国民法典也和其他欧洲各国民法一样，所有封建性的规定（如男女不平等、歧视非婚生子女等），直到第二次世界大战后才有所改革。

（2）在民法典第 3 编“物权法”里，保留了一些封建土地制度中和封建财产制度里的东西。法国民法典消灭封建制度较为彻底，取消封建领主的一切权力。德国民法典一方面直接保留了日耳曼固有法（封建社

① ［德］K. 茨威格特、H. 克茨：《比较法总论》，潘汉典等译，贵州人民出版社 1992 年版，第 254 页。

② 见亲属编的立法理由。参见《德国民法典的编纂经验》，载《法学丛刊》第 32 卷第 3 期（1987 年）。

会的法）中的某些物权制度（如土地的产物负担就是从封建的领主权演变而来的），[①] 另一方面允许州法中的某些物权继续有效（由民法施行法规定），从而使一些封建制度保存下来。例如封建社会所盛行的先买和买回两种制度，都为德国民法典所保留。德国民法典既在物权编中规定了物权的先买权（第 1094 条以下），又在继承编中规定了共同继承人的先买权（第 2034 条）。而先买权在法国民法典中已被取消。至于买回，法国民法典规定约定买回期间不得超过 5 年，超过 5 年的，应缩短至 5 年。此期间为严格的，法院不得延长之（第 1660 条、第 1661 条）。而德国民法典规定对土地的买回期可以长达 30 年（第 503 条）。比较起来，对于资本主义的发展而言，德国民法典虽在 100 年之后，却是落后的。

（3）制定德国民法典时，资本主义已走向垄断阶段，民法中已出现一些新的问题和处理这些问题的办法，但是德国民法典却对这些新问题视而不见，对这些新办法拒不接受。最主要的例子是：德国早在 1838 年就在普鲁士铁路法中规定了铁路危险责任，但德国民法典中仍不规定这种责任。德国民法典仍以过失原则作为侵权行为的普遍原则。又如德国民法典只规定雇佣合同，而对于当时正在兴起的劳动合同关系不作规定，将之排除于民法之外。当德国民法典第一草案公布后，著名的社会主义者安东·门格尔已对该草案未能照顾到无产阶级的利益提出批评，但是以后的第二草案以及最后公布的民法典在这方面并没有什么改进。在民法典于 1896 年夏季在帝国国会通过时，社会民主党投了反对票，正是因为这个缘故。[②]

---

① 法国民法典已将此种制度废除。

② ［德］K. 茨威格特、H. 克茨：《比较法总论》，潘汉典等译，贵州人民出版社 1992 年版，第 264 页。

德国民法典也不是完全没有一些适应时代需要的规定，例如对民法三大原则（所有权绝对、契约自由、过失责任）的限制、对承租人的照顾（但如进一步规定“买卖不破租赁”，与其说是保护承租人，不如说是适应房地产资本家的利益）、设定一些“一般条款”等，但这些都只是当时已成立的法律关系的记录，没有什么新意。特别是在亲属法与继承法里，德国民法典与法国民法典相比，仍在踏步不前。正因如此，一些法学家在论及德国民法典时，除了经常引用拉德布鲁赫的那句警句之外，[①] 还经常引用齐特尔曼的话：德国民法典是“一个历史现实的审慎终结，而非一个新的未来的果敢开端”[②]。这两人的话说得再恰当不过了。

（二）立法技术

德国民法典在立法技术方面的高超成就，一直是脍炙人口的。这种成就表现在：在大的方面，整个法典的体系十分合理，逻辑性强；在规定方法方面，采取适度的概括方法；在用语方面，能做到精确一致。以下就这三点加以说明，然后指出其优越之处。

1. 整体的体系方面

德国民法典的体系是五编制，前面已论述了五编分立的理论问题。现在说说逻辑方面的问题。这五编的排列是演绎式的，就是从抽象的概括的原则出发，逐步走向具体。先是总则，这里面都是抽象的原则性的规定，而后债、物权、亲属、继承，都是较为具体的法律关系。

---

① 拉德布鲁赫的话已见前。

② ［德］K. 茨威格特、H. 克茨：《比较法总论》，潘汉典等译，贵州人民出版社 1992 年版，第 266 页。

在编以下分章、由章而节，也是由一般到个别、由抽象到具体。譬如债编，先由债的普遍原则（债的内容）起，最后到各种债务关系。物权编也是一样，由各种物权都具有的占有始，而后规定各种物权。亲属编由亲属关系的基础，即婚姻始，继之以亲属和监护。各节也是一样。每节的第1条差不多都是该节所规定的法律关系的总说明，以下再分别规定各种具体事项。在“买卖及互易”（第2编第7章第1节）、“侵权行为”（同上第25节）各节里，这种规定方法最为典型。

这种规定方法不仅条理清楚，而且避免重复。例如关于契约的成立，在第2编第2章里规定了。到规定各种债务关系时，就不再逐一规定。

要在德国民法典中查找某一种事项的规定，只要掌握了这种体系的要领，就很方便。例如关于物的买卖的债的关系，我们应该按照买卖（第2编第7章第1节）、双务契约（第2编第2章第2节）、契约的一般规定、债的一般规定的顺序去查，最后直到总则编。看惯了德国民法典的人去看美国统一商法典，会感到不习惯，就是由于这两个法典在立法技术上很不相同。

2. 适度概括的规定方法

德国民法典在规定某种法律关系或某一事项时，用的是适度概括的方法，而不用罗列的方法。罗列的方法，可以法国民法典第524条、第533条、第534条为例，将法律所欲规定的事物逐一罗列。这样做的好处是使人一看就明白，无待解释，但其缺点是不易罗列齐全，有挂一漏万之虑，又无法预见到可能发生的新事物，还有条文冗长等缺点。德国民法典没有这样的条文。德国民法典常常用“等”“其他”字样，例如第823条规定侵权行为的受害客体，在列举了“他人的生命、身体、健康、自由、所有权”之后，接着规定“或其他权利”。这种规定为以后法官运用该条留下可以发展的余地。

在英、美的法律中，常有很长的“定义条文”，德国民法典在这方面用了些巧妙的方式，如第 83 条中的“以身后处分（因死亡而发生效力的处分）”，第 194 条中的“请求他人作为或不作为的权利（请求权）”实际上都是定义。又如第 854 条第 1 款的规定：“取得物之占有，是由于取得对于物的事实上的支配力”，这实际上也是一个定义。

德国民法典用“适用”（第 342 条）、“准用”（第 27 条）、“不适用”（第 173 条）等字样，以表明各个条文间的关系，避免条文的重复，而又尽量不使其出现漏洞。

3. 精确的概念与用语

德国民法典以概念的细密精确，用语严格准确著称。每个概念用一个词去表达，反转来，每个词只表达一个概念，不同的词所表达的概念不同。德国民法典不仅在一些很专门的用语上做到了这一点，就是一些普通的用语，也是如此。例如在条文中常常有“视为”（gilt als）、“有疑义时”（im Zweifel），“但……不在此限”（es sei denn, dass）等，也都用得很严格，不会让人曲解，也不会使人误解。

德国民法典有时也使用一些概括的、抽象的用语去表达一些无法确定的概念，例如“重大事由”（第 626 条）、“重大过失”（第 521 条）、“公平的方法”（第 315 条、第 317 条）、“不公平”（第 319 条）等，不过也都用得恰如其分。

总之，在立法技术方面，德国民法典是“可与任何一部重要的法典相匹敌的”[①]。

---

① 德国法学家拉仑兹的评语。拉仑兹在其《德国民法总论》一书中，用专门一节论述德国民法典的思维风格、用语和体系，讲得很好，值得参看。

4. 优越性

当然，在立法技术方面，对德国民法典持批评态度的也不是没有。一方面，法典的严格性使法律的硬性规定过多，僵硬的框框使法律失去灵活性，甚至陷于僵化。另一方面，法典的精确性使法律精深难懂。对于这些问题，我们应该联系德国的法学水平与司法制度来看。德国在民事诉讼中采用强制律师主义，德国的法学教育和法学理论都具有较高的水平，这些都足以使德国人民不太重视这部民法典在这方面的缺点。正因如此，在《瑞士民法典》公布之后，这些缺点与瑞士民法典相比之下更显突出，有人甚至要废除德国民法典，[①] 但实际上，这种过分偏激的意见，并未能动摇德国民法典的地位。

德国民法典立法技术的优越性在今天看来已完全可以肯定。自1900 年德国民法典施行以来，将近一个世纪过去了。在这期间，德国经历了几次极其深刻的社会震荡，经济的发展使社会面目大改，而民法典，除亲属法经过大的修改外，其他几编都没有大的修改。为什么一个保守的、守旧的法典，会适用百年之久，仍能适应社会发展的需要呢？这就要从这部法典本身所固有的优越性去找原因，如果法典本身不具备一定的可以维持它的生命力的优点，它是无法长久延续下去的。有一些与德国民法典同时存在甚至在它之后的民法典在临到社会变革时都不存在了，这种情况除了许多外部原因和条件外，只有法典本身可以解释。

100 年来，德国在民事法方面，主要通过两种渠道去补充、修正、发展民法典，使其适应社会发展的要求。一是立法，包括修改民法典

---

① ［德］K. 茨威格特、H. 克茨：《比较法总论》，潘汉典等译，贵州人民出版社 1992 年版，第 313 页。

和在法典之外制定单行法。二是法院的判例。前一种办法，通常只在后一种办法无能为力时才采用。而在情况可能时或在问题初发生时，常常只采用后一种办法。本文只讨论后一种办法。

通过判例以补充、发展甚至纠正、修正民法典的事例，已屡见不鲜。在大陆法国家，特别在德国，法官本来没有“造法”的权力，德国民法典也没有如同瑞士民法典第 1 条第 2 款那样赋予法官在必要时“立法”的规定，因而德国法院的法官要这样做，就必须在民法典中求得一点“基础”。恰巧德国民法典就为法官备下了这种基础。这就是德国民法典通过立法技术而备下的。

这种基础有两种。一种是德国民法典的概括性的规定。这种规定为“发展”留下了余地。例如第 823 条关于侵权行为的规定中，判例利用“其他权利”，使工商经营权（Gewerbebetrieh）及一般人格权得到保护。又如关于一般契约条款，民法典中并无规定，但随着垄断性企业的发达，法院认为有对之加以管制的必要。判例先是以民法第 826 条为判决基础，后来改用第 242 条，再后来改用第 315 条。[①] 这些都说明德国民法典在其概括性规定中包含有法官可以据以发展这种规定的余地。这就是立法技术的优越处。

另一种是民法典中的一般条款，这是较之前一种更使法官驰骋余地的一种规范。这里应特别提及第 242 条，即诚实与信用原则。德国有许多对民法典加以发展的判例都是以这一条为判决基础的。最著名的是解决了第一次世界大战后由于德国马克贬值而引发的债务纠纷案件。此外，德国判例还利用这一条发展了一些新的原则，如“交易基础消灭”“滥用权利”等，“从而修正了民法典契约法中最初的个人主

① 参见《德国民法典的编纂经验》，载《法学丛刊》第 32 卷第 3 期（1987 年）。

义的僵硬性。……第242条的一般条款已证明是契约法适应变化了的社会伦理观念的一种重要手段”[①]。

上述两种基础显然是当初民法典的制定者所安排的。他们当时可能没有想到，这种安排在后世发挥了这么大的作用。

由此可见，对于一个重大的法典，其立法精神当然重要，立法技术也是重要的。后者有时甚至可以对前者产生很大的影响。德国民法典说明了这一点。

七、德国民法典对中国的影响

德国民法典对所有外国的影响，许多书中都已详细谈到。[②]本文只就它对中国的影响加以论述。

中国制定民法典始于20世纪20年代末的民国时期，即中华民国民法典。当时中华民国国民政府在南京成立，设立立法院。立法院成立后即着手制定民法。起草民法时，自始即决定采用五编制。五编制的采用可以说不仅仿照德国民法典，也是效法日本等国的。[③]以后五编的内容则多采自德国民法典。民法学家梅仲协指出：“现行民法采德国立法例者十之六七，瑞士立法例者十之三四，而法日苏联之成规，

---

① ［德］K. 茨威格特、H. 克茨：《比较法总论》，潘汉典等译，贵州人民出版社1992年版，第279页。

② 例如，［德］K. 茨威格特、H. 克茨：《比较法总论》，潘汉典等译，贵州人民出版社1992年版，第282页以下。

③ 宣统三年完成的《大清民律草案》及民国14—15年完成的民律草案，都采五编制。所以五编制在我国由来已久，一直没有分歧意见。

亦尝撷取一二。”[①] 所以说旧中国的民法，是继受德国民法典而来，实不为过。

除了在法律上受德国民法典的影响外，旧中国的民法学者（包括一些法官）也大都是对德国民法有较深认识的人，德国民法的理论也由此影响到旧中国。

中华人民共和国成立后，长期没有制定民法。20 世纪 50 年代初曾草拟民法草案，分总则、所有权、债、继承四编，如加上另已公布的婚姻法，实际上仍为五编制。以后各次民法草案未采五编制。1986 年公布的《民法通则》，由于其本身不是完整的民法典，当然不可能采用五编制。在民法教学中因此也不再依五编制讲学，但是到 80 年代后半期，德国民法的影响又在各方面表现出来，特别在某些教科书中。而且这种影响有越来越大的趋势，德国民法理论也在民法学界一直存在，先是潜在的，以后则成为明显的。这可以从近 10 余年来民法书刊中看到。

至于在我国台湾地区，由于一直适用旧中国民法，以及从德国学习归来的学者的努力，[②] 德国民法的影响一直存在而且十分重要。我国台湾地区在民事法律方面虽然也受到美国法的影响（如在动产担保交易法与公司法等方面），但总的来看，德国法的影响仍占主要地位。

这种情形都不是偶然的，中国是个成文法国家，而德国民法（包括法律和理论两方面）在成文法国家的地位是很有根基的，加上中国的传统，德国民法的影响在近期会更加扩大，在将来也会长期存在，

① 梅仲协：《民法要义》，中国政法大学出版社 1998 年版，初版序言。

② 参见郑玉波主编：《民法债编论文选辑》，编辑说明第四点，以及王泽鉴的论文《中国继受欧陆法》（德文），载《民法学说与判例研究》第 5 册。

是不可否认的。

因此，研究、探讨德国民法典，从其中取得经验教训，以促进我国的立法工作和研究工作，仍不失为我国民法学者的重要任务。

第四节 瑞士民法典

一、概说

瑞士民法典是一个很有特色的法典。对我国的民事立法有很大影响，值得我们专门对之加以研究。

从民国时期到新中国成立，我国的民事立法都是在“民商合一”的大原则之下进行的。民商合一的原则是受瑞士民法的启示而确立的。虽然民国时期的立法院当时采行这个原则的背景与瑞士当时实行民商合一的背景完全不同。但在法国和德国的民商分立原则影响到所有的大陆法国家（包括日本），也影响到清朝末年的立法者的情形下，瑞士的先例对旧中国的民事立法是起了决定性作用的。

可惜的是，直到今天，我国还没有瑞士民法典的全译本，以至于研究民法的人不能看到瑞士民法典的全貌，因而影响到我们对瑞士民法的全面了解。另外，我们对瑞士这个国家的情况，特别是其历史，不如对法国德国那样了解得多。这一点也使我们对瑞士的民商合一制度理解不深。

瑞士的民商合一制度就是在民法典之外，没有一个商法典，把规定在法国商法典和德国商法典里的一些内容纳入民法典之中。在习惯于民商分立的人看来，没有一个“商法”，好像总少了点什么。所以在旧中国也实行了民商合一之后，仍有人对把公司法、票据法、海商法和保险法称为“特别民法”感到不安，而要称之为“商事法”。有的西方法学家对瑞士的民商合一制度也不重视。例如著名的比较法学家茨威格特和克茨在他们的《私法领域里的比较法导论》中的瑞士民法典一章中，就只说了一句：“没有商法典”，并没有把这一点当作瑞士民法的特点。但是瑞士的这一做法确实开创了民事立法中的一条新路。欧洲也有国家（早一些的如意大利，近一些的如荷兰）走上这条道路。令人感兴趣的是，在我国，这几年来，“商法”又为人津津乐道。因此，对民商合一与民商分立做些研究，仍然有其意义。而这种研究则要从研究瑞士民法典开始。

二、“民商合一”模式的形成

法国民法典和德国民法典都属于“民商分立”的模式，就是在民法典之旁，存在一个商法典。实际上，法国民法典和德国民法典的立法者在制定这两个法典时，都曾考虑如何处理当时早已存在的商事法律（在法国是 17 世纪就公布的《陆上商事条例》和《海事条例》，在德国是《普通商法典》）。结果是相同的：保留了商法典，使之与民法典并存。

其实瑞士也经历过这样的过程，但是结果不一样。这就形成了另一种模式。

瑞士是联邦国家，组成联邦的各个州在 15 世纪末逐渐从神圣罗马帝国独立出来，集合到一起，在 17 世纪中叶得到欧洲诸大国的承认，但直到 1848 年才最终组成瑞士联邦，制定了联邦宪法。在此之前，各州大多已有了自己的民法，有的是在法国民法典的基础之上制定的，有的是以奥地利民法典为范本制定的。在各州的法典中，伯尔尼法典（1826—1831 年生效）和苏黎世法典（1853—1855 年生效）较有特色。因此，在联邦成立后，分权的传统仍很牢固，联邦宪法并不赋予联邦统一私法之权。到 19 世纪初，虽然由于各州之间商业往来的需要与各州法律不同带来的不便，统一私法的要求日益迫切，但限于宪法的规定，这种要求无从实现。直到 1874 年，修改宪法，联邦取得在自然人的能力、婚姻、债法（合同与侵权行为）、汇票、破产等方面的立法权。据此，联邦于 1874 年制定《婚姻法》，于 1881 年制定《（自然人）行为能力法》（这两个法后来为民法典所吸收），又于同年制定《瑞士债务法典》。后者是一个比较完备的法典式法律，包括契约总则、各种契约、公司、商号、商业账簿、汇票本票、支票等规定。这个法典既包括在法德各国属于民法的契约总则和各种契约，也包括在法德各国属于商法的公司、票据、商号等规定，事实上就是一个民商合一的法典。它本来可以称为“商法典”，但为了与宪法的规定相一致，称为《瑞士债务法典》。

进一步统一私法（民法）的运动并未就此停止。1884 年，瑞士法律家协会委托法学家欧根·胡贝尔（Eugen Hubel）研究瑞士各州的私法，为制定统一私法进行理论上的准备。欧根的研究成果就是他著名的四卷本著作《瑞士私法的体系与历史》（前三卷《体系》于 1885—1889 年发表，后一卷《历史》于 1893 年发表）。这个著作实际上奠定了瑞士统一私法的理论基础，表述了作者的意见。1892 年，瑞士联邦司法与警察部委托欧根起草民法典草案。

1898 年，瑞士联邦宪法再次修改，规定联邦有制定全部民法的立法权，欧根受任正式起草民法。欧根于 1900 年完成了由人、亲属、继承、物权四编组成的民法草案，称为司法部草案。1902 年，政府一方面将此草案附以理由书公布，另一方面交付由 31 人组成的专家委员会讨论。1904 年将讨论修改后形成的联邦议会草案提交联邦议会。1907 年 12 月 10 日联邦议会全体一致通过该案，将《瑞士民法典》公布，自 1912 年 1 月 1 日起施行。

在此之前，联邦政府对原有的债务法典略加修改（只对契约法部分略修改，其余部分未动），于 1909 年提交议会。议会于 1911 年 5 月 30 日通过，将之改名为《关于补充瑞士民法典的联邦法律（第 5 编：债务法）》公布，与民法典前四编同日施行。

其后，1930 年对契约法部分又作了修改，1936 年对其他部分进行了全面的修改。

由于债务法的条文是从第 1 条编起的（没有接着前四编编条文号数），又有它自己的施行法（《结束规定与过渡规定》），债务法在整个民法典中，虽称为第 5 编，却具有相对的独立性。因而习惯上人们常常把“瑞士债务法”与《瑞士民法典》并列，也有人把瑞士民法分为广义的和狭义的，前者有 5 编，后者只有 4 编。但是从官方公布的法律名称来看，我们应该说，《瑞士民法典》共有 5 编，其第 5 编是债务法。

一部民商合一的《瑞士民法典》就是这样形成的。不管立法者当初保留债务法的内容（将债务法典改为债务法）的原因和理由如何，这是一种与法国民法典和德国民法典不同的模式。

从以上的叙述来看，瑞士民法典的民商合一的模式，与法国德国民法典的民商分立的模式，都是历史的产物，并没有什么深刻的理论存于其间。但是，这两种模式一旦形成，就发生了理论上的意义，并引起了理论上的讨论和争论。

三、瑞士民法典的编制

瑞士民法典的开首是一个不列入序列的“导编”，包括第 1 条至第 10 条。[①] 规定法律的适用、法律关系的内容、与各州法律的关系等。

接着是第 1 编“人法”，包括自然人和法人 2 章。

第 2 编“亲属法”，包括婚姻法、亲属、监护 3 章。

第 3 编“继承法”，包括继承人、继承 2 章。

第 4 编“物权法”，包括所有权、限制物权（役权及土地负担、不动产担保、动产担保）、占有及不动产登记簿 3 章。

下面又是不列入序列的“终编：适用规定与施行规定”。这一编的条文另行编序号。

第 5 编“债务法”分为 5 部分：

第 1 部分“总则”，包括债之发生（契约、侵权行为、不当得利）、债之效力（履行、不履行、对第三人的关系）、债之消灭、特别的债之关系、债权移转与债务承担。

第 2 部分“各种契约关系”，包括买卖与交换、赠与、租赁、借贷、劳动契约、承揽、出版契约、委任、无因管理、行纪、运送契约、经理人与其他代办商、指示、寄托契约、保证、赌博与打赌、终身定期金契约、合伙。

第 3 部分“公司与合作社”，包括无限公司、两合公司、股份公司、股份两合公司、有限责任公司、合作社。

第 4 部分“商业登记、商号与商业账簿”，包括商业登记、商号与

---

① 这里根据的是 1981 年版本。

商业账簿。

第 5 部分“有价证券”，包括记名证券、无记名证券、汇票（包括本票）、支票、其他指示证券、货物证券（仓单与提单）、债券。

最后又是另编条文序号的“终编与过渡规定”。

以上第 1 编到第 4 编共 977 条（约数，其中有删除的和增订的），第 5 编共 1186 条。

从这种编制可知：

（1）瑞士民法第 5 编“债务法”的第 3—5 部分在法、德是属于商法典范围的。瑞士另有单行的破产法。这样，瑞士就完全抛开了民商分立的模式而走上另一条道路——民商合一。虽然有的学者在法、德模式的影响下，仍然把债务法的后 3 个部分称为“商法”，但这究竟只能是一个学术方面的用语。在正式（官方）文件中，谁也不能忽视《关于补充瑞士民法典的联邦法律（第 5 编：债务法）》这一法定标题所表明的意义。

瑞士民法典这种模式的出现，至少使一直在法、德民商分立模式影响下，认为民商分立是天经地义的人们认识到，民商合一是另一种值得注意的模式。由此进一步，人们开始思考，这两种模式各有何种意义，各有什么优缺点。民商究竟应合一还是分立就由一个历史形成的事实问题发展成为一个理论上的课题，吸引了以后的法学家和立法者去探讨、研究。终于，在法学中形成了“民商二法统一论”。[①] 影响所及，有的国家（如意大利和荷兰）在制定新的法律时，不再在民法典之外另订商法典（或商法），有的国家（如德国、日本）的学者提出

① 参见［日］末川博主编：《民事法学辞典》，有斐阁 1960 年版，第 1957 页。

废除他们已有的商法典而实行民商合一。[1] 这种后果大概不是当初瑞士的立法者所能预料到的。

（2）瑞士民法把“人法”和“亲属法”放在“物权法”之前。这一点沿用了法国民法典的模式，与德国民法典有所不同。特别是瑞士民法没有“总则”。这一点并不是偶然的，而是出于立法者的精心安排。因为瑞士民法典第 4 条规定：“债务法中关于契约的成立、履行与解除的一般规定，对其他民事法律关系也同样适用。”这种规定方式与德国民法典的规定方式又形成两种模式。德国民法典把关于法律行为的规定先放在总则里，而后在亲属编和继承编里规定一些例外的和不适用的情况。我国台湾地区“民法”沿用了这个办法。例如我国台湾地区“民法”总则编规定，意思表示系在无意识或精神错乱中所为者无效（第 75 条后段），又在亲属编中规定，当事人之一方于结婚时系在无意识或精神错乱中者，得于常态回复后 6 个月内向法院请求撤销之（第 996 条）。这种办法是以总则编里的规定为原则，原则当然应适用于一切情况，只在有例外规定或不同规定时才不适用。瑞士民法典的办法是把契约法中的规定推广适用到“其他民事法律关系”中去。既然是推广适用，就与当然适用有点不同，而且也只限于“成立”“履行”“解除”3 点，“撤销”就不在内，要将契约的撤销的规定适用于其他（契约法所规定的）情形，就需要专门的规定（如第 638 条）。

（3）关于瑞士民法典的编制，有人从形式上指摘说，债务法作为民法典的一编，可是从量方面说，这一编的条文数比前面四编的条文总数还多，形成“尾大不掉”之势。这一点确实如此，而且把“公

---

① 参见［日］松本蒸治：《民商二法统一论》，［日］胜本正晃：《商法典废止论》。

司”“商业登记”等作为“债务”，也不十分妥当，不过这也是历史形成的，不是理论问题，就也无法去苛求了。

四、瑞士民法典的内容

（一）内容极为丰富

瑞士民法典包含的内容之丰富，远超法国德国的民法典与商法典之和。

瑞士民法典以5编2000余条的容量，除包含了德国民法典与德国商法典规定的事项外，还包含德国一些单行法所规定的事项。例如《有限责任公司法》《股份法》《票据法》《区分所有权法》《不动产登记法》等。除此之外，瑞士民法典还包含有关于劳动法的内容（集体劳动合同）、关于户籍法的内容（身份登记）、关于合作社的规定、关于债券的规定等。如此丰富的内容，为其他国家的一个法典内所少有的。

瑞士民法典除了普通的实体法规定外，在许多地方规定了举证责任和诉讼程序。瑞士民法典没有集中规定时效，而将时效分散规定在有关事项之后。各种登记制度也分别规定在有关事项之后。这样的规定方法在适用时较为方便。

瑞士民法典关于法人的规定比较宽松。以政治、宗教、学术、艺术、慈善、社交为目的的及其他非经济性的社团，自表示成立意思的章程作成时，即取得法人资格（第60条第1款）。

瑞士债务法的内容极为丰富，例如劳动契约中，分别规定了个人劳动契约、集体劳动契约、标准劳动契约、学徒契约、推销员劳动契约、家务劳动契约。

最具特色的是有价证券部分，其集中了其他国家在民法、商法和一些单行法里规定的各种有价证券，真是一个比较完全的“有价证券法”，在其他国家还少有其例。特别是在这部分的开头，给有价证券规定了定义，即“有价证券是与权利相结合的一种证券，离开证券不能主张该权利，也不能将之移转于他人”。这个定义在其他国家还没有，现在已成为大陆法国家法律中有价证券的典型定义。

总之，瑞士民法典的条文数少于德国民法典，而其内容，即所规定的范围、事项远远超过了其他民商分立国家的民商法典。这是值得注意的一个特点。

（二）条文规定得有意识地不完备

瑞士民法典条文数较少而内容含量多，因而就必然要把条文写得比较简单，这就是茨威格特和克茨所说的，瑞士民法典的“条文规定得有意识地不完备”，也就是“有意地不求条款的完备”。这种情况特别表现在前面 4 编。他们比较了瑞士民法典前 4 编与德国民法典在同一事项上所用的条文数，例如关于收养，瑞士民法典和德国民法典分别有 18 条和 32 条；关于夫妻财产制，有 74 条和 145 条；继承法有 192 条和 464 条。他们得出的结论是：“瑞士民法典总共（包括债务法的前两部分，相当德国民法典的债编）约用 1600 条规定了德国民法典用 2385 条所规定的事项，而后者的条文一般还要长些。”[①]

瑞士民法典的这一特点与德国民法典恰巧成为两个正相反的典型。

---

① 见茨威格特和克茨《私法领域里的比较法导论》一书的第 1 卷第 14 章，这里的译文引自《瑞士民法典的制定及其特色》，载李静冰编：《民法的体系与发展——民法学原理论文选辑》，中国政法大学教材，1991 年版，第 133—135 页。

前者“有意地不求条款的完备”，而后者力求包罗万象，力求完备无遗。这两种典型的后面存在两种立法思想，存在两种国情。德国民法典是有名的“法学家的法典”，立法者刻意要把一切问题予以解决，不给法官以裁量权。瑞士民法典是“大众化的法典”，要让那些由人民选举出来的、非法学家的法官读得懂、会运用。德国民法典要用全帝国（德意志帝国）的法律去统一、去扼制地方的旧法和习惯，达到“定于一尊”的目的。瑞士民法典则要尽量保留和尊重各州的旧法和习惯，只要求“基本一致”。这里表现出一个中央集权的帝国的尊严（这种情形到希特勒的第三帝国发展到极点）与一个强调地方分权和尊重地方传统的联邦的不同气势。

（三）允许法官“造法”

法典既然简单，就必然要赋予法官以“补充”“充实”的权力。这是瑞士民法典的另一个特点。

这一点表现在法典的第 1 条。这是一个很有名的条文，包括 3 款：“（1）凡本法在文字上或解释上有相应规定的任何法律问题，一律适用本法。（2）如本法没有可以适用的规定，法官应依据习惯法，无习惯法时，应依据他作为立法者所制定的规则裁判之。（3）于此情形，法官应遵循公认的学理与惯例。”

这里最引人注意的是第 2 款里的“他作为立法者所制定的规则”。

在民事案件的审判中，一个不可避免的问题是在法律不够用时，法官应如何判案。民事案件是千变万化的，不像刑事案件那样只限于刑法中明文规定的那些种类。法律要把民事案件规定得没有遗漏是不可能的。但是对民事案件，法官又不能不办。法国民法典第 4 条明文禁止“法官借口没有法律或法律不明确不完备而拒绝裁判”，同时又规定“法官对于其审理的案件，不得用确立一般规则的方式进行裁判”（第5条），但是法官究应怎样办，法国民法典未予解决。德国民法典第一草案第1条曾经规定：“法律无规定之事项，准用关于类似事项之规定。无类似事项之规定时，适用由法规精神所得之原则。”但以后德国民法典对此仍不作规定，可见这个问题在那个时代不是很好解决的。瑞士民法典直接规定法官可以“作为立法者”而制定规则并据以裁判。这确是一个异乎寻常的规定。这个规定不仅在它以前和它当时是没有的，就在它以后也没有，真可谓“空前绝后”。

茨威格特和克茨说，瑞士民法典的“这一规定基本上没有包含任何新意”。但终究不得不承认，这一条仍然是“令人惊异而赞赏的”，因为它“在清晰了然的位置，并以鲜明出色的语言形式表述了这种思想”。[①] 把瑞士民法典的这一条规定的价值仅仅归结于其位置和语言，这种评论显然是不公正的，也不是实事求是的。因为这确实是一个彻底解决问题的办法，而且表示对本国法官的信任。瑞士的法官是民选的，他们和议会的议员一样直接来自人民，让他们“作为立法者”也未尝不可。这样也不怕“混淆立法司法”的责备了。

其实，瑞士民法典还是很慎重的。这一条里的第3款就是对法官在“作为立法者”时应如何行事的指示。法官应该“遵循公认的学理与惯例”，而不能任性胡为。

在瑞士民法典以后，很少有采用这一条的。这说明别的国家不具备瑞士所具有的条件。并不是这一条有什么不妥，因为从瑞士近百年的情形来看，这一条规定似乎也没有发生什么流弊。

---

① ［德］K. 茨威格特、H. 克茨：《比较法总论》，潘汉典等译，贵州人民出版社1992年版，第320页。

（四）以诚实信用为最高原则

瑞士民法典较之德国民法典在更高的程度上运用了一般条款。这就是它把诚实与信用原则提升到整个民法的最高原则的地位。

当然这也是它用来供法官补充和充实法律具体规定的一种手段。但意义不仅在此。诚实与信用原则在德国民法典里的适用局限于债法的范围。瑞士民法典突破了这一局限，在第2条第1款规定："任何人行使权利履行义务，均应依诚实信用为之。"这种规定不仅不再限于债法范围中适用，而且也不仅规范义务人的行为，并要规范权利人的行为。这样使诚信原则真正成为全部民法的最高原则。40年后（1947年），日本把这一规定移植到日本民法的第1条中。

瑞士民法的这一规定，以后日益得到人们的重视，展现出它的理论意义和在实践中的价值。论者认为这是对19世纪个人主义民法的纠正，是民法走向社会本位的标志。事实上，德国虽没有修改它的民法中的规定，但它的判例和学说也扩大了诚信原则的适用范围。

（五）保留地方传统立法与制度

瑞士也是个联邦，不过各州有分权的传统，而各州的制度上的差异也不易统一，所以瑞士民法典很尊重州法的地位，将许多问题交给州法去处理，也保留了某些固有的传统。瑞士民法典在许多条文中，特别在有关物权和监护继承方面，把许多权力交给州甚至交给更下级的地方。例如在继承的特留分上，就允许各州自行规定而不要求一致（第472条），在所有权的范围方面，允许按照"地方通常习惯"或"地方通常见解"决定何谓物的组成部分或者何谓从物，而不要求有一致的标准（第642条、第644条）。在相邻权（相邻关系）方面，更是多处准许州法自行作出规定（第702条、第703条、第705条、第709条）。

从瑞士民法典对地方法制的态度，可以看出，在一个地方传统习惯甚至连语言都各不相同的国家里，"统一"和"分歧"是如何得到协调的。

五、瑞士民法典的语言与体例

关于瑞士民法典的语言，首先要指出，由于瑞士宪法规定，德语、法语和意大利语三种语言是正式语言，瑞士民法典以三种文字公布，三种文本有同等效力。所以我们看到的这三种文本，都是正式文本，不是翻译文本。

只要见到瑞士民法典的德文本的人，把它和德国民法典一比较，马上就可看出，两种法典的文句、文体太不相同了。德国民法典用的是典雅的文体、冗长的文句、谨严的词语，俨然是一位咬文嚼字的法学家在向你说教。瑞士民法典截然相反，简短的语句，浅显的言词，每个条文都短得只有一行、半行。原来立法者的目的就是要使一个未受过法律专门教育的人能读懂这部法典。讲到自然人的权利能力时，德国民法典的规定是"人的权利能力，始于出生的完成"（第1条）。瑞士民法典的规定是，"每人有权利能力"（第11条第1款）。前者用名词"权利能力"（Rechtsfahigkeit），后者用形容词"Rechtsfahig"。这一点不同就显示了不同的语言风格。

德国民法典力求概念的确切谨严，而瑞士民法典常常用一些比较不确定的概念。这样的结果，瑞士民法典在运用时就显得灵活多了。

瑞士民法典在体例方面最受批评的是把公司、有价证券等都纳入"债务"的范围。因此，以后旧中国的立法者学习了瑞士的民商合一制，却把公司、票据分离出来制定单行法。

六、结论

第一，前面说到，瑞士把民商分立的模式打破了，引起了以后的人从理论上去研究这个问题。主张民商合一的人找出种种理由来从理论上去论证民商合一制度。这种理论当然不完全是从瑞士民法典得到的，但是从瑞士民法典得到启示，则可以肯定。

民商统一论的主要论据不外乎下面两点：（1）近代商法典的前身是中世纪欧洲商人团体的习惯，也就是商人的法。但现在所谓商人这个特殊的阶层已不存在，甚至特殊的商行为也失去其纯粹性。像票据制度、保险制度已普及于社会生活的各个方面，为全社会的人所利用与参与。因此，作为只规范社会生活中某一特殊方面，或规范社会中某一特殊阶层的商法已失去存在的依据。（2）即使在民商分立的国家，划分民事与商事的严格界限也不清楚，有的国家只以民事法庭和商事法庭的管辖来划分，这种划分有很大的任意性，[①] 因而两法典并存引起法律适用上的困难甚至混乱。

20 世纪以后制定私法法典的国家，差不多都是以瑞士民法典为模式，或对瑞士民法典加以变通的。我国在清末一度采民商分立模式，以后改采民商合一模式。20 世纪的一个最新的民法典——荷兰民法典也采取民商合一模式。今后我国也不会走民商分立的道路，大致可以肯定。

---

① 这一点有些类似于我国的民庭和经济庭。

第二，瑞士民法典没有总则编，这又是对德国民法典的一个冲击。德国民法典问世以后，赞赏其体例的人对之推崇备至，而瑞士民法典独树一帜，在法国民法典、德国民法典之外另备一格，令人耳目一新。研究民法的人认识到，在大陆法系内部，多样性仍是存在的。法国法系与德国法系并不能将大陆法系瓜分。现在比较法学家在法国和德国之外，不仅注意到瑞士，也注意到北欧诸国和亚洲诸国；立法者也不为法国模式和德国模式所限，各自从自己的国情出发，开创新的道路。这不能不说是瑞士民法典的启示。

第三，从法国民法典到瑞士民法典，我们都可以看到这样一种现象：在每一个法典的后面，都存在一个学派、一个法学家集体，乃至一个或几个著名的法学家。我们一方面可以说，这些法典都是那个国家的经济和法学发达到一定水平的产物；另一方面也可以说，这些法典是某一个或某些法学家的著作。人们对瑞士民法典特别有这种看法，说这是一部个人的作品。[①] 这种说法当然不需要去附和，但是应该引起立法者的注意。从一定意义上说，这些国家的法律、法典是学术著作，不是行政文件，不由行政长官依行政程序（下级起草、上级批准）去“核定”。拿破仑在促进法国民法典的加速制定这一点功不可没；但是根据他的意志而加进法典的少数条文（有关军人身份的、有关外国人地位的），则是没有多大价值的，过了些年就被删除或改过了。瑞士民法典没有这种情况。

总之，我们今天还可以从瑞士民法典中学到不少东西。

---

① ［德］K. 茨威格特、H. 克茨：《比较法总论》，潘汉典等译，贵州人民出版社 1992 年版，第 311 页。

第五节　日本民法典

一、概说

日本明治维新是世界史上的一件大事，维新的重要内容之一是“变法”，而变法，只是把西方法制移植到日本，用以取代全部旧有的法制。对于外国法的全面的、彻底的“继受”，像日本这样的例子，在世界历史上是少有的（被动的、强迫的继受，如当一个国家或地区被另一个国家灭亡或征服、侵占时除外）。

在这次对西方法制的继受中，日本在短短的10年内，制定公布了8部法律或法典：刑法（1880年）、刑事诉讼法（1880年）、（明治）宪法（1889年）、法院组织法（1889年）、行政诉讼法（1890年）、商法（1890年）、民事诉讼法（1890年）和民法（旧民法、1890年）。其中有的简直就是外国法律的翻译。例如民事诉讼法几乎就是那时的德国民事诉讼法的翻译本。即使是这样，这种立法的规模和速度也是令人惊异的。一个东方的封建国家，原来什么近代法律也没有，在10年内一跃而与欧洲的一些先进国家（如法国、德国）“并立”（这一点正是当时日本的先进志士所企求的），当然是非同小可的。而且这些法律中，如明治宪法（以普鲁士宪法为蓝本）一直施行到第二次世界大战之后才被迫废除；民事诉讼法施行了30余年，到1926年才加以修改。这些情形都成为研究日本法制史和比较法学的人们注意的焦点。

在这8部法律中，只有民法很是特别，是上述情形的一个例外，这一点更引人注意。围绕着民法发生的“法典论争”，被人们以之与发生在德国的法典论争相提并论，议论不休。

1890年公布的日本旧民法后来被1896年和1897年公布的新民法所取代，后者一直施行到今天。这部民法典是亚洲的第一部完整的，直追法国、德国民法典的民法典，还要早于瑞士民法典。日本民法典对中国也有一定的影响。今天我们研究它，也还有现实的意义。

二、日本民法的制定经过

（一）急于制定民法的原因

日本在明治维新后立即着手制定各种法律，甚至直接翻译外国的法律，将之作为日本法律而公布。当然有其不得已的原因。

总的来说，这是维新后适应经济发展的需要，统一分散的封建法制的要求。但是在当时却有特殊的原因。这就是想要通过调整人民间的民事关系，为国家的“富强”打下基础。除此之外，最重要的还是对外的原因，即改订不平等条约的需要。当时法国、英国、美国、荷兰等都与日本订有不平等条约，在日本享有领事裁判权和关税决定权。前者使日本处于殖民地地位，感到屈辱，后者减少政府的税收，阻碍民族资本与国内产业的发展。明治政府与外国交涉，外国政府均以日本必须整备法制，建立与欧洲各国相同的民刑诉讼审判制度为要挟。明治27年（1894年），日本与英国签订条约，以后相继与各国订约，修订以前的不平等条约，还是以重要法典（刑法、刑事诉讼法、民法、商法、民事诉讼法等）的施行为条件。

日本政府制定与欧洲各国类似的各种法律的急迫心情，可以从制定民法的情形看出来。一方面忙于翻译外国法律，另一方面频繁地设置、改设各种机构。早在明治3年（1870年），日本政府在太政官之下设制度调查局，以江藤新平为长官。江藤即命令箕作麟祥翻译法国民法典，甚至指示说："尽快地翻译，有误译也无妨"，打算就之修改后即作为日本的民法。以后甚至把制定民法的工作一度交给外务省以求速成。以后又聘请外国人来工作。这些说明，"条约改正"是当时（明治初20年内）最大的政治问题，而其前提则是"近代法典之完备"。

这一点，在刑事法律方面比较容易，所以刑法和刑事诉讼法都在1880年制定公布，民法则几经周折，10年之后才得以制定。

（二）"旧民法"

明治6年（1873年），日本政府在司法省设民法编纂课，于明治9年（1876年）着手起草民法，到明治11年（1878年）完成初稿。明治12年（1879年）又聘请法国专家来日委以民法起草工作。明治13年（1880年）在司法省设民法编纂局，加紧起草工作。民法编纂局一度划归外务省，后来又归司法省，由法国专家负责财产法部分，另由日本人负责亲属法部分，最后在明治21年（1888年）完成草案。明治23年3月与10月，分两次将经过立法程序的民法公布，定于明治26年（1893年）1月1日施行。这次公布的民法，以后被称为日本的"旧民法"。

旧民法基本上以法国民法为蓝本，分为人事编、财产编、财产取得编、债权担保编、证据编，共5编1760条。内容也大体上与法国民法典相同，关于人的能力和亲属关系在人事编，继承、赠与、遗赠、夫妻财产制都在财产取得编。在继承部分规定了家督继承制度。在财产编中规定了公用征收、水利等行政规定。从法国民法典承继而来的这些编制方面的缺点，如物权债权不分、继承与夫妻财产制列入财产取得编，在民法中加入了程序法（如证据编）和有关行政的规定等，在当时（1988 年）德国民法典第一草案已经公布的情况下，当然显得落后，但是这些并没有成为大的问题。这部民法仍预定于 1893 年施行。可是由于其他的原因，终于发生了法典论争而使这部民法夭折了。

（三）“法典论争”

日本的旧民法是以法国民法典为蓝本的。早在制定之初，就把财产法部分委托给从法国聘来的专家（巴黎大学教授布瓦松纳，这位专家先受聘起草了刑法和刑事诉讼法，这两个法律很快被日本接受，于 1880 年公布施行），把亲属法部分交给日本学者，并且要求后者注意日本固有的风俗习惯。可见当时已经注意到这两部分的不同。

在公布的旧民法里，财产法部分不用说，基本上是以法国民法典的精神为指导的，其内容也与法国民法典相同。这一方面，没有引起人们的异议。亲属法部分虽然也保留了一些日本固有的制度，如家制、“家督相续”（身份继承制）等，但因当时主持工作的人究竟受到法国民法的影响，旧民法中的人事编就成了被称为体现“西方原则”的法律，其中散见着一些具有“近代性”的规定。如在形式上，采用了先规定婚姻，接着规定亲子关系，最后才规定家长和家制的欧洲式序列（在东方古老的传统里，应该是先有“家”，而后才有夫妻关系和子女）。关于血亲、姻亲和配偶的划分也是西方式的。在内容上，虽然保留了家长权，却不承认家长权（户主权）的核心之一的家属居所的指定权，对家长也没有授予对家属婚姻的否决权（无效诉权），这样就大大削弱了家长的权力；关于家督相续人（身份继承人）因婚姻和收养而离去家庭，不予禁止。这些规定与以后的新民法（1898 年）比起来，显然是具有更强的“近代性”。因而在旧民法公布前，这些已受到指摘了。

旧民法公布后，人事编立即受到批评，许多人认为旧民法无视日本的“固有的淳风美俗”，特别是破坏了家族制度。这样就形成了对旧民法拥护和反对的两派，而展开了“法典论争”。

早在1889年（公布前一年）就出现了反对意见，公布后，反对意见与拥护意见逐渐增多，论争逐渐激烈。这两方面与日本法学界原已存在的两个学派结合到一起，形成两个严峻的阵营。拥护派的中心是倾向于自然法的法国法学派，当时称为“断行派”（立即施行派）。反对派则以倾向于历史法学的英国法学派为中心，称为“延期派”（延期施行，然后进行改废）。这样，法律意见之争与流派之争、学派之争相结合，再扩大到政治思想和主张不同的派系之争（具有自由民权思想的政见者当然加入拥护派，主张以家长制为基础而建立保守的国家的国家主义者加入反对派），这种论争日益剧烈。延期派提出，这部民法破坏了日本立国的基础——绝对主义的家长至高无上的家族制度，与《大日本帝国宪法》的精神不符。家长权是尊严的、不可动摇的，正如天皇的大权是神圣不可侵犯的一样。动摇家族制就动摇了“大日本帝国”的立国之本。这样，法典论争由学术之争发展为政治斗争，由民法范围扩展到宪法与政治文化各方面。1892年，穗积八束在《法学新报》（反对派的机关刊物）上发表论文《民法出而忠孝亡》，论争进入白热化，而且反对派的势焰已不可挡。

论争当然反映到政府和议会里。当时，商法（在德国顾问主持下制定公布的）方面也出现了问题，都引起了议会里的斗争。当时议会里的议员多是具有保守思想的上层人士（特别在贵族院），结果是想得到的。明治25年（1892年），两院（贵族院和众议院）以压倒多数相继通过了民法商法延期施行案，将民法和商法的施行期都延长到1896年底。法典论争以延期派的彻底胜利而告终。日本的具有“近代化”

因素的民法夭折了。

日本的法典论争显然是两种思潮的斗争，资产阶级的自由思想与封建主义的反动思想的斗争。随着“断行论”的失败，当时日本初露端倪的自由民权思想被压下去了，通过维护家族制度而维护天皇制度的思想站稳了脚跟。

有人指出，日本的旧民法规定了一夫一妻制，只此一点，就是对当时日本上层社会的一个冲击。在大多数议员都是多妻者的情形下，议会是当然不会通过的。[①] 这种说法虽然偏激，却道出了事情的实质。

（四）新民法

旧民法施行延期后，日本政府着手重新起草民法。明治26年（1893年），设置法典调查会，以伊藤博文为总裁，西园寺公望为副总裁，以穗积陈重、富井政章、梅谦次郎三人为起草委员，另以数十人为委员。这次起草，在维持日本旧有习俗特别是家族制度的原则下，特别参照当时的德国民法第一草案进行，于1895年完成总则编、物权编和债权编，次年这三编在议会通过，于当年4月27日公布。亲属编与继承编于1898年通过公布（同时公布的还有《法例》与《民法施行法》）。全部民法于1898年7月16日施行。这是日本的“新民法”，又被称为“明治民法”。这部民法一直施行到现在。其中亲属编与继承编在第二次世界大战后经过了重大修改。公布新民法的同时，将以前公布的旧民法废除。

---

① ［日］篠塚昭次：《民法》，有斐阁1985年版，第7页。

三、日本民法的编制与内容

（一）编制

日本的新民法明治民法在编制上改依德国民法典，分为 5 编。第 1 编总则，分为人、法人、物、法律行为、期间、时效 6 章。第 2 编物权，分为总则、占有权、所有权、地上权、永佃权、地役权、留置权、先取特权、质权、抵押权 10 章。第 3 编债权，分为总则（债权的标的、债权的效力、多数当事人的债权、债权的让与、债权的消灭）、契约（又分为总则与赠与、买卖等 14 节）、无因管理、不当得利、侵权行为 4 章。第 4 编亲属，分为总则、户主及家属、婚姻、父母子女、亲权、监护、亲属会议、扶养的义务 8 章。第 5 编继承，分为家督继承、遗产继承、继承的承认及抛弃、财产的分离、继承人的旷缺、遗嘱、特留份 7 章。

总则编是以德国民法典为蓝本的。物权编和债权编的顺序没有依照德国民法典（巴伐利亚民法草案的顺序），而依撒克逊民法，物权在债权之前。“占有”被规定为“占有权”。永佃权是日本特有的。先取特权来自法国民法。

亲属编显然与旧民法的规定有所不同。把“户主及家属”放在开头，回到“以家统率个人”的封建原则。继承编里也是家督继承和遗产继承分开。从编制上的这些地方已看得出“新民法”的“新”之所在。

（二）内容

日本民法（不再称“新民法”）的各部分存在严重的矛盾。

就民法的全部内容来说，其中的两大部分即财产法和身份法（亲属编和继承编）是矛盾的。财产法是建立在个人主义的自由经济的基础上，以近代民法中的所有权不可侵犯、契约自由、个人责任的三大原则为指导的，符合于资本主义发展需要的近代法律。身份法则是建立在封建的、家长制的家族制度基础之上的，不承认家族成员（包括家属、妻、子女）的独立人格和平等地位的法律。表面上，似乎这两部分互不相关，建立在不同的基础上，不同的原则上，互不影响。实际上，经济关系和身份关系是密切相关的，身份上的支配关系与经济上的平等关系是互不相容的。在中世纪的农奴制之上不可能存在自由平等的身份关系，就是这个道理。

日本亲属法的基本在家制。家的核心是户主（家长）。户主为进行其对全家族的支配（统治），拥有强大的户主权。在日本旧民法中，稍稍受到削弱的户主权，在新民法中得到加强。户主权的内容主要有：（1）对家属的居所指定权（明治民法第 749 条）；（2）对家属入家去家的同意权（第 735 条、第 737 条、第 738 条、第 743 条）；（3）对家属的婚姻、收养的同意权（第 750 条、第 776 条、第 848 条）；（4）对不服从统治的家属进行制裁的离籍权与复籍拒绝权（第 741 条、第 749 Ⅲ条、第 750 条）；（5）对家属的婚姻、收养的撤销权（第 780 条）等。明治民法中规定的户主权，较之明治维新前封建社会家族制度中的强大的户主权当然略有不同，但仍足以对家族进行统治，加上旧日习惯力量的影响，户主事实上具有较民法规定的更强大的统治力。户主的这种地位，又因家督继承中的全部财产独占继承而得到加强。

在这种家族制度之下，婚姻关系、亲子关系都从属于维持“家”这一最终目的。在法律上必然表现为男尊女卑、夫尊妻卑等。法国民法典中原来也有许多限制妻的能力的规定，例如妻未经夫的许可不得进行诉讼（第 215 条），妻未经夫同意，不得为某些法律行为（第 217 条），但法律同时规定了补救办法（如审判员得许可妻进行诉讼，法院得经妻的请求许可其实施法律行为，第 218 条、第 219 条）。但日本民法硬性规定妻的能力是受限制的。因而在日本民法的书里，妻与未成年人、禁治产人并列为无能力人。

日本民法里的家制自始至终是新旧思潮的斗争焦点。因为，这不仅仅是民法中的问题，而且联系到宪法问题，实质上是一个政治性问题。在明治宪法的整体体制之下，家为国之本，家长（户主）制与天皇制是一脉相承的。忠孝一本，否定对家长的孝，也是否定对天皇的忠。“民法出而忠孝亡”，当然是绝对不可以的。忠和孝都是“绝对服从”。

在财产法的内部，也存在矛盾。日本民法物权编里的永佃权就是从封建的地主佃农关系沿袭下来的封建的不平等关系。永佃权（永久耕作权）称为“永”，而民法规定不得超过 50 年（第 278 条），这实际上是对农民的剥夺（德川时代还允许农民对自己开垦的土地有永久耕作权）。在永佃权里，有许多不利于农民或对农民极其苛酷的规定，如永佃权人只要继续两年怠付佃租或受破产宣告时，地主就可请求消灭永佃权（第 276 条），又如永佃权人即使因不可抗力而减少收益受到损失，仍不得请求减免佃租（第 274 条），第 275 条规定，永佃权人因不可抗力连续 3 年全无收益，或在 5 年以上期内收益少于佃租时，可以抛弃其权利。这一条表面上是授予永佃权人一种“权利”（抛弃），实际上是将土地交给地主。第 272 条又规定，地主可以约定禁止永佃权人将永佃权让与他人或将土地出租。总之，永佃权人完全是一个无权者。这种不平等的关系是违反近代民法的精神的，只能说它是一种变相的封建关系。[①]

---

① 参见［日］佐藤笃士：《法学基础理论》，敬文堂昭和 56 年版，第 60 页、第 81—88 页。

但就是这样的一个充满封建气息的民法典，仍然不能见容于日本的一些卫道士。原来，在个人主义的财产法之下，承认家属个人享有财产而且准许其积累财产，家属在经济上有了地位和实力就会产生“独立”思想，他们对户主的“恭顺意识”和孝心就减弱了，这当然是对封建家族制度的冲击。大正 8 年（1919 年），日本政府根据临时教育会议的建议，设置临时法制审议会，着手对民法的亲属、继承两编进行修改，主要是要恢复日本自古以来的“淳风美俗”。法制审议会于大正 14 年（1925 年）和昭和 2 年（1927 年）先后提出对两编的“改正要纲”。日本政府设立民法改正调查委员会对民法进行修改。正要进行修改时，日本战败，这个工作被搁置了。如果不是这样，真不知这个“新民法”又会改成什么样。[①]

四、日本民法在战败后的发展

早在日本投降之前，1945 年 7 月 26 日，美国、中国（当时的中华民国）与英国发布波茨坦宣言，就提出：“日本国国民间的民主主义倾向应予恢复并加强，日本国政府应消除一切障碍。”日本投降后，在盟国占领下，日本国宪法于 1946 年 11 月公布。宪法第 24 条规定，关于婚姻与家族的法律，应该在“个人尊严与两性实质的平等”原则下制定。因而民法中亲属、继承两编必须作根本的修改。宪法定于 1947 年 5 月 3 日施行。要在这个日期前修改民法是来不及的。于是决定采

① 例如关于女子的结婚，旧民法规定，子女不问年龄大小，结婚均须父母同意（人事编第 38 条）。新民法规定，子在满 30 岁以前，女在满 25 岁以前，结婚须父母同意（第 737 条）。《改正要纲》恢复旧民法的规定。

取应急的措施，于1947年公布《关于日本国宪法施行后民法的应急措施的法律》，把民法后两编中与宪法精神抵触的规定废除，制定一些补充规定。这个法律与宪法同日（5月3日）施行，到1947年底为止。

1947年12月22日，《修改民法的一部分的法律》公布，于1948年1月1日（《应急措施》失效之日）施行，这个法实际上就是对民法第4、5两编（亲属编与继承编）的修改。这次修改就是贯彻宪法第24条的精神，将这两编里违反个人尊严与两性实质上平等的规定概予删除。其中主要有关于户主权的规定、家督继承的规定。结果，把明治民法中第4编第2章（户主及家属）全部删除，其他有关夫妻不平等的规定予以删除、有关亲权的规定大多删除。把第5编第1章（家督继承）全部删除。

这样，基本上消除了第4、5两编中的封建性，使这两编也与前三编一样成为“近代化”的民法。1947年重新公布、1948年施行的民法第4编（亲属编）与第5编（继承编）被称为新法。

在新法的制定过程中，眷恋旧法的人虽然不敢公然反对这次修改（不敢反对波茨坦宣言和宪法），但仍竭尽全力企图缓和修改的彻底性，力图保存一点旧制度，经过激烈的斗争，保守派终于守住了两块最后的阵地。这就是新法的第730条和第897条。

新法完全废除了“家”的制度，废除了户主权制度，但在第730条规定：“直系血亲及同居的亲属（相互间）应当互相扶助。”这一条被反对的人指摘为“家”制的残余，为“家”的复活设下的一块基地。这一条通过后，新旧两派又围绕着这一条的解释进行斗争。旧派主张，这一条是有实质性法律意义的规定，其精神是在家庭生活中抑制市民的权利主张，维持日本固有的良好道德与风尚。新派主张，这一条只有道德上的意义，没有实质的法律意义，不起什么作用，将来应予废除。[①]

新法废除了“家督继承”，但在第 897 条规定：“家谱、祭具及坟墓的所有权，可以不拘前条[②]规定，由按习惯应主持祖先祭祀的人承受。但有由被继承人指定的主持祖先祭祀的人时，则由被指定的人承受。”新派的人认为，这一条是“家督继承”的残余。

由此可见，旧的势力是不甘心完全退出历史舞台的，总要留下一点立足之地，为他日复辟做点准备。不过无论如何，这次修改把日本民法大大地向前推进了一步。

这次修改民法，对前面的三编（总则、物权、债权）只动了很少几点。可见这部分以德国民法典第一草案和法国民法典为蓝本的财产法，是适合当时战胜国（主要是美国）的胃口的。对第 1 编的修改只有：修改了第 1 条，删除了第 14 条至第 18 条关于限制妻的能力的规定。对第 2 编和第 3 编，完全未动。

明治民法的第 1 条原来规定私权的享有。1947 年修改时，把这一条移作第 1 条之 3，而在其前加了两条：“第 1 条：（1）私权应服从公共福利。（2）行使权利及履行义务，应恪守信义及诚实而为之。（3）禁止滥用权利。”“第 1 条之 2：对于本法，应以个人尊严及两性实质上的平等为主旨而解释之。”这样，就为整个民法乃至整个私法规定了一些根本性的总的原则。

1979 年的这次修改仍然留下一些问题。例如女子结婚后的姓的问题（民法第 750 条规定，夫妻必须同姓，于是女子婚后都从夫姓），非

① 参见［日］中川淳：《亲族法逐条解说》，日本加除出版社 1977 年版，第 28—33 页。

② “前条”指第 896 条，关于财产继承的规定。

婚生子女与婚生子女的应继分不同的问题（第 900 条第 4 项规定，非婚生子女的应继分为婚生子女的应继分的 1/2），仍与宪法所规定的原则不同。1993 年 6 月，日本东京高等法院判决宣告第 900 条的这一规定违反宪法。[①] 看来在贯彻“个人尊严”“人人平等”这些问题上，在日本民法方面，争论还会不断发生。至于一般的修改，当然总还会有的。[②]

五、结语

一个落后的国家（社会）为了摆脱落后状态，或者赶上先进国家，甚至避免因自己落后而挨打或受人欺凌，必然要“变法图强”。这种先例，历史上极多。在变法图强中，继受先进的政治法律（以及其他）制度，因而接受（移植）外国的法律，不是什么奇怪的事，也没有什么不合理。移植外国法律，必然有内在的和外在的各种原因（完全被迫的，如被征服，不能算是移植，那完全是征服者强制推行自己的法律到被征服地）。纯粹的“被迫”或纯粹的“自觉”都是极少的。不过有的情形，被迫的成分大一些；有的情形，自觉的成分多一些。日本继受外国法，可说属于前者。明治维新时是这样，第二次世界大战战败后更是这样。明治年间的那一次，固然是迫于外界的压力（条约改革的必要），但日本民族为此而下的决心与所做的努力，仍是难得的、艰巨的，是值得赞许与令人敬佩的。

---

① 参见李薇：《东京高等法院裁定日本民法第 900 条违宪》，载《外国法译评》1994 年第 2 期。

② 1947 年以后，日本民法中最重要的修改有：增订“最高额抵押”（1971 年），增订“特别收养”（1987 年）等。

日本移植外国法律的方式，今天看来，有的过于简单和草率。例如把德国的民事诉讼法几乎逐条译过来，在旧民法中也有这样的情形。但这些都是限于当时的具体情况而不得已的做法。就像本文中说过的，江藤新平急于翻译法国民法典的心情是可以理解的。对此，不应加以苛责。

在继受（移植）外国法的过程中，发现外国法与本国原有的国情有不合或冲突的地方因而发生争论甚至冲突，也是一种必然的现象。日本的“法典论争”是一个典型例子。问题是如何判断所谓“国情”，对那种国情应持何种态度。在日本制定民法的过程中，一直存在（可说直到今天）维护国有的“淳风美俗”的说法。究竟什么是淳风美俗，一夫多妻（蓄妾）与“君要臣死，臣不得不死；父要子亡，子不得不亡”是否“淳风美俗”，正如中国在清末变法中，女人缠足、男人蓄长辫，三跪九叩首，这些是不是好的风俗习惯，都必须首先澄清。在日本，民法中的家制（包括家督继承）长期是激烈斗争的焦点，绝非偶然。日本明治民法的起草人之一穗积陈重认为日本的家制是日本优越于“万国”的所在，[①] 第二次世界大战后修改民法时，牧野英一（贵族院议员）坚决反对完全废除家制。[②] 这些例子给人的教训都是重要的。

不论哪个国家都有自己的特点，没有特点的国家和民族是没有的。因而在继受外国法时，辨别自己的特点也是一个重要问题。机械地、盲目地照搬外国的法律，当然不一定好；强调甚至借口自己的特点，而拒绝接受先进的外国法律，也是不对的。

要敢于接受，善于研究，不断修改，这是继受外国法律很重要的

---

① ［日］星野英一：《家族法》，放送大学教育振兴会，1994 年版，第 41 页。

② ［日］中川淳：《亲族法逐条解说》，日本加除出版社 1977 年版，第 31—32 条。

原则。日本可以给我们提供不少经验教训。例如在民法中，日本仿照西方规定了收养制度，抛弃了东方原有的一种收养制度，直到1987年，又在民法中增订了一种“特别收养”，实际上是又恢复了东方式的一种收养。又如在民事诉讼法中，起初照搬了德国的证书诉讼与票据诉讼程序。1926年认为这种程序在日本没有必要，将之删除。到1964年，又将之恢复。[①] 如果接受时犹豫不决，接受后发现缺点又不敢修改，是很不好的。

日本在接受了外国法律后，很注意对之进行研究。在继受法律之后，日本接着就从事理论研究。不仅继受法律条文，也要继受法律条文后面的理论。日本学者（如北川善太郎）把日本法学界在20世纪对德国法学理论的研究称为“理论继受”。只有从理论上继受了外国法，外国法才能在日本扎下根来，日本又可在理论继受过程中，发现哪些东西适合于日本，对日本有利，哪些不适合，这样可以修改继受来的法律，使外国法律“日本化”，[②] 日本在这方面的经验是值得我们借鉴的。

第六节　中华民国时期的民法

一、概说

我国自古没有民法。清末变法，学习西方法制，开始制定民法，

① 谢怀栻：《德意志联邦共和国民事诉讼法》，法律出版社1984年版，第174页。

② ［日］多田利隆：《欧洲法在日本的接受和日本化》，载《东亚法律经济文化国际学术讨论会论文集》，中国大百科全书出版社1993年版，第268页。

但未及成功而清朝亡。民国成立后，战乱频繁，政局动荡，迄未进行正规的立法工作。北洋政府虽也草拟过民律草案，但未能将之制定为法律。直到民国成立将近20年时（民国18年），南京国民政府才设立立法院，积极从事立法工作，在前后4年的时间内，制定出民法五编，次第公布施行。这就是我国有史以来的第一部民法——中华民国民法。

这部民法显然是自西方继受而来，从形式（五编制）到内容，基本上是采用了德国和瑞士民法的模式。梅仲协先生曾经指出："现行民法，采德国立法例者，十之六七，瑞士立法例者，十之三四，而法日苏联之成规，亦尝撷取一二，集现代各国民法之精英，而弃其糟粕，诚巨制也。"[①] 当然也有人批评这部民法是抄袭之作，不符合中国国情之处甚多。中国变法后的法律完全是继受外国法而来，这一点是确定的事实，即立法者自己也承认，所以今天已无须再讨论这些问题。相反地，我们今天研究这部民法，应该注意这部民法所起的除旧布新的作用，它如何打破了我国在民事方面相沿几千年的陈规陋习，如何为中华民族进入近现代文明社会开启了道路。我国台湾地区民法学家王泽鉴说，这部法典"充分显示一个古老民族如何在外来压力下，毅然决定抛弃固有传统法制，继受西洋法学思潮，以求生存的决心、挣扎及奋斗"[②]。这才是我们的研究重点与研究目的所应置重的所在。

这部民法是70余年前的产物，在中国大陆只存在了近20年（1929—1949年），而且还没有普遍施行于大陆全部。所以对于大陆来说，这部民法的作用可谓不是很大，而且在新中国成立后，这部民法

① 梅仲协:《民法要义》初版序，中国政法大学出版社1998年版。

② 王泽鉴:《民法五十年》，载《民法学说与判例研究》第五册，中国政法大学出版社1998年版。

长时期被作为“反动法律”而受到批判，但是却不能说，这部民法在大陆一点影响也没有。中国自改革开放以来的民法研究工作和民法教学工作，乃至民事立法工作，都受到这部民法一定的影响。这也是不容否定的。不过本文对这些方面的情形不拟详论。

二、制定情况

1928 年 12 月，南京国民政府五院之一的立法院成立，立法院院长胡汉民即于当月呈请“中央政治会议”（当时国民党的一种党政合一的最高机关）制定民法。可见当时把制定民法作为立法院的首要工作，甚为重视。[①]1929 年 1 月，立法院组成民法起草委员会，开始工作。历时 3 年，民法五编相继完成，次第公布施行。总则编于 1929 年 5 月 23 日公布，同年 10 月 10 日施行。债编于 1929 年 11 月 22 日公布，1930 年 5 月 5 日施行。物权编于 1929 年 11 月 30 日公布，1930 年 5 月 5 日施行。亲属编和继承编同于 1930 年 12 月 26 日公布，同于 1931 年 5 月 5 日施行。

中华民国的《民法》共 5 编，1225 条。各编均有“施行法”，与各编同时公布施行。

制定《民法》的工程不可说不大，但是在 3 年里就完成了。每编的制定时间都只有几个月。不过看当时立法院对各编开会讨论的情况（例如总则编，立法院开会讨论 30 余次；物权编，讨论了 40 余次；讨

---

① 当时立法院的前身法制局于 1927 年 6 月成立后，即着手草拟民法，决定先订亲属、继承两编。可见当时立法机关对制定民法有正确的认识，也有很高的积极性。参见谢振民编著：《中华民国立法史》下册，中国政法大学出版社 2000 年版，第 749 页。

论债编多达150余次；亲属编及继承编也讨论了30余次[①]），也很难说是“草率”。

现在看来，关于这部民法的制定，有几点可以指出。

1. 当时制定民法，有两次的民律草案可资参考。一次是《大清民律草案》，一次是民国14年的《民律第二次草案》。还有国民政府法制局（立法院的前身）起草的亲属法草案和继承法草案（1928年）。可说起草工作有一定的基础。

中国自清末变法以来，有相当数量留学外国（日本最多）学法的人归国后在各大学法学院与各级法院工作，在中国民法学方面卓有建树。这为制定民法奠定了学术方面的基础。

当时专门有秘书部门将各外国的民法（包括较新的法典，如苏俄民法、暹罗[②]民法，意民草案）译成中文，供立法委员们参考。

2. 在立法程序上，当时依照国民政府制定重要法律的办法，先定“立法原则”，再定条文，然后讨论通过。即在每编起草条文之前，由立法院拟定该编的“立法原则”（又称先决问题）。将该编中的重大原则问题先行定出，并报中央政治会议批准，然后立法院根据这些原则拟具条文，再行讨论通过。这样做有一点好处，就是把原则问题和具体条文问题分开，可以节省讨论的时间，以免原则定不下来，条文也就无法草拟。例如民法总则编的立法原则共19条，包括法律和习惯的适用问题、成年年龄问题、姓名权问题、外国法人的认可问题、权利滥用问题、自由不得放弃问题等。民法亲属编的立法原则共9点，包

① 见谢振民编著:《中华民国立法史》下册，中国政法大学出版社2000年版，第5章。

② 泰国旧称。

括亲属分类、夫妻及子女的姓氏问题、亲属的范围及亲等的计算方法、结婚年龄及亲属结婚问题、夫妻财产制问题、妾之问题、家制问题等。所谓立法原则问题都是“立法主义上最有争议”[①]之点，至于原则下的细节，则可在起草条文时讨论决定。[②]这个办法在当时行之颇为有效。[③]

再有一点，当时拟定各编条文以及参加讨论的人有不少都是有关民法各编的专家，例如草拟亲属编草案的燕树棠，草拟继承法草案的罗鼎及参与民法起草委员会的史尚宽、林彬、郑毓秀、王宠惠等。[④]这一点对立法工作也是有帮助的。

3. 在起草民法亲属、继承两编之前，除提出立法原则外，又做了一些准备工作。由立法院制定表册多种，发交各地征求习惯。再就前北京司法部的全国各地习惯调查报告加以整理。又将有关的重要问题分别委托各委员等详加研究。[⑤]这些工作当然对立法是有好处的。

4. 当时起草民法时，就各编立法原则有说明书（理由书），就各编全文和每条也有起草说明书（理由书）。其中亲属、继承两编的说明书尤为详细。这些文书以后均行公布，对研究民法很有帮助。（至今我国

① 见谢振民编著:《中华民国立法史》下册，中国政法大学出版社2000年版，第779页、第786页。

② 见谢振民编著:《中华民国立法史》下册，中国政法大学出版社2000年版，第779页、第786页。

③ 就某些原则问题先行决定以免就同一问题在各种层次的会议上反复争论，影响整个法律的编章与条文的拟定是有一定好处的。

④ 见谢振民编著:《中华民国立法史》下册，中国政法大学出版社2000年版，第749页、第755页。第二次民律草案的主稿人余棨昌、应时、黄右昌等人也都是当时的著名专家。见上书《中华民国立法史》第747页。

⑤ 见谢振民编著:《中华民国立法史》下册，中国政法大学出版社2000年版，第793页。

台湾地区出版的六法全书中在民法各编各章之首与各条之下仍载有简单的“理由”。）

5. 在民法各编公布后，随即公布了各编的施行法，与各编同日施行。施行法旨在解决法律在施行中的问题，由立法机关与法律同时制定公布，当然便于法的施行。

6. 最后，关于当时制定民法的一些思路，也值得提到。中华民国民法没有像《民法通则》一样，设置一些“原则”条文，例如《民法通则》的第 1 章“基本原则”。我们现在可以从该法各编的说明书里看出当时立法者的一些思路。略举于下：

（1）改革我国固有的封建恶习。中华民国民法对我国固有的封建恶习，大刀阔斧地加以改革，特别在亲属、继承两编中表现显著。如关于男女平等问题、废除宗祧继承制度、废除大家族制等。可以说在这方面，当时的立法者是具有很大勇气的。这一方面，本文在下面再详细论述。

（2）比较各国立法例，择善而从。我们今天读到当时的立法说明书，可知在许多问题上（包括编制与内容），当时立法者都对各国的立法例加以比较，而后全面考虑，作出抉择。例如在总则编中规定“法例”章，是参酌苏俄、暹罗（泰国）、意大利民法草案等而定的。关于留置权，比较不同的立法例后，决定规定在物权编中。关于特留财产在继承时的保留问题，比较了英、美、德、法、瑞士、日本等国而后决定。关于私权主体，比较了法、苏俄、日本、瑞士、土耳其、暹罗（泰国）的立法例，最后采用了德国立法例。这些例子说明当时立法者一方面广搜博采，另一方面在立法理由中详细说明，既表明了立法者的意思，又可供日后研究者参考。

（3）不盲从外国，仍注重我国国情。当时立法者并不盲从外国，对外国法律并不一切照抄。例如在物权编中，不采用外国的不动产质和土地债务，而规定我国固有的典权。在亲属编中，既不取消家制，也不保留大家族制，而规定简单的家制及亲属会议。这是这部民法胜过以前的两次民律草案的地方。

（4）开始讲求社会本位，注重社会经济发展，注重社会公益，保护弱者。这方面例子很多，在下面关于财产法部分再详述。

以上几点，[①]在当时情形下都是难能可贵的。

三、民商合一问题

法国和德国制定民法典时，根据历史情况，采民商分立制度。瑞士也是根据历史情况，采取了民商合一制度。这三个国家的立法者当时对于民商分立或合一，不能说没有讨论过，但分立或合一的抉择主要是由历史情况决定的。此后各国研究法律的人就这个问题从理论方面加以研究，形成了不同的理论。20世纪初，日本法学界就此也有讨论，但日本仍维持了民商分立制度，对早先公布的商法未作改动。

我国法学界也早有人提倡民商合一。所以在制定民法债编之前先就这一问题进行了讨论研究。立法院院长胡汉民、副院长林森遂向中央政治会议提出，请订民商统一的民法典。在给中央政治会议的呈文中，他们提出的主要理由有：民商分立是由中世纪的情况形成的，当时商人为一特殊阶层，有特别地位，所以另定法典、另设法庭，以适应之。现在商人已无特殊的地位，商行为也无独立存在，任何人皆可

① 这几点的资料均采自谢振民编著：《中华民国立法史》下册，中国政法大学出版社2000年版，第5章第5—8节。

从事商行为（参股于公司、签发支票汇票、买卖证券等），民商划分，全无意义。特别在我国，商人本无特别地位，强予划分，毫无必要。

以后中央政治会议将此提案交付审查。审查人认为应订民商统一法典，提出理由书，列举理由 8 点。旋经中央政治会议批准。立法院遂据以参考瑞士、苏俄、暹罗（泰国）各国的民商合一的民法典，制定了民法债编。以后又分别制定了公司法、票据法、海商法、保险法（这四种法，以后通称为特别民法）。这样，我国民商合一的体制得以形成。[①] 现在，这种体制不仅继续保留在台湾，也在大陆上为新中国所采用，新中国也未制定单独的商法典。[②]

现在我们研究这段历史，应该说，当时采用民商合一的体制，虽然是在并未经过争论，几乎大家一致同意的情况下决定的，但当时参与立法的人们确实经过了深思熟虑，从理论和实务双方都进行过研究，并参酌了一些已制定民商合一法典的国家的先例，最后根据我国的情况决定。我们可以说，在这一点，中国这部民法典之继受外国的民商合一体系，完全不是盲目的，而是自觉的。

就在民商合一的体制上，中华民国民法也和瑞士民法、苏俄民法、泰国民法互不相同，而独树一帜。也可以说，这也是经过慎重研究的结果。

今天如果有人说，当年中华民国在继承德、瑞等国的民法时，在某些方面或某些点有盲目照搬的迹象，但是在建立民商合一体制这一点，不能这样说。

---

① 关于当时制定民商合一的情形和详细理由，参见胡长清:《中国民法总论》第 3 章第 3 节，中国政法大学出版社 1997 年版。

② 新中国在 20 世纪 90 年代曾兴起一阵商法热，但终于平息，并无制定商法典的事实。

四、身份法的重大革新

前面说，中华民国民法是一部除旧布新的民法，这一点，突出地表现在亲属编和继承编。过去研究中国民法历史或研究民法的人，都没有强调这一点。从事法学教育的人也没有据实向我国的法学生阐述这一点，甚至在新中国成立后，法学界还长期以“反动”的帽子加在这部民法上，这是错误的。

中国有数千年的封建落后的历史，在刑法中有许多野蛮的不人道的制度（如诛九族、凌迟等），在民事制度和民事规范方面也充满了野蛮落后的东西（如多妻制、男尊女卑、三从四德等）。中国人民推翻帝制后，很快在刑法方面有了很大的革新，但民法则迁延了20年，没有公布。中华民国民法的出现，一举推翻了几千年来的一些封建陈规，建立了进步的文明的新规范，在当时（20世纪20年代）不仅在某些地方赶上了刚刚建立的苏俄，而且普遍地超越了资本主义国家。以下就民法的总则、亲属、继承三编的规定说明这一切。

（一）男女平等

中华民国民法确立了男女在各方面平等的原则，将此原则贯彻于民法的各方面。以下就其主要的而言之：

1. 男女在人格上的平等

民国民法取消了当时许多所谓“文明”国家限制已婚妇女的民事行为能力（在政治权利方面更不用谈了），将已婚妇女列入限制行为能力人之列的规定，使妇女在权利能力与行为能力方面完全与男子居于同等地位，把中国相沿数千年的男尊女卑、三从四德等一扫而光。这是中国社会有史以来的最大改革。日本民法中关于限制已婚妇女行为能力的规定，直到第二次世界大战后（1947年）才修改。比较一下就可看到民国民法在这一点的革新精神。[①]

2. 取消关于“妾”的规定

一夫多妻制在中国存在了数千年，民国民法亲属编立法原则就“妾”的问题说：“妾之制度，亟应废止，虽事实上尚有存在者，而法律上不容承认其存在，其地位如何，无庸以法典及单行法特为规定。”这里不仅说民法典中不应承认妾制，并且也不得以单行法承认其存在。

3. 男女平等在亲属编中的其他规定

在亲属编中，其他有关男女平等的规定尚多，例如男女在离婚条件上的平等（第1052条），男女同得为家长（第1124条），男女同得为监护人（第1094条），夫妻在收养子女时有同等权利（第1074条），夫妻同等行使对子女的权利义务（第1089条）等。在民国民法中不存在父权、夫权的规定和理论。

4. 男女平等在继承编中的规定

首先是女子不论已婚未婚有与男子同等的继承权（第1144条），其次配偶有相互继承权。

关于男女平等之点，以后有人认为贯彻得尚不彻底，例如妻冠夫姓、子女冠父姓、住所问题等（以后台湾曾在这些地方作了修改），仍有不平等之处。这是确实的。但应该承认，重大之点都已做到了。

在废除多妻制一点，有人认为实际上还存在妾。此点系法律的施

---

① 法国民法于1965年才规定“夫妻各方均有完全的权利能力”，但仍有例外规定（第216条）。

行问题，自当别论。

总之，在20世纪30年代，民国民法的这些规定实在是令人惊异的。

（二）废除沿用了数千年的嫡子、庶子、嗣子及私生子等称谓

中国数千年来的礼法以及历次民法草案，均保留了这些称谓。妻所生之子为嫡子、非妻所生之子为庶子、立继之子为嗣子、未经合法婚姻所生之子为私生子。民国民法将这些区别及称谓，概予废除。将私生子女改称非婚生子，并使其享有与婚生子同等的地位与权利。我们只要注意一下，在欧洲各“文明”国家，“illegitimate child”（非法的子女）这个称呼一直存在到第二次世界大战之后，就知道民国民法的“进步”了。[①]

（三）废除大家族制、废除宗法的亲属制度

中国数千年来，维护封建的宗族制，将亲属分为宗亲、外亲、妻亲三类，并依宗亲服制图定亲等。中华民国民法将这一套来自封建礼法的制度概予废除，改分亲属为血亲姻亲，又采用罗马法的亲等计算法。

民法又废弃了宗法制，不设族长一类，改采小家族制，只设家长，尽量削弱家长的权力，另设亲属会议。这些都是很大的改革。

（四）废除宗祧继承，只承认遗产继承

在继承方面，除前面说过的男女有平等继承权、配偶有相互继承

① 日本民法中“庶子、私生子”等称呼，直到1947年才修改。

权外，最大的改革是废除宗祧继承，只承认遗产继承。

关于这一点，本文不拟详论。我们只要比较一下日本民法中关于“家督继承”的情形，就知道民国民法这种改革的重大意义了。[①]

此外，在民国民法中，除旧布新之处还有不少，在此不再列举。总之，对于民国民法的亲属、继承两编，我们应该从两方面去看。一方面，其所改革的对象是在我国已实行数千年的礼教和宗法制度，这些制度既深入人心又为历代刑律所支持。改革这些，正如推翻帝制建立共和一样，在中国是翻天覆地的大事。另一方面，当时（20 世纪 20 年代、30 年代之交）世界各国，除革命完成不久的苏俄外，尚无这种改革（如男女平等）的先例。民国民法可谓“一马当先”，远远将一些“文明”国家都抛在后面。从这两方面去看，才会看到这种改革的重大意义。

对于这样重大的改革，当然少不了阻力。在当时，虽然阻力并不太大，但以后受到的批评和反对不算少。这些问题，都不详论了。

五、其他方面的进步倾向

在财产法方面，中华民国民法虽然没有像身份法那样，有极突出的特色。但是也有不少可称道之处。

在财产法方面，民国民法主要继受了德国和瑞士的民法，但这种继受也并非如有人所说，完全是照抄照搬（如吴经熊所说）。继承来的虽不能说毫无“糟粕”，但也在好多地方就德国民法有所提高。将民国民法与他国民法逐条比较，论其优劣，非本文的任务。现在只就财产

① 日本民法中的“家督继承”直到 1947 年才修改。

法中的几个重要问题作一论述。

（一）由个人本位走向社会本位

近代民法走向现代民法，主要的特点是社会化。批评德国民法的人主要就是说德国民法在这一点做得太不够。民国民法在这一点可说较之德国民法向前跨出了一大步。其表现在于，对近代民法中的绝对意思主义、契约自由、所有权绝对、过失责任诸点，多有限制。例如在总则编中规定权利能力与行为能力不得抛弃、自由不得抛弃，规定自由之限制以不背于公共秩序或善良风俗者为限（第 16 条、第 17 条），又有对人格权的概括规定（第 18 条。此即德国学者所谓的“一般人格权”）。这些在当时都是较为进步的规定（这种规定来自瑞士民法，后来只有土耳其有规定）。民国民法在法律行为（意思表示）上不采绝对意思主义，兼采表示主义。对契约自由、对所有权也多有限制（中华民国当时另有《土地法》与《劳动法》，对土地私有与劳资间的契约有很多限制）。民法中关于无过失责任的规定甚多（史尚宽在其《民法总论》一书中列举了 27 种之多[①]）。这些都可说是由近代民法向现代民法的前进。

（二）注重社会公益、经济发展与交易安全

民国民法开始脱离纯个人本位的立法模式，不完全从个人利益考虑问题。例如消灭时效的期间，民国民法规定的最长期间（15 年）在当时虽不是最短的（当时瑞士、泰国为 10 年），却较法（30 年）、德（30 年）、日本（20 年）的为短。其他各种期间也有规定得较短的，如买

① 史尚宽：《民法总论》，中国政法大学出版社 2000 年版，第 73—74 页。

回期限不得超过 5 年（第 380 条）、限制租赁期限（第 449 条）、限制典权的存续期、回赎期与找贴次数（第 912 条、第 924 条、第 926 条）。又如第 796 条关于越界建筑房屋的规定，改变了德国民法与瑞士民法的规定，立法意思在考虑社会经济，可谓比较先进。

（三）保护债务人兼顾债权人

民国民法定编名曰“债”，而不用“债务关系”（德）和“债权”（日本）的编名，其立法理由谓对债权人债务人予以同等保护。这一点不论做得怎样，形式上都给人一种公正之感。在内容上也确有许多兼顾两方面的规定，如扩大诚信原则的适用（第 219 条）、准许债务人分期履行债务（第 318 条）、关于违约金的规定（第 252 条、第 253 条）、限制连带债务（第 272 条）、规定债权人的撤销权与代位权（第 242—244 条）、对承租人受雇人的保护等。

（四）一方面采取先进立法例，又照顾本国国情

这方面只说几点。民国民法不盲目照搬外国的不动产质权和土地债务，删除了原民律草案中的这些规定，而规定本国固有的典权。为照顾我国固有的祠堂祭田等，特别对共同共有详予规定（见物权编立法原则）。特别规定永佃权人因不可抗力致其收益减少或全无者得请求减少或免除佃租（第 844 条，此条与日本现行民法第 274 条形成鲜明对照）。又如亲属编中对结婚规定公开仪式而不行登记制度（法律婚主义）；继承编中采行限定继承，不照传统办法采“父债子还”原则。这些对旧办法或不改或改，也是考虑了国情的结果。在这些地方还是做到了实事求是的。

总之，民国民法除了在身份法方面的革新精神外，在其他方面也

有不少优点。

当然民国民法的缺点也不少，受人批评之处也不少。例如把代理权的授予列为债之发生原因，这是涉及编制的。在身份法方面更是受到来自两方面的指责，如废除宗祧继承、废除大家族制被指为违反中华文化的伦理道德是来自保守人士的；而在有些地方对男女平等不彻底的批评[①]则是来自进步人士的。这些指摘都仍值得注意。

六、结语

中华民国民法在大陆被废置以来，前30年成为受批判的对象，是研究的禁区。改革开放以后，逐渐开禁，现在学者可以公开研究，立法者可以公开参考。有关这部民法的论著，如梅仲协、史尚宽、胡长清等人的著作，也作为“20世纪中华法学学术成就”被重印出版。[②]这部民法作为中华法律文化遗产，我们对之有正确认识、深入研究的必要。

现在我们可以说，这部民法即在当时，与同时代的各国民法，也可比肩而立。至于它在改革中国数千年的法制方面，在中国开创私法制度与私法文化方面，较之法国民法（拿破仑法典）犹有过之。

---

① 这些在我国台湾地区以后已得到修改。

② 均由中国政法大学出版社出版。这里引的话见于“二十世纪中华法学文丛”的总序。

从德国民法百周年说到中国的民法典问题

一

在世纪之交的今天，我们纪念德国民法施行 100 周年，有一种特殊的意义。我们纪念德国民法，不是只从学术意义出发，更是因为德国民法与我们有着特殊的关系。中国民法学者把德国民法作为学习的主要对象，把德国民法作为范本来制定自己的民法，可以追溯到 80 年以前。在纪念德国民法 100 年的时候，不能不想到我们自己的民法。

中国的法学者从清末变法时起，就一直想改变几千年来没有民法（私法）的传统，想制定一部至少与刑法（公法）并立的民法（私法）。摸索到 20 世纪 20 年代末，终于以德国民法为主要学习对象，参照瑞士、法国、日本等国的民法，制定了一部《中华民国民法》。可是这部民法未能在全国普遍施行。随之而来的是“法律虚无主义”和“一切都是公法”的时期，民法被弃置不顾。80 年代后，中国相继公布了刑法和刑事诉讼法，民事诉讼法也得以“试行”，民法却胎死腹中。今天，制定民法典的工作又被提到中国法学界和立法机关的面前。我们回顾自己近乎虚度的几十年岁月，回顾几十年来走过的弯弯曲曲的道路，却来纪念德国民法典的百年盛事，怎不感慨万端！

中国从开始制定民法时起就一直受德国民法的影响。那部中华民国民法，采自德国立法例者“十之六七”，采自瑞士立法例者“十之三四”，[1]或者说其中95%来自德瑞，“不是照账誊录，便是改头换面”[2]，可见其影响之大。就是现在我们要起草民法典，也还是要参考德国民法。因此，值德国民法百周年之际，我们对它更深入地加以研究，探讨其真正的价值之所在以及百年来发展的情况，转而观察我们自己的问题，是很有意义的。

二

中国几千年来不存在什么“私法”或“民法”。像婚姻、买卖这些现在认为是属于私法范围的事，也是一部分归之于刑律之中，一部分归之于“礼”。有些法制史书籍说中国过去是“重刑轻民”或“民刑不分”，其实应该说是不存在民法或私法。公私法不严格分开，西方也是长期如此。就是《法国民法典》《法国商法典》，其中都有程序法的规定。《普鲁士普通邦法》《俄罗斯帝国法律全书》也有类似情形。直到《德国民法典》，才完全把公私法分开，不仅在法律规定上分开，而且在“精神”上分开。从《德国民法典》开头就作了关于“人”（不是德国人）的规定开始，一部真正的、完全的私法典出现了。私法关系完全与公法关系分离，到《德国民法典》可说最终得以完成。

承认并尊重私法关系（民法关系），承认私法关系的存在，承认私法关系在人民生活中甚至具有更基本的地位。这种私法思想（民法思

① 梅仲协：《民法要义・初版序》，中国政法大学出版社1998年版。

② 吴经熊在《新民法和民族主义》文中语。转引自张镜影文，见《法律之演进与适用》，汉林出版社1997年版，第307页。

想）通过民法典而得到表现。反转来，没有民法，正是缺乏民法思想的结果。

私法在我国长期不被承认，这种现象在封建社会犹可说也，可怕的是，新中国成立后，这一点又以新的形式存在下来。民法也是公法的说法曾经一度盛行。在制定民事诉讼法时，曾有国家对民事诉讼应实行无限制干预的理论和意见。在谈论婚姻法时，曾有把婚姻法订为“婚姻管理法”的说法。什么地方都少不了“管理”二字，这是与“民法精神”不合的。

什么是民法精神或私法精神？承认个人有独立的人格，承认个人为法的主体，承认个人生活中有一部分是不可干预的，即使国家在未经个人许可时也不得干预个人生活的这一部分。国家通过法律去承认这一点，维护这一点，这就是私法的作用。从这一点出发，才有个人的人格权，特别是隐私权、自由权；才有个人的意思自治；才有个人在法律行为中的责任；才有个人在民事诉讼中的处分制度。

中国不仅在封建社会时期没有这一切，在二十几年前也没有这一切。具体的事实不用说了。

要在我国制定一部与《宪法》《刑法》并立的《民法典》，就是要在我国把“民法”（私法）这面旗帜高举起来，使“民法”深入到人民的生活中，使民法思想、民法精神（私法思想、私法精神）在我国不仅树立起来，而且要牢固地发扬下去。要做到这一点，只是有一部分分散的婚姻法、继承法、合同法是不够的，做不到的。

当然，有人会说，英美并不存在民法，更没有民法典，却是最讲究个人自由的。我们觉得，国情不同，不可一概而论。在我国，曾有过宪法，也曾有过宪法被破坏的时期。所以有民法典，还是比没有好。“文化大革命”后，许多原来不知法律为何物的人都惊呼“还是法治好”。今天我们要提倡私法思想，主张通过民法典来树立我们的私法精神，正是要通过民法典来使每一个人知道：在一个社会、一个国家赖以建立的法律中，除了宪法、刑法，还有一个民法。

《德国民法典》不仅在形式上完全是一部私法，而且用其所具有的民法精神维护了德国人民的个人尊严和人格。希特勒执政后，要对民法典大加修改，未能得逞。德国人民终于将“人的尊严”写入宪法。在德国民法百周年之际，回顾这一点是有意义的。

三

《德国民法典》是德意志帝国统一后的产物，是德意志帝国统一的旗帜。通过民法典，德国统治者统一了各邦的私法，统一了全帝国人民的生活准则，加强了帝国在政治上的统一。原属东德的人民，在分离了几十年后，一回到统一的德国，立即回到这部统一的民法之下。德国民法是德意志民族文化的集中体现。

中国在外力的作用下，百年来遭受了前所未有的分裂。香港和澳门均已回归，但是香港和澳门的法制却未能与内地的法制统一。这是极其令人遗憾却又不得不接受的事。不过接受历史的安排，不等于就满足于历史的安排。有远见的法学家早就提出了一种设想。香港的民法学家、香港大学教授何美欢女士于 1992 年在说到香港应不应该把普通法改订为法典时，不赞成当时就这样做。但是她说，制定民法典（其中包括合同法）的时刻“不是 1997 年，而是 2047 年。那时的法典不是香港法典，而是统一的中国法典”[①]。她说的这个法典当

① 见《香港合同法》，香港中文大学出版社 1992 年版，第 18 页。

然是民法典。

台湾现在还未回归。由于几十年的分离，台湾的“民法”（仍然是原“中华民国民法”）与大陆的法律已有一些差异。企盼祖国统一的人们希望民商事法律能够统一，以为国家的统一创造条件。台湾林咏荣教授在其所著《两岸有限公司法的比较与检讨》一文中说：“凡物因比较而见其优劣，公司法亦莫不然。两岸主其事者倘能就其比较与检讨择善而从，使两岸由经济与文化的交流，进而为法律的交流；久而久之，自必有助于法律的统一或接近。国民权益得以保障，国家统一亦可期成。企予盼之！”①可见人同此心。

德国各邦在统一为帝国之前就共同制定了《德国普通票据法》（1848年）和《德国普通商法典》（1861年），在各邦施行。以后前者在德意志帝国和德意志共和国继续有效，直到1933年。后者在帝国成立后也继续有效，直到1900年新商法典施行后才被废止。

中华民族是具有统一文化的民族，在法制方面，特别在民商事法制方面，相同是主要的，台港澳与内地的差异是次要的。就是现在，大陆和台湾在民商事法律方面，已经在互相影响、互相借鉴，趋同的现象十分显著。

现在我们还不可能制定一个如同何美欢教授所说的“统一的中国（民）法典”，但是我们在讨论民法典时，完全可以注意到这一点，尽量吸收台、港、澳民商法中的某些因素，为以后“法律的统一”（如林咏荣教授说的）奠定基础。

德国在政治统一、建立帝国之前，先取得商法的统一，又取得票据法的统一。这个过程，值得我们借鉴。

---

①　见《法令月刊》第44卷第6期，1993年。

四

每个国家在制定法律时都会遇到一个问题，即法律的设想与国家固有情况（国情）的关系。《法国民法典》的制定者以大刀阔斧的手段廓清旧社会的一切，但是在婚姻制度上仍从革命后的法令向后倒退了。《德国民法典》的立法者没有法国立法者那样的精神，却面对着更为复杂的国情。《德国民法典》在不少地方显现出“顺应”国情的情形，最突出的是在婚姻方面对教会的态度（第1588条）。《德国民法典》在施行法里保留了一些封建的物权制度，也属于这种情况。

这种情况，到了如同日本、中国这样的国家，就成为法律移植问题。日本在维新时大规模地移植外国法律曾经引起了“法典论争”，反对者提出了“民法出而忠孝亡”的尖锐口号。中国在20世纪20年代引进外国法律制定民法时，虽然没有遇到如此强烈的反对，但是批评的声音一直延续到几十年之后。[①]

我国这几年在法学界一直在讨论“法律移植”“法律本土化”“法律与国情”等问题。在立法中，这些问题也不时出现。在最近修改婚姻法的讨论中，法律与道德（特别是涉及国情的）的问题尤为引人注目。

我国近百年来一直在“移植”外国法律，特别是移植德国的民法。现在要制定民法典，必然还是要移植德国民法。在纪念德国民法百周

① 参见张镜影：《现行民法与中华文化之枘凿》，载《法律之演进与适用》，汉林出版社1977年版。

年之际，我们不免要追根究底地向自己提出，德国民法有那么高的价值，值得我们上百年来一直向它学习吗？近百年来我们学习德国民法得到了什么成果，得到了什么好处？

最近我国民法学界热烈地讨论物权行为的无因性问题。这是一个直接涉及德国民法的问题。在制定民国民法时，当时的立法者将德国民法中这一具有特色的制度移植过来，可以说主要是认为，德国法中的多半是好的。他们对于德国法中的东西不加怀疑。也可以说，他们只是从“理论”方面去建立对德国民法的“信仰”。那时我国的一些法学家对德国民法几乎都抱这样一种态度。今天我们不应该责难他们。既然我们承认人家比我们“先进”，就该学习先进。（想一想 50 年代我们对“苏联老大哥”的态度吧！）

现在不同了。我们对德国民法中的规定，敢于怀疑，敢于自己来定取舍，因而出现了要不要采用物权行为无因性理论的讨论。这种讨论无疑对我们大有好处。通过讨论，我们加深了对德国民法的研究，加深了对自己国情的研究；通过讨论，如果我们决定仍旧把这个理论和制度移植过来，那将是一种完全“自觉”的移植，更高一层的移植。如果我们决定不移植，那就是完全自主地建立自己的理论。总之，我们要比我们的先人们前进一大步。

在讨论我们的民法典时，还展开了对德国民法五编制取舍的争论。从毫不犹豫地采用五编制到怀疑五编制，再到改造五编制，这个过程也是对德国民法更深入研究的过程。

还有一种意见，要用英美法的“财产法—合同法—侵权行为法”的体系代替德国民法的“物权法—债权法”体系。这也就需要我们对德国民法作更深入的研究。

在纪念德国民法百周年之际，结合我们制定民法典的问题来更深入地研究德国民法典，对德国民法典再评价。这个工作的意义是很深远的。

【后记】本文写于2000年，刊载于《中外法学》第13卷第1期（2001年第1号）——2002年作者记。

关于日本民法的思考

一

日本的现行民法于 1898 年施行以来，100 年过去了。日本的这部民法典是东方各国里历史最长的民法典。《日本民法典》虽然不像《德国民法典》对我国有那么大的影响，但一直受到我国民法学界的注意。实际上，《日本民法典》确实因为它具有一些独特之处，引人注意。今天，研究日本民法的历史，研究它的一些独特之处，不仅在法学的研究上是很有意义的，对于我们深层了解日本，也有一定的好处。有的问题也可以给我们一些启示。

二

日本民法在历史上经历过一次“法典论争”。研究外国法制史的人常常把这个论争与德国民法典问世前的法典论争并列。不过仔细研究一下，日本的法典论争与德国的法典论争有很大的不同。

日本的法典论争，不论在持续时间上、规模上、激烈程度上和结果上都与德国的法典论争大不相同。日本的法典论争发生在民法（后来称旧民法）已经公布，定下了施行期之后，争论的结果先是将民法延期施行，最后将之完全废除，而代之以一个重新制定的民法（当时称为新民法，即现行民法）。当时的论争不仅在法学者之间进行，而且有官员、议员及其他人参加。论争也不仅限于法律方面，而且与政治结合在一起，并且涉及立国的根本问题。所谓“民法出而忠孝亡”，真是一个骇人听闻的口号。

德国的法典论争在民法典制定时就结束了，平息了。日本新民法制定后，论争却未平息。直到1919年（大正8年），日本政府还设置临时法制审议会，准备再次改正民法，昭和年间还公布《改正要纲》。这个工作后来因为战争而中断。这说明，日本的论争远未平息。甚至到今天，日本的民法（包括战后的修改）是否已得到全民（包括全体民法学者）的公认，形成全民（至少全体民法学者）的共识，恐怕还是一个疑问。

日本民法的这种情形，不仅在日本本国的各个法律部门中是极其特殊的情形，在世界各国也难找到同样的例子。

日本法典论争的核心是关于亲属法的，尤其集中在“家制”一点，当然也涉及其他方面，如家督继承等，但核心问题仍在家制。旧派人物要坚持封建的家制，认为这是日本的立国之本，是日本社会的“淳风美俗”，所以坚守这一点，拒不改革。直到1927年（昭和2年）的《改正要纲》所要改正的仍在家制。我们可以说，这个问题不仅是民法的问题，而且是日本国家和社会的根本问题。家制是与天皇制一脉相承的，日本国家的体制就植根在家制之上。日本的教育制度，忠君思想，军国主义思想，都由此出发而形成。

还有一点引人注意，1919年（大正8年）日本政府的临时法制审议会是根据日本的临时教育会议的建议而设置的。对于民法的修改，不由法界人士倡议，而由教育界人士倡议，这也说明，日本的教育界如何重视民法，把民法当作移风易俗、教育后代的重要工具。我们如果将这件事联系近年来日本的历史教科书事件，更觉得值得注意。

本来，民法是一个国家、社会全体人民的共同生活准则。民法的内容，民法的变化发展是与社会生活息息相关的。民法如果与社会脱节，就失去了它的价值。日本的民法论争，争论的是民法，实际上争论的就是社会的性质、社会的发展方向、社会的价值取向。这是我们对日本民法论争应有的认识。

在一个法治精神薄弱的社会里，宪法不受重视，民法更不受重视。日本说不上是一个民主的法治国家，特别是在明治维新不久的时候，但是通过“法典论争”还是可以看出，当时的人们特别是一些进步的法学家，对于民法是多么重视，不惜为之进行一场举国上下奋身投入的论争。对这一点研究法制史的人不得不刮目相看。

三

日本的变法维新，包括制定各种近代的法律，都是在外力的推动下进行的。日本民法中的财产法的绝大部分是仿照西方国家的民法制定的（当然也适合本国资本主义发展的需要）。具有讽刺意味的是，这部民法的亲属法部分，当年通过法典论争而争得的东西，在战败后又在外力的推动下被修改了。第二次世界大战后，日本在占领军的监督下进行的修宪以及随之而来的民法亲属、继承两编的修改，不仅阻止了如同《改正要纲》（1927 年）所要求的“改正”，而且彻底地废除了封建家制和家督继承以及夫妻不平等的规定，彻底摧毁了守旧派在法典论争中顽固死守的阵地。

《日本民法典》的这种变化情况也是世界各国法制史中所少有的。

《日本民法典》的这次修改推动了日本社会的进步，促进了日本人民生活的民主进程。但是由于这种修改究竟是被外力推动的，与一个人发自内心的行为有所不同，所以现在的日本社会，旧的东西还顽固地存在，还在挣扎不止。旧的东西始终不肯退出历史舞台。因此，直到现在，在日本民法学界，对民法——主要是亲属继承部分——的认识，对法律规定的解释，仍有不同的意见。这种情形，与日本整个社会的情况是密切相关的。

日本的情况，当然是一个比较特殊的例子，但是也给予继受外国法的国家一些启示。凡是继受外国法的国家都必须妥善地处理继受来的法律与本国国情的关系，在继受前必须很好地研究将要继受的法律，在继受后更要很好地消化继受来的法律。

日本的情况，也从反面给人以启示：一个国家、一个社会，如果在社会发展的长河中，特别是在社会发展剧变的情况下，不能选择一个正确的方向自觉地努力改革图强，甚至走上了错误的道路，就只能受到外在力量的干预。百余年来日本民法的发展，正如百余年来日本社会的发展一样，有其值得肯定的地方，但也留下令人惋惜的地方。日本民法学界的不少有识之士，有鉴于此，从各个方面努力促使日本民法走上健康发展的道路。他们的努力，令人钦佩。

四

日本民法和德国民法一样，经历了百年以上的社会变化和发展，可是日本民法除了亲属继承部分被外力强制大加修改外，其他部分的修改，比起德国民法来要少得多。就在财产法方面，一些落后于时代的规定也没有变动。即如永佃权（永小作权）一直保留着，其中一些封建性的、剥削农民的规定原封不动。这表示日本民法没有与时代同时前进。这一点与其他一些历史长久的民法比起来是明显落后了。我们希望日本民法与日本社会一起随着时代前进，造福于日本人民。

【后记】本文刊载于《环球法律评论》2001 年秋季号——2002 年作者记。

论在香港特别行政区实行的法律

目　次

一、引言

研究香港法已成为我国法学界的一个重要课题。要研究香港法，首先要确定什么是香港法，香港法能不能作为一个独立的法律部门、成为一个独立的研究对象。

过去法学界对于部门法的划分习惯于以调整对象为标准去划分的单一方法。实际上把法划分为不同的部门有种种标准。可以以调整对象为标准，也可以用其他的标准。以法所适用的地域为标准也是一种划分法律部门的方法。香港法就是这样划分出来的。

香港法就是在香港地区（包括香港本岛、九龙、新界）实行的法律的总和。香港地区本来是我国广东省的一块地方，由于历史的原因，英国对香港实行殖民统治，要到1997年再回到祖国。在英国对香港实行殖民统治期间，英国把英国的法律推行于香港，香港法属于英国法的一部分，但又有其特点，与英国本土（联合王国）的法律不完全相同。将来香港回归祖国后，由于实行一国两制，我国要把香港划为一个特别行政区，因而香港法虽然从总体上说是中国法的一部分，但也有其特点，与内地的法律不完全相同。这就是香港法能作为一个独立的法律部门，成为一个独立的研究对象的原因。

以1997年香港回归祖国为分界，香港法可划分为两个阶段。1997年6月30日以前的香港法属于英国法。从法系说，香港法属于普通法系。从法源说，香港法由三部分组成，第一部分是来自英国的普通法和衡平法，第二部分是适用于香港的联合王国法规（包括被称为香港宪法的几个文件，英女王会同枢密院为香港颁发的一些枢密院训令，英国国会制定并在香港实行的法律），第三部分是香港立法局制定的法例。有时也说香港法中还有一部分古老的中国法律或习惯，不过那一部分早已是微不足道的了。

至于在1997年7月1日以后，香港成为中华人民共和国的一个特别行政区，香港法也就发生了本质的变化。这时的香港法属于中华人民共和国法的一部分，是香港人民（中国人民的一部分）自己的法。

我们现在研究香港法，主要是要研究将来属于我国法的香港法，也就是将来在香港特别行政区实行的法律。不过因为将来的香港法与现在的香港法有一定的联系，所以对现在的香港法进行一些必要的研究，特别是正确地认识将来的香港法与现在的香港法的关系，是有好处的。为便于叙述，本文把将来的香港法特称为香港特别行政区的法律。

本文的目的就是想在这方面提供一些初步意见。

二、香港特别行政区的法律

中英联合声明对于将来的香港法即香港特别行政区的法律的内容，亦即在香港回归祖国后在该地区实行的法律，规定了如下一个原则，即“现行的法律基本不变”。在附件一中又作了如下的详细说明：

“香港特别行政区成立后，香港原有法律（普通法及衡平法、条例、附属立法、习惯法）除与《基本法》相抵触或香港特别行政区的立法机关作出修改者外，予以保留。”

“在香港特别行政区实行的法律为《基本法》，以及上述香港原有法律和香港特别行政区立法机关制定的法律。”

在已公布的《香港特别行政区基本法》的草稿中，对此有相同的规定，草稿第 2 章第 7 条第 1 款规定：“在香港特别行政区实行的法律为本法以及本法总则第八条规定的香港原有法律和香港特别行政区立法机关制定的法律。”①

另外，在已公布的《香港特别行政区基本法》草稿中，还规定了某些由全国人民代表大会和全国人民代表大会常务委员会制定的法律也可以在香港施行。

这样，将来的香港特别行政区法律就包括：

1. 基本法。这是香港特别行政区的根本法，由全国人民代表大会

① 《香港特别行政区基本法》的草稿，见《香港大公报》1987 年 8 月 23 日。以下引文均同。

制定。《香港特别行政区基本法》是中华人民共和国的基本法律（《宪法》第62条第3项），是全国人民代表大会制定以规定香港特别行政区的根本制度的，当然在香港实行。

《香港特别行政区基本法》在我国法律中，属于全国性的基本法律，是在全国范围内实行的。它具有两重性质。一方面，它是全国性的法律；另一方面，它是专门规定香港的事务的。它既与那些规定全国性事务的全国性法律不同，又与那些由香港特别行政区立法机关制定的法律不同。在香港法中，基本法处于根本法的地位。但是我们不能说它是“宪法性法律”，因为香港特别行政区并不是联邦的成员国。

2.“香港原有法律。”这就是联合声明中所说的香港“现行的法律”中“不变”的那一部分。“香港原有法律”与香港现行的法律即1997年6月30日以前的香港法不是同一概念，二者有很大的差异，绝对不能混淆。在前引联合声明的附件一里，对“香港原有法律”具体规定为“普通法及衡平法、条例、附属立法、习惯法”，而且必须是与《香港特别行政区基本法》不相抵触的或未经香港特别行政区的立法机关修改的。

这一点，在已公布的《香港特别行政区基本法》的草稿中有相同的规定，草稿第1章（总则）第8条规定：“香港原有法律，即普通法及衡平法、条例、附属立法、习惯法，除与本法相抵触或经香港特别行政区的立法机关作出修改者外，予以保留。”

对这一条的规定加以分析，可以知道，这里有三重意思：（1）这里说的“香港原有法律”有特定的内涵，只包括普通法及衡平法、条例、附属立法、习惯法。除此以外，即使是在1997年6月30日以前在香港有效的、施行的，为香港法院和其他机关所遵行、所执行的法律，不是这里说的“香港原有法律”，因而是不予保留的。所以“香港原有法律”绝不等于是全部“香港现行的法律”。（2）即使是上述范围内的“香港原有法律”，如果与“基本法抵触”，也不予保留。（3）即使是上述范围内的“香港原有法律”，如果经香港特别行政区的立法机关修改的，也不予保留。

3. 香港特别行政区立法机关制定的法律。香港特别行政区享有立法权，有区一级的立法机关，区立法机关制定的法律当然可以（也应该）在香港特别行政区实行。

4. 某些由全国人民代表大会和全国人民代表大会常务委员会制定的法律。

以上四部分可以说是将来的香港法的内容。

在就这四部分法律加以进一步的研究前，应该谈一谈 1997 年香港回归祖国前后两种香港法的内容方面的不同。香港回归前的香港法就是我们常说的香港现行的法律。在属于将来的香港法的四部分中，第一部分、第三部分和第四部分与香港现行法律毫无关系，只有第二部分即“香港原有法律”与香港现行法律有点关系，所以谈到香港回归前后两种法的不同时，就是要对“香港原有法律”和“香港现行法律”加以比较。中英联合声明中所说我国将来要在香港特别行政区予以保留的只是“香港原有法律”而不是全部“香港现行法律”，因此我们就要先把香港现行法律中不属于“香港原有法律”的部分确定出来。

三、香港现行法律中不属于“香港原有法律”的部分

前面说过，香港现行法律，并不完全是联合声明和基本法草稿中所说的“香港原有法律”。

什么是香港现行法律呢？现在一般所谓“香港法律”，由两部分组

成。一部分是英国固有的法律，包括普通法、衡平法和联合王国法规之施行于香港的。另一部分是香港地方立法机关制定的法律，即通称为“法例”的。实际上，这并不是平行的两类。香港地方立法机关（立法局）制定的法律，即法例，是由香港总督批准才能生效的，是间接经英国政府认可的，所以实际上也就是英国法律的一部分。两类法律的不同只是在于：前一类是英国的固有法律和英国的全国性法律之施行于香港的。后一类是英国通过香港的立法局、总督制定的专门施行于香港的法律。二者都属于“英国法”。所以说，全部香港现行法只是英国法的一部分。

英国法成为香港法，是英帝国主义侵占香港的结果。我国从来（包括旧中国的政府）不承认英国统治香港为合法，当然也就不承认英国用来统治香港的工具——香港现行法律——的效力。因此，在香港回归祖国后，全部“香港的现行法”当然不能再存在，不再有任何效力。

可是由于我国实行一国两制的政策，在对待香港现行法律方面也有些特别的地方。这就是中英联合声明中说的“基本不变”和对“香港原有法律”的保留。关于后一点，留待下节再谈。本节先谈“基本不变”的问题。既说是“基本不变”，当然就有“变”的部分。这一部分就是香港现行法律中不属于“香港原有法律”的部分。对这一部分，我们不予保留。在香港回归祖国后，它当然失去其事实上的效力，在香港不能再实行。

这一部分法律包括两类。一类是英国学者和其他外国学者所称的香港的宪法性法律，也就是他们所说的“香港的宪法”。[①] 其中包括“香

① 参看［新西兰］瓦·安·彭林顿：《香港的法律》，毛华等译，上海翻译出版公司1985年版，第3章。

港宪章”（1843年）、“香港制诰”（又称“英皇制诰”，1917年）、“香港皇室诏命”（又称“皇室训令”，1917年）。还可以加上“香港立法局会议常规”。这些都是英国政府（英王）统治香港的根本性文件，主要规定英国在香港设立的统治机构（总督、立法局等）的组织、权力及统治原则。英国就是以这些文件作为它在香港进行统治的法律依据。而英国之所以能把这些“法律”施行于香港，则又以它在侵占香港时同清廷订立的几个条约（江宁条约、天津条约、续增条约、展拓香港界址专条）作为法律依据。但是这几个条约都是不平等条约，我国从来（包括旧中国的历届政府）不予承认（就在1984年中英谈判时，我国还重申了这一立场）。因此，英国根据这几个条约而攫取的对香港的统治权，以及基于这种统治权而制定的所谓“香港宪法”，在我们看来，都是不合法的、无效的。不过百余年来，由于历史的原因，这种不合法的、无效的东西一直在香港存在下来并发生了事实上的作用。

今天，我们改变这种不合法的事实状态，要在1997年7月1日对香港恢复行使主权。到那时，这些不合法的东西当然要失去效力。因为这些“法律”的原有的效力是我们所不承认的，所以我国在对香港恢复行使主权时，也用不着宣布废除它。[①]

关于这一点，涉及是否承认几个不平等条约的效力，涉及我们是否承认英国在香港的统治为合法的统治的问题，我们必须在理论上讲清楚。

---

① 凡是需要废除的法律，都是我们承认它原来是合法存在的、有效的。例如，中共中央宣布废除国民党政府的“六法全书”，那是因为国民党政府的统治在当时是合法存在的，因而它的法律在当时也是有效的。

有的同志在这个问题上有不同的说法，例如有的主张“香港原有法律中与基本法相抵触的一些主要法律，例如‘皇室训令’‘英皇制诰’等，由全国人大常委会于 1997 年 7 月 1 日香港特别行政区成立时宣布废除”[①]。作者认为这是不必要的，因为如果我国宣布废除，等于我国承认它原来的效力，从而也承认那些不平等条约的效力了。又如有的同志认为将来这些所谓“香港宪法”要为我国的《香港特别行政区基本法》所取代。这种说法也有不当。我国在 1997 年 7 月 1 日是“对香港恢复行使主权”（中英联合声明中的用语），并不是从英国政府手中接收“主权”。因为我国从来没有认为我国曾经把对香港的主权“交”给英国。因此，当然就不会发生用我国的《香港特别行政区基本法》去取代英国的“香港宪法”的问题。英国的“香港宪法”是英帝国主义凭借武力侵略我国的非法的产物，在我国对香港恢复行使主权时，它将当然消灭。我国的《香港特别行政区基本法》是我国对香港恢复行使主权后制定的法律，也是香港人民（也是全国人民）意志的表现，绝不是非法的“香港宪法”的代替物。

总之，这是大是大非的问题，我们必须坚持。

在香港现行法律中不属于“香港原有法律”的部分里还有另一类。这就是英国国会制定的法律而施行于香港的。这一类法律也没有被列入“香港原有法律”之中，因而依照中英联合声明和前引基本法草稿的规定，也在不予保留之列。从性质上说，这一类法律与前述所谓“英国宪法”有相同之处，但是又有不同之处。其不同之处在于，这一类法律是通过不同的方式在香港实行的，而这些不同的方式又都由香港

① 见《香港大公报》1987 年 11 月 3 日第 5 版所载“草委政制专题小组建议”。（另外，这里所用“香港原有法律”一词也有不当之处。）

的“适用英国法律条例”（香港法例第88章）所规定而得到认可。[①] 因为香港的“法例”是属于“香港原有法律”而为我国予以保留的，所以这一类法律就取得了不同的地位。从这一类法律得到香港法例的认可这一点说，它也可能随着香港法例的被保留而得到保留；但是从这一类法律是英国国会制定的法律这一点说，它不应该在将来的香港特别行政区继续有效。因而对于这一类法律需要有与前述所谓“香港宪法”不同的对待方法。

另外，这一类法律在近几年来正在发生变化，这表现在所谓香港的“法律本地化”上。原来英国在准许香港在一定范围内自行制定法例的同时，还保留了英国国会可以直接制定在香港施行的法律的权力，并且不许香港自行制定某些法律。1986年，在中英联合声明签订后，英国政府逐步扩大香港政府的立法权限，使其能够以香港法例对某些英国国会制定法规定的事项加以规定。这样，这一类法律中的一部分就可以转变为香港法例而属于“香港原有法律”了。

这一类法律中还有一些法律，如关于军事（香港的防务）、外交的（例如现在适用于香港的英国1964年《外交特权法》、1955年《空军法》和《陆军法》等），将来在香港回归后，也当然不再在香港施行。

总之，香港现行法律中不属于“香港原有法律”的部分，在香港回归祖国后，都当然不能再在香港施行。

有人会说，上述香港现行法律中的两类如果全部不再实行，有可能在将来出现所谓“法律中的空白”状态，对香港不利。我们认为，这种顾虑是不必要的。一方面，等到香港特别行政区基本法制定后，

---

① “适用英国法律条例”第4条：“除本条与任何（香港）法例另有规定外，国会制定的法律中所包含的英国法应施行于香港，如下：……”

我国还有时间考虑需要制定些什么法律；另一方面，香港特别行政区的立法机关成立后也来得及制定一些必要的法律以应急需。

四、“香港原有法律”

香港原有法律，即普通法及衡平法、条例、附属立法、习惯法，除与《香港特别行政区基本法》相抵触或香港特别行政区的立法机关作出修改者外，予以保留。这一点已如前述。关于保留香港原有法律，有下面几点需要研究：

（一）“保留”的法律意义

“保留”在法律上的意义是什么？我们对“保留”应如何认识？“保留”是否意味着这部分法律为我国“继续沿用”？是否是这部分法律的效力“延续”到1997年7月1日以后？我国“保留”这部分法律是不是从英国政府那里“接收”了这部分法律？

这一部分香港原有法律原来也属于英国法。其中普通法和衡平法实行于香港的法律依据是前面说过的“适用英国法律条例”第3条和“最高法院条例”（香港法例第4章）第6条。其中条例（“适用英国法律条例”和“最高法院条例”也包括在内）和附属立法实行于香港的法律依据是香港立法局和总督对香港的统治权力。因之，随着我国在香港恢复行使主权，英国对香港的统治权力不再存在，上述香港原有法律在香港实行的法律依据也不再存在。所以在法理上，这些法律在香港已不能实行。

但是，由于各种原因，主要是我国实行的“一国两制”的政策，我国对于香港原有的法律有保留的必要。因为既然香港现行的社会经济制度不变，在香港要实行资本主义制度，就要在法律方面实行与中国内地有所不同的法律。这样的法律如果要在香港回归祖国时全部由中国的立法机关或香港特别行政区的立法机关来制定，事实上有困难，甚至是不可能的。把在香港已实行多年，对香港的安定繁荣又是有利的一些原有法律保留下来，是一个很好的办法。

不过必须说明，我们对“香港原有法律”的保留，并不是承认这部分法律在香港是有效的并承认其“继续有效”，并不是我国“继承”英国的法律。所谓“保留”只是我国对这部分称为法律的“香港原有法律”作为一种在香港存在多年的社会规范赋予其法律效力，使其在香港得以实行。

换言之，在香港回归祖国时，“香港原有法律”作为英国统治下的香港的法律，已失去其在香港实行的效力，而另外从《香港特别行政区基本法》得到了作为特别行政区法律而在香港实行的效力。我国对“香港原有法律”赋予效力完全是一种主权行为。这里称为“香港原有法律”只是一种便利的说法。实际上，我们不是把它作为“法律”而保留，而是把它作为一种社会规范而赋予“法律”（我国的法律）效力。

因此，如果认为我国“保留”这部分香港原有法律是“继承”或“沿用”英国的法律，那是错误的。在中英联合声明草签后，英国政府发表过一个白皮书，其中对声明的“注释”说：中国政府承认，“在1997年以后继续沿用香港法律”，① 这种说法是不对的。因为“香港原有法

① 1984年9月26日英国政府在伦敦发表的白皮书《大不列颠及北爱尔兰联合王国政府和中华人民共和国政府关于香港前途的协议草案》，香港政府印务局印行，第30页。

律”之所以在1997年后得以在香港实行，并不是它作为原来在香港有效的法律而在香港“继续”实行，也并不是它在香港原有的效力的延伸或继续，而是它原有的效力已不存在，又从我国的《香港特别行政区基本法》取得了效力。这种效力是一种新的效力。

如果用法学理论中权利取得的情形来比拟，作为社会规范的“香港原有法律”在香港回归祖国后取得作为香港特别行政区的法律的效力，是原始取得，而不是继受取得。

（二）香港原有法律中与基本法抵触的不予保留

当然，现在香港特别行政区基本法还没有公布，还不能确定并列举哪些是与基本法抵触的。不过至少有一点可以指出，香港原有法律与我国主权不相容的规定都不能保留。

在香港原有法律中，各种条例中有很多这类的例子。例如香港法例第88章“适用英国法律条例”整个是不能保留的。香港法例第4章“最高法院条例”中有许多规定也不能保留。又如香港法例第5章“法定语言条例”基本上也不能保留（虽然这个条例近来作了修改，即在香港推行双语制，但以英语为主仍是有损我国主权和香港人民的利益的）。其他一些法例中所有关于英语的规定（例如要求某些公职人员必须通晓英语，以精通英语为担任陪审员的必要条件等）都不能保留，因为依照中英联合声明附件一中“香港特别行政区的政府机关和法院，除使用中文外，还可使用英文”的规定，显然应该以中文为主，英文只是“可以”使用而不是必须使用。

又如香港法例第200章“刑事罪条例”中关于“叛逆”罪和“其他反对王室”罪，将来当然不能保留。至于有些行为触犯其他刑事规定应予处罚的应该按其他规定办理。

香港法例第149章“休假日条例”中规定英王生日为公共假日这种规定不应保留。

以上只略举几个例子。等到香港特别行政区基本法公布后，香港原有法律中哪些规定与基本法抵触就可以确定了。

对于这些与基本法抵触的规定，当然可以在基本法公布后由香港特别行政区政府予以确定并宣布其不予保留，也可以在香港特别行政区司法机关审判诉讼案件时予以确定而宣布不予适用。这些都是将来的事。

（三）香港原有法律中经香港特别行政区立法机关修改的，当然不能再在香港实行

香港原有法律中有些规定，虽然未明显地与基本法抵触，但是由于香港回归祖国后香港情势的变化，这些规定已不适于存在的，将来都应由特别行政区立法机关进行修改。究竟哪些规定应予修改，应由将来特别行政区立法机关决定，笔者不敢妄自揣测。不过以笔者私见，过去由于香港与英本土的特殊关系，香港法律中不乏一些表现这种特殊关系的规定。略举数例，如对于在香港政府供职的英国人的特殊待遇，如关于各地的英国使领馆可以为香港法院录取证词，如在英国取得的某些专业资格（如律师、会计师、医师的资格等）在香港当然具有法律效力等均属这类规定。

又如香港法例第11章“宣誓及声明条例”中规定的各种宣誓（效忠宣誓、司法宣誓、受任宣誓、尽职宣言）的誓词中都有“效忠英王”的字句。这在将来当然应予修改。

五、香港特别行政区立法机关制定的法律

上面说过，香港特别行政区享有立法权，其立法机关制定的法律当然（也应该）在香港特别行政区施行。

对于这种法律，有几点可以研讨：

（一）香港特别行政区的立法权是否有一定的范围，如果有范围，这种法律超出了这个范围是否有效

中英联合声明附件一规定："除外交和国防事务属中央人民政府管理外，香港特别行政区享有行政管理权、立法权、独立的司法权和终审权。"所以不能说香港特别行政区立法机关的立法权是毫无范围的。如果它制定的法律超出了这个范围，例如它就外交和国防事务制定法律，这种法律应该因其越权而无效。当然这种情况事实上难以发生。

（二）香港特别行政区立法机关制定的法律不得与香港特别行政区基本法相抵触

这一点是理所当然的，在已发表的香港特别行政区基本法草稿中有明文规定（第1章第10条第2款）。问题是，这种抵触应由哪一机关来审查决定。因为香港特别行政区基本法是全国人民代表大会制定的法律，而特别行政区立法机关制定的法属于地方立法，所以决定地方立法是否与中央立法抵触的权限属于全国人大常委会，这是依照我国宪法第67条第8项的规定类推而出的结论。

香港特别行政区行政长官认为区立法机关制定的法律与基本法抵触时，当然也可以不予批准（依照已公布的基本法草稿第4章第5条

第 4 项，行政长官有不批准区立法机关制定的法律的权限）。香港特别行政区的终审法院在审理案件时，如发现并认定区立法机关制定的法律与基本法抵触时，也可以拒绝适用这一法律，但它无权撤销这一法律。在这两种情形下，如因是否抵触发生争议时，仍然应由全国人大常委会最后决定。

六、中央立法机关制定的法律

中央立法机关制定的全国性法律能否在香港实行，中央立法机关能否制定专门施行于香港的法律，在中英联合声明中没有规定，这是一个值得研究的问题。

如果只从中国是一个统一的单一制国家这一点出发，对以上两点都可给以肯定的答复。可是在“一国两制”的政策下，在香港特别行政区享有高度自治权的情况下，特别是照顾到香港由于历史形成的特殊情况，问题并不那么简单。

在已公布的香港特别行政区基本法草稿的第 2 章第 7 条中有如下规定：

“全国人民代表大会和全国人民代表大会常务委员会制定的法律，除以下（一）（二）两项所列者外，不在香港特别行政区实施：

“（一）有关国防、外交的法律；

“（二）其他有关体现国家统一和领土完整并且按本法规定不属于香港特别行政区高度自治范围内的法律。

“本条前款（一）（二）所列的法律，凡须在香港特别行政区实施的，由国务院指令香港特别行政区政府公布或立法实施。

“除紧急情况外，国务院在发布上述指令前，均事先征询香港特别行政区基本法委员会和香港特别行政区政府的意见。

“香港特别行政区未能遵照国务院的指令行事，国务院可发布命令将上述法律在香港特别行政区实施。”[①]

这个规定的内容可以简括为：第一，中央立法机关制定的法律，只有符合特定条件的才在香港施行；第二，这种施行，必须按特定的程序办理，即事先征询意见，由特别行政区政府公布施行或立法施行，区政府不照办时国务院才可以直接命令施行。

这个规定的精神是中央立法机关原则上不直接为香港制定法律。即使某些有限的中央立法要在香港施行，一般情形下也要经香港特别行政区政府公布或重新制定法律，换句话说，必须把中央立法转变为特别行政区的立法。只在特殊情况下，中央政府才可以直接命令将上述某些法律在香港实施。

基本法草稿公布后，有人对这一规定提出不同意见，主张对上述第二类法律，中央没有在香港的最终颁布权。换言之，上述第二类法律，如果国务院（秉承全国人大常委会的授权）指令香港特别行政区立法实施而特别行政区立法机关不立法时，即作罢论。

关于上述第一类法律，即关于国防外交的法律，因国防外交原不属于香港特别行政区高度自治权范围之内，中央政府关于国防外交的法律不论从理论上还是实际需要说，都应该在香港特别行政区实施。第二类法律，即体现国家统一和领土完整的法律，按法理说，也应该在香港特别行政区实施，不过在实际中，因所谓“体现国家统一和领土完整”很难确切划定，所以就会引起不同意见。

因“一国两制”而设立特别行政区，这在中外法制史上是个创举。

① 见《香港大公报》1987年8月23日。

这一政策的成功不仅涉及香港，也会涉及澳门和台湾，所以当前在考虑中央法律的施行时，无妨多注重“高度自治权”的方面。这样，尽量使中央法律不在香港特别行政区直接施行，实为明智之举。

七、结语

我们把在香港特别行政区实行的法律与英国统治香港时期的香港法比较一下，可以看到，英国对香港实行殖民统治时的香港情况与回归祖国后的情况有多么大的不同。

英国统治香港后，把它所固有的普通法和衡平法移植于香港，强加到香港人民身上；香港人民没有一点真正的立法权。

香港回归祖国后，香港特别行政区享有高度的自治权，其中包括真正的立法权。香港人民成了真正的主人。

我们研究香港法，必须严格区别前后两个阶段的香港法，正确处理这两种香港法之间的关系。这就是：在香港特别行政区实行的法律（将来的香港法）中包含一部分来自“香港原有法律”的因素，但我们并不是把这部分因素当作合法存在的“法律”去继承过来，而是把它当作行之已久的社会规范加以采用，赋予法律的效力，正像各国法院采用某些习惯而使之成为习惯法一样。

在这个基础上，我们进行属于我国法的香港法的研究，既要注意它作为中国法的一部分的一面，又要注意它作为特别行政区法律的一面。这种研究工作必将有助于推进我国在“一国两制”下的法制建设，建立祖国统一后的新型的中国法学。

【**后记**】1984年，中英达成关于香港回归问题的联合声明。

1987年5月《香港特别行政区基本法》的草稿在香港报纸上公布。中国法学界关注的主要是保留香港原有法律问题 。1987年10月12日，社科院法学所与武汉大学在北京合办“港台法律讨论会”。我在会上就当时法学界讨论的几个问题发言，说了一些意见。随后应武汉大学《法学评论》杂志（武汉大学法学院办）之约，在发言的基础上写出本文。以后本文刊载于《法学评论》1988年第1期（1988年1月出版）。当时讨论得最热烈的问题是“保留”的意义和性质。我在本文中特别就此表示了我的看法——2002年作者记。

从民事诉讼法论日本法院对光华寮案判决的违法性

目　次

一、前言

对于光华寮案，可以从各个方面进行研究，本文专从民事诉讼法的角度，对日本法院关于该案的判决（特别是第四次判决）进行评述，说明日本法院的判决完全违反日本本国的民事诉讼法。这样的判决不仅在国际法上，就是在日本的国内法上也是违法的。

从民事诉讼法的角度出发，本案首先遇到的问题是当事人能力问题和当事人适格问题。事实上，日本法院的第一次判决（1977 年 9 月 16 日京都地方法院判决）和第二次判决（1982 年 4 月 14 日大阪高等法院判决）完全是对这两个问题所作的判决。第一次判决肯定了原告（所谓“中华民国”）的当事人能力而否定了原告的当事人适格，所以驳回了原告之诉。第二次判决既肯定了上诉人（所谓“中华民国”）的当事人能力又肯定了其当事人适格，从而认定上诉人提出本件诉讼并不欠缺诉讼要件，是合法的，因而撤销了第一审判决，将案件发回原审法院。[①]这两次判决都未就本案进行实体的判决（当然，在认定上诉人为适格的当事人时也包含了对系争建筑物的所有权的判断）。第三次判决（1986年2月4日京都地方法院的重审判决）和第四次判决（1987年2月26日大阪高等法院的第二次判决）由于受前次判决所作判断的拘束，未就当事人能力和当事人适格问题再作说明。但是我们认为，这两个问题并未真正得到解决，特别是没有依照日本民事诉讼法的规定予以解决。所以在评述日本法院的判决时，仍然要以这两个问题为主要着眼点。

在第四次判决中又出现了一个新问题。大阪高等法院在这个判决书中把当事人之一的名称，即前三次判决书中所谓的“中华民国”改为“台湾”。这就引起诉讼法上的两个问题，一是法院能否任意改变当事人的名称，二是“台湾”有无当事人能力。我们认为，这种改变当事人名称的行为是不合法的，“台湾”也没有当事人能力，因而立足于这两点的第四次判决就成为不合法的（不仅仅是日本民事诉讼法第386条的“不当”）。对于这一点，必须给以严肃的批判。

二、第一、二两次判决对当事人能力的判断

依照日本的民事诉讼法，第二次判决（大阪高等法院的第一次判

① 《日本民事诉讼法》第388条。

决）对下级法院即京都地方法院关于本件诉讼的审理具有拘束力，所以第三次判决（京都地方法院的第二次判决）完全是按照第二次判决的意旨作成的。至于第四次判决，也要受第二次判决的拘束。[①] 所以我们必须对第二次判决（大阪高等法院 1982 年的判决）着重讨论，并附带地提到第一次判决。

第一次判决明白承认“考虑到我国政府承认中华人民共和国政府为中国的唯一合法政府，则原告的当事人能力本身就必然成为问题”。这句话本来是正确的，可是接下去说：“即便如前所说必然成为问题，也不妨碍其要求本法院解决由于对外的私人交易及其他原因所产生的纠纷，也没有必要否定其当事人能力。”对于作为一件民事诉讼的根基的当事人能力问题，只用“没有必要”四字就不顾自己已作的判断而又作一相反的判断。这未免太轻率了。

第二次判决对当事人能力一点作了较详细的说明。其内容也是自相矛盾的。由于“上诉人（‘中华民国’）的政府是未被我国政府承认的政府，……所以，难以肯定其具有出诉权（当事人能力）”，接着又说“不能同意把政府承认与在外国法院的当事人能力直接结合的观点”，从而“不能妨碍国内法院在以上诉人（‘中华民国’）为当事人的私法纠纷中，承认上诉人具有当事人能力”。就在这一段话里，法院正是根据“上诉人（‘中华民国’）的政府是未被我国政府承认的政府”，才得出“难以肯定其具有出诉权（当事人能力）”的结论，可见法院自己是把“承认”与“出诉权（当事人能力）”联系起来的。而接着法院自己又“不能同意把政府承认与在外国法院的当事人能力直接结合的

---

① 日本《法院法》第 4 条。参看［日］斋藤秀夫编著：《注解民事诉讼法（6）》，第一法规出版株式会社昭和 57 年版，第 199 页。

观点”。法院在判决书中，只用“但是，反过来考虑一下”几个字就把截然相反的两个判断包容在一起。这能说是严肃的法学上的逻辑吗？

从上面的叙述可以知道，两个判决都用了同样的手法。先否定了当事人（“中华民国”）的当事人能力，后又肯定了它。当事人能力是依据法律决定的，有就是有，没有就是没有。不能说“没有必要否定”它，就肯定它。难道当事人能力不是依据法律的规定，而是根据“有没有必要”去决定的吗？第二次判决先说“难以肯定”有当事人能力，后又说可以在“私法纠纷”中承认有当事人能力，那么，前面说的“难以肯定”的当事人能力是在何种纠纷中的当事人能力呢？不也是民事纠纷中的当事人能力吗？同一个当事人能力，前面对它是“难以肯定”，后面又对它“承认”，令人不知究竟是有还是没有。再说，当事人能力是可以由法院“承认”其有就有的吗？

当事人能力是民事诉讼中最基本、最重要的一个诉讼要件，是法院应该依职权调查的事项之一，是法院在审理任何一件民事诉讼中必须首先确定的。对于当事人能力的有无，法院必须严格依照民事诉讼法的规定去判断。在这个问题上，法院没有自由裁量的余地。这在任何国家的民事诉讼法中都是相同的。日本的民事诉讼法当然也不例外。[①]

现在我们就来看看，日本的民事诉讼法对于当事人能力是如何规定的。

《日本民事诉讼法》第45条规定，关于当事人能力问题，应依民法和其他法令的规定。只有民法规定有权利能力的才在诉讼法上有当

① ［日］细野长良：《民事诉讼法要义》第1卷，岩松堂昭和15年版，第365页、第379页。［日］斋藤秀夫：《注解民事诉讼法（1）》，第一法规1968年版，第258—259页；［日］三月章：《民事诉讼法》，有斐阁昭和34年版，第180页以下。

事人能力（关于无权利能力的社团，下面再谈）。《日本民法典》第36条规定，“外国法人，除国家、国家的行政区划与商事公司外，不认许其成立。但为法律和条约已被认许的不在此限”。这是一个外国国家在日本民事诉讼中享有当事人能力的法律根据。依照这种规定，只有中华人民共和国和中华人民共和国政府才是民法第36条中的“国家”，才能作为外国法人而享有权利能力，并从而享有当事人能力。至于所谓“中华民国”和“中华民国政府”（“台湾当局”），由于它早已被日本政府撤销其承认，它与日本再没有外交关系，当然不能是《日本民法典》第36条中的“国家”，也就不能享有权利能力和当事人能力。因此，日本法院在前三次判决中都把“中华民国”列为当事人，承认其有当事人能力，显然是违反日本民事诉讼法的规定的。

那么，日本法院根据什么把“中华民国”列为当事人，承认其有当事人能力呢？在日本的民事诉讼法中是毫无根据的。日本法院对于这一点也很明了，所以在判决书中反复说当事人（指“中华民国”）是一个“未被承认的事实上的政府”。可是就在这样做时，又出现了漏洞。第二次判决先说：“可以认为，……即使国内法院把上诉人（‘中华民国’）作为诉讼当事人对待，也并不等于承认上诉人具有被国际法承认的事实上的政府的地位……”这里，法院说它并不承认“中华民国”是“事实上的政府”，那么，“中华民国”连一个“事实上的政府”也不是，法院又根据什么把它“作为诉讼当事人对待”呢？这样就太说不过去了。所以法院在后面又说：“必须指出，对我国来说，上诉人的政府为被取消承认的政府，现在是未被承认的事实上的政府，……”这句话更使人难解。这里说的是“上诉人的政府”。所谓“上诉人的政府”与“上诉人”有没有区别呢？如果“上诉人的政府”是一个“被取消承认的政府”，那么“上诉人”究竟是什么呢？难道是一个国家？

这样就愈加不能自圆其说了。

总之，究竟“上诉人”（“中华民国”）在法律上是什么，法院自己也说不清。当然不是“国家”或“国家的行政区划”。就算说它是“事实上的政府”，可是民事诉讼法中却没有规定一个“事实上的政府”可以作为当事人，在日本的其他的法律或条约中（《日本民法典》第36条）也没有可以肯定这个“事实上的政府”有当事人能力的根据。

于是，在处理“中华民国”这个当事人的问题上，法院陷入了走投无路的地步。

日本法院在前三次判决中都在含糊和混乱中处理了这个问题。大阪高等法院在进行第四次判决时，大概感到不能再这样下去。但是它又要遵循自己的判例（第二次判决），无可奈何，只好采取了一个“非常”的办法，即在判决书中把“中华民国”改为“台湾”。

对于大阪高等法院的这一行为，留到下一节去讨论。现在必须指出，大阪高等法院这样做，显然表明，它认为“中华民国”不能再充当本件诉讼中的当事人，也就是说，“中华民国”（不论把它说成是什么）在本件诉讼中不具备当事人能力。

三、法院改变当事人名称是违法的

日本法院的第四次判决书的开头就引起了人们的注意。当事人之一——被上诉人是：“台湾（本诉提起时为中华民国）。”

更引人注意的是，这里写着：“本诉提起时为中华民国”，而不是“即中华民国”。

这就表明，法院认为，“台湾”并不就是“中华民国”，二者并不是同一的。这也表明，在最初起诉时，当事人是“中华民国”，现在的当事人是“台湾”。这是两个不同的“主体”。

在民事诉讼中，当事人和它的名称是在起诉时就确定的，而且应该在诉讼的全过程中保持其同一性。[①] 如果当事人的名称在诉讼过程中有必要变更，即使当事人自己提出申请，法院也应该加以审查而后决定应否准许，如果当事人未提出申请，法院更不能擅自将其变更。不论在哪种情形，法院在判决书中都应该加以说明。在日本法院的第四次判决中，法院对这种当事人名称的变更，完全未作说明，这是不合法的。在民事诉讼法上，这种情形应该认为是“审理不尽、理由不备”而构成判决违背法令，[②] 并且成为对这种判决提起上告（第三审上诉）的法定理由（《日本民事诉讼法》第 394 条）。[③] 这些民事诉讼法上的原理，大阪高等法院不可能不知道，但它竟这样做，[④] 我们只能说这是法院在“走投无路”中不择手段的一种做法。实际上，正因为这种做法是违法的，法院才对之不作任何说明。

再说，这样的改变必然影响到全部判决。第二次判决和第四次判决都认定本案中房屋（光华寮）的所有权属于“中华民国”，现在当事人已改为“台湾”。那么，法院就应该说明当事人“中华民国”如何把房屋所有权转交给当事人“台湾”。因为法院并未说明（也就是不承认）“中华民国”即“台湾”，这种产权的转移就必须说明。如果没有这种说明，就不能认为房屋的所有权当然归属于新的当事人“台湾”。事实

---

① 细野书第 362 页。斋藤书（1）第 247 页以下；三月章书第 178 页以下，第 221 页。

② 斋藤书（6）第 263 页。

③ 斋藤书（6）第 241 页。

④ 所以法院的这一做法令日本的广部和也教授大吃一惊。参看日本《法学家》杂志（1987 年 7 月 15 日）第 14 页。

上，日本政府的产权登记簿上也是“中华民国”，不是“台湾”，并没有发生过产权的转移。那么，新的被上诉人“台湾”如何能享有房屋的所有权呢？

第四次判决书在理由部分先说：“根据以上认定的事实，原告于1952年12月8日取得了本案建筑物的所有权。”这里说的原告是指“中华民国”。后面又说：“被上诉人不因承认的转换而丧失对本案建筑物的所有权，并能够在日本国内行使该权利。”这里说的被上诉人是指“台湾”。既然“台湾”和“中华民国”并不是同一主体（如前所述），“台湾”并未取得房屋所有权（在登记簿上登记的所有权人是“中华民国”），怎么谈得上“不丧失”所有权并能够“行使”所有权呢？

判决中的当事人是一个主体，判决内容中说的是另一个主体。对这两个主体之间的关系又没有说明。这样的判决只能使人越看越糊涂。

四、“台湾”有当事人能力吗？

大阪高等法院既然把起诉时的当事人“中华民国”改为“台湾”，而且并不把二者视为同一主体（没有用“即”来表明二者的关系），就必然引起一个新的问题：新的当事人“台湾”有当事人能力吗？

法院对此未置一词。但是我们必须研究一下。

还是要依照《日本民事诉讼法》第45条和《日本民法典》第36条来决定“台湾”有无当事人能力。

依照这两条的规定，“台湾”是不具备当事人能力的。因为第一，它显然不是《日本民法典》第36条中的“国家”。第二，如果说它是该条中的“国家的行政区划”，那只能说它是中华人民共和国的行政区划（这是日本国政府表示充分理解和尊重的，也是法院在判决书中承认的)，但是这样一来，具体到本件诉讼中，双方当事人(一方是中华人民共和国的行政区划即一省，另一方是中华人民共和国的留学生)利益是一致的，就失去了当事人的对立性，本件诉讼就应该当然终结了。[①]第三，在日本的国内法中，再也没有赋予“台湾”以权利能力和当事人能力的法律，[②]也没有这样的条约。所以依照《日本民事诉讼法》第45条和《日本民法典》第36条是无法认为“台湾”有当事人能力的。

关于这一点，日本的法学家广部和也教授也认为，要到那里去寻求法的根据是不明确的。像判决那样的说法(其实第四次判决并没有对此作出说明)不能算是充分的，只有在法令上求得根据才有说服力。广部教授只好求助于《日本民事诉讼法》第46条，把“台湾”说成“无权利能力的社团”然后赋予其当事人能力。[③]现在我们再来探讨一下，可不可以这样做。

根据日本民法学家我妻荣的理论，在日本社会存在的各种结合体依其内部组织分为地域团体和团体以及其他，社团是属于团体之中的。地域团体是以一定的地域为其构成要素，在该地域上具有支配权的结合体。团体则是不以地域为要素的人的结合，社团就是其中的一种。[④]《日本民事诉讼法》第46条规定的“非法人的社团”(无权利能力的社团)就是这样的一种组织。这种非法人的社团的实例有同学会、校友

---

① 前引斋藤书(1)第244页。

② 在第四次审理时，被上诉人曾提出美国的《台湾关系法》。这一点当然是荒谬的。所以法院没有采用。

③ 前引《法学家》杂志第22页。

④ [日]我妻荣:《民法总则(民法讲义1)》，岩波书店昭和10年版，第139—141页。

会、同业会、学会、未登记的公司、未登记的工会、医师会等。[1]这样看来，“台湾”根本就不是什么社团。因此，想要把第46条适用于“台湾”而使之享有当事人能力，是不可能的。

大概正是因为这个缘故，所以大阪高等法院在把当事人“中华民国”改为“台湾”之后，对于新的当事人“台湾”的当事人能力完全不提。但是沉默并不能说明问题，相反地，只能表明讲不出道理来。

在民事诉讼中，对于当事人能力不去调查，忽视当事人能力的欠缺而为本案判决，是不合法的，是对之提起上诉的理由，也是法定的上告理由。[2]

大阪高等法院正是因为原来的当事人“中华民国”没有当事人能力，才不惜用一种非法的手段，把它改为“台湾”。而“台湾”仍然没有当事人能力。

在这一点，谁也无法帮助法院找到出路。

五、结论

综上所述，大阪高等法院在1987年2月26日对光华寮案的判决（1986年第335号）中没有法律根据而改变当事人，对无当事人能力的当事人进行实体判决，这是违反日本民事诉讼法的。

把日本法院几次判决综合起来看，日本法院在这个案件中的做法完全是对《中日联合声明》和《中日和平友好条约》的践踏。这也违反了《日本宪法》第99条第2款。

① 前引斋藤书（1）第265—266页。

② 前引斋藤书（1）第259页。

因此，日本法院如果漠视这些违法的情况，一意孤行下去，其必将承担国内法上的责任，日本政府也将承担国际法上的国家责任。

【后记】“光华寮案”是1977年发生在日本的一个诉讼案件。“光华寮”是位于日本京都市的一所房屋，一直是中国留日学生的集体宿舍。1952年由原“中华民国政府”（当时日本与中华人民共和国尚未建交，与台湾的“中华民国政府”保持着外交关系）向日本法院办理登记，取得对该房屋的所有权。1972年9月29日，中华人民共和国与日本建交，同时日本与在台湾的“中华民国”断交。1977年，在台湾的“中华民国”政府向日本京都地方法院提起诉讼，请求住在该房屋内的中国留学生交付房屋。此项诉讼历经京都地方法院、大阪高等法院四次判决，到1987年还未解决。原来京都地方法院以当事人不适格，驳回了起诉，后来大阪高等法院推翻了原判决，发回再审。京都地方法院再审判决被告（中国留学生）交出房屋，大阪高等法院于1987年2月26日判决驳回了中国留学生的上诉。1987年10月9日和10日，中国国际法学会在北京举行座谈会，讨论光华寮案件。我在会上发了言。随后根据发言写了本文，刊载于1987年11月29日的《光明日报》。当时对于此案，中国法学家大多从国际法的角度进行讨论，本文则从民事诉讼法（日本自己的民事诉讼法）论述了日本法院判决的违法性——2002年作者记。

后　记

编完这本选集后，本来不想再写什么。文章既已印出，就由读者评说，作者再多说些什么，又有什么意思呢？但想起有一些感谢的话，还是应该说一说。这样就索性多说几句。

我虽然在名义上说是从事法律工作若干年，其实由于新中国成立后服从分配改行，接着在被划为右派后离开了公职，所以我从事法学研究和法学教育工作只能从1980年我进入中国社会科学院法学研究所算起。在这20年间，参加的集体编著、译校作品，以及个人写作的作品，大都是些应付任务和人云亦云的东西，真正说得上学术著作的极少。所以近几年来，一些同志要我也给自己编个“文集”，我检点一下，拿得出来的东西实在太少。现在勉强凑出一本“文选”来，只算为像我这样的“旧”法学知识分子留下一点足迹而已。

看着现在我国法学界人才辈出、著作如林的繁荣景象，我并不认为我个人荒废了30年岁月算得了什么。看着我热爱的祖国逐步走上法治的大道，我们这一代从旧社会进到新社会的人梦寐以求的理想正在实现，我感到无比的高兴。

我要特别感谢多年来敦促我编这本小书的张谷同志、方流芳同志，感谢出版这本小书的中国法制出版社以及杜佐东和李仕春同志。

2002年5月谢怀栻记

图书在版编目 (CIP) 数据

谢怀栻文集．第二卷，法学思想论要 / 谢怀栻著
．— 北京：中国法制出版社，2023.1
ISBN 978-7-5216-2957-6

Ⅰ．①谢… Ⅱ．①谢… Ⅲ．①法学－文集 Ⅳ．
① D90-53

中国版本图书馆 CIP 数据核字（2022）第 184395 号

定价：109.00 元

责任编辑：侯 鹏　　封面设计：李 宁

谢怀栻文集．第二卷，法学思想论要

XIEHUAISHI WENJI. DI'ERJUAN，FAXUE SIXIANG LUNYAO

著者 / 谢怀栻

经销 / 新华书店

印刷 / 三河市紫恒印装有限公司

开本 / 710 毫米 ×1000 毫米　16 开　　印张 / 27.75　字数 / 330 千

版次 / 2023 年 1 月第 1 版　　2023 年 1 月第 1 次印刷

中国法制出版社出版

书号 ISBN 978-7-5216-2957-6　　定价：109.00 元

北京市西城区西便门西里甲 16 号西便门办公区

邮政编码：100053　　传真：010-63141600

网址：http://www.zgfzs.com　　**编辑部电话：010-63141826**

市场营销部电话：010-63141612　　**印务部电话：010-63141606**

（如有印装质量问题，请与本社印务部联系。）